MAHOMET

AL KORAN

ALGÉRIE

SOMMAIRE DE CET OUVRAGE :

HISTOIRE DE L'ALGÉRIE DEPUIS CARTHAGE.

NOTICE BIOGRAPHIQUE SUR MAHOMET.

RELIGION ET LÉGISLATION MAHOMÉTANES.

RÉFORMES ALGÉRIENNES pour l'Administration, pour la Justice, pour les Officiers ministériels, pour le Clergé, etc.; — *ou plutôt :*

RÉUNION DE L'ALGÉRIE A LA FRANCE.

IMPRIMERIE DE BEAU, A SAINT-GERMAIN-EN-LAYE.

MAHOMET

AL KORAN

ALGÉRIE

ÉTUDES HISTORIQUES

PHILOSOPHIQUES ET CRITIQUES

PAR

LOUIS LEFLOCH

Respectueux envers Jésus-Christ, Mahomet veut surtout le respect du chrétien.

(L'AUTEUR, chap. VII.)

Si je n'étais huguenot, je me ferais Turc (*musulman.*)

(HENRI IV.)

PARIS. — ALGER
CHEZ LES PRINCIPAUX LIBRAIRES
1860

L'auteur avait d'abord écrit une relation de voyages, sous ce titre : *Voyages d'Athanase Cocardeau à la recherche de la paternité* (1), et voici même la préface qu'il avait disposée :

« Variant un vieux mot plaisant, un spirituel critique (M. Cuvillier-Fleury) disait récemment : « Il est si facile de ne pas faire un roman en deux volumes ! » — Peut-être — si l'on a tenu — même humblement — une plume — et si l'on a fait un voyage, si l'on a visité, par exemple, le midi provençal de la France, un peu de l'Algérie, et toute l'Italie, depuis le pied des Alpes jusqu'au golfe de Venise, depuis le golfe de Venise jusqu'au golfe de Naples, — peut-être est-il moins facile de ne pas ressaisir la plume — un instant abandonnée — pour retracer ce que l'on a vu, ce que l'on a admiré, ce que l'on a critiqué, ce que l'on a res-

(1) Un légiste pourra dire : « Mais la recherche de la paternité est interdite (art. 340, Code civil). » A ce légiste nous répondrons par ces mots de Solon : « Le mariage a pour but de donner des sujets à l'État. » Et c'est ce texte qui explique le titre, plus original et plus piquant qu'exact, nous en convenons.

senti. — « Il y a, disait Voltaire à propos d'une publication » anonyme, tant d'auteurs qui parlent à l'univers, qui s'i- » maginent rendre l'univers attentif, qui croient l'univers » occupé d'eux, que celui-ci ne croit pas être lu d'une dou- » zaine de personnes dans l'univers entier. » — On a le naïf orgueil de ne pas craindre un pareil dédain du public, et l'on écrit.

» Et, comme forme naturelle du récit, on adopte la *lettre*. Mais on ouvre la Préface du *Rhin*, de Victor Hugo, et on lit : « Si l'auteur avait publié cette correspondance de voyageur » dans un but purement personnel... il eût peut-être re- » noncé, par le sentiment même de son infériorité, à la » forme épistolaire, que les très-grands esprits ont seuls, » à son avis, le droit d'employer vis-à-vis du public. » — Alors, on s'arrête : on mesure la distance qui sépare de l'*infériorité* de l'auteur du *Rhin*, et on livre à la flamme du foyer l'œuvre audacieuse si naïvement entreprise.

» Puis, on essaie de la forme narrative, mais le *moi* revient sans cesse, et dans ses notes de lectures on trouve : — « La coutume a fait le parler de *soi* vicieux, et le prohibe obstinément, en haine de la ventance qui semble toujours être attachée aux propres témoignages. » (MONTAIGNE.) — « Le *moi* est haïssable. » (PASCAL.) — « L'orgueil des petits consiste à parler toujours de soi... La mère du maréchal de Villars disait à son fils : Ne parlez jamais de vous qu'au roi, et de votre femme à personne. » (VOLTAIRE.) — Enfin on rouvre la Préface du *Rhin*, et on lit encore que le *moi* est une mauvaise herbe qu'il faut extirper et sarcler avec soin. — Alors, pour bien *sarcler* la *mauvaise herbe*, pour *extirper* radicalement le *moi*, on abandonne la narration — trop souvent monotone, d'ailleurs, ou dont la monotonie ne se rachète que par un style comme le style inimitable de l'auteur de l'*Itinéraire de Paris à Jérusalem* et du *Voyage en Amérique*.

» Et l'esprit rêve — et l'imagination revoit la silhouette de voyageurs que l'on a heurtés dans sa route — et de ces voyageurs — plus ou moins propres au drame — on fait des héros de roman — et par ces héros poétiquement ou prosaïquement romanesques — qui racontent, décrivent, dialoguent, discutent — on s'efface — et, grâce au roman, l'on anime d'un rayon de soleil cette nature morte qui s'appelle la description ou le récit.

» Telle est l'œuvre qu'a hasardée l'auteur ; au roman il a mêlé l'histoire, et à l'histoire la critique. Dans une des Préfaces de sa *Nouvelle Héloïse*, Rousseau disait de ce *recueil de lettres :* « Le style rebutera les gens de goût ; la matière » alarmera les gens sévères ; tous les sentiments seront hors » de la nature pour ceux qui ne croient pas à la vertu. Il » doit déplaire aux dévots, aux libertins, aux philosophes ; » il doit choquer les femmes galantes et scandaliser les hon» nêtes femmes. » — Le narrateur des voyages d'Athanase Cocardeau pourrait dire quelque chose de semblable : ici, la frivolité déplaira au lecteur sévère ; là, le détail sérieux fatiguera le lecteur — ou la lectrice — frivole ; ailleurs, un tableau de mœurs, voilé de draperies décentes, n'en choquera pas moins la *prude* — qui ne fermera pas le livre, cependant, et qui lira — comme la *Vergognosa* du Campo-Santo de Pise regarde à travers ses doigts desserrés Noé dans sa nudité bachique ; — ailleurs encore, le dévot se récriera — comme se récriait — près de sa Lalagé, de sa Galatée, de sa Lydie ou de sa Phyllis — le pieux épicurien de Tibur, qui ne permettait pas l'atteinte aux superstitions qu'enseignaient les prêtres de ses dieux...

» Toutefois, à l'égard du style, l'auteur s'est efforcé de ne pas encourir les reproches que Rousseau fait adresser au sien par un interlocuteur qu'il se donne : « Quel style ! » s'écrie ce critique idéal ; qu'il est guindé ! que d'exclama» tions ! que d'apprêts ! quelle emphase pour ne dire que » des choses communes ! quels grands mots pour de petits » raisonnements !... Si les personnages sont dans la nature, » leur style est peu naturel. »

» A la vérité, Rousseau combat ces reproches ; mais comme on voudrait pouvoir calquer ce style, dont Delille a fait le plus juste éloge en disant (dans ses *Notes* sur l'*Enéide*) : « J.-J. Rousseau est peut-être le seul écrivain dont on puisse quelquefois opposer la prose à la plus belle poésie. »

— Et c'est en lisant ces maîtres, que l'on éprouve ce que Montaigne éprouvait en lisant les *bons aucteurs* : « Ils m'abattent trop, disait-il, et rompent le courage. » — Mais, comme Montaigne, quand la plume a glissé de la main désespérée, on la reprend.

» Dans ce livre — dont le roman est l'accessoire — l'auteur s'est principalement attaché à l'esquisse historique. On a tout dit sur l'art dans les relations de voyages; on a fort peu dit — et souvent même on n'a rien dit sur l'histoire. L'auteur a cherché là l'intérêt de son récit pour ceux qui, en voyageant, veulent comme lui replacer le passé à côté du présent. Il a, par exemple, patiemment glané dans l'histoire romaine, dans l'histoire du Bas-Empire, dans l'histoire d'Orient, tout ce qui intéressait le pays que nous possédons aujourd'hui sous le nom d'Algérie; et craignant que la prolixité ne fût l'ennui, il a résumé et condensé autant qu'il a pu (1); il ne s'est un peu étendu qu'à l'endroit de Mahomet, dont une critique fanatique, plus ignorante encore que malveillante, a dénaturé le caractère et l'œuvre religieuse et sociale. Cependant il a refondu pour l'abréger un premier travail sur le Koran — dont on parle beaucoup et que l'on connaît peu — même en Algérie (2). — Que quelque chose de son livre reste ainsi dans l'esprit du lecteur, et l'auteur croira échapper à la férule de Voltaire dans ce passage : « Qui n'a rien de nouveau à dire doit se taire, ou du moins se faire pardonner son inutilité par son éloquence. » — L'auteur a visé, au contraire, à l'*utile dulci* du poëte.

(1) On a publié une volumineuse histoire de l'Algérie. L'auteur s'est abstenu d'y puiser. Il a cru qu'un *résumé*, pris aux sources mêmes, satisferait mieux le lecteur, qui veut l'instruction facile et rapide.

(2) Et l'on peut dire encore avec Voltaire : « Très-peu de littérateurs parmi nous connaissent le Koran. Nous nous en faisons presque toujours une idée ridicule, malgré les recherches de nos véritables savants. » — C'est que les travaux de ces savants sont d'une lecture peu attrayante pour notre esprit superficiel et léger. L'auteur a voulu, par un épitome raisonné, faire au moins comprendre ce

« Epicure, dit Rollin, composa un grand nombre de livres, on les fait monter à plus de trois cents, et il se piquait de n'y rien citer, et de tout tirer de son propre fonds. » —L'auteur ne pouvait avoir cette vanité d'Epicure, et peut-être lui reprochera-t-on d'avoir prodigué les citations. — « Ma fille, écrivait Mme de Sévigné, vous avez trop d'esprit pour ne pas voir que les citations sont quelquefois agréables et nécessaires. » — *Nécessaires*, elles l'étaient pour l'auteur, qui couvrait ainsi son opinion d'un nom qui donnait à cette opinion l'autorité ; — et *agréables*, il les a crues telles, en n'y voyant pas cette érudition que Voltaire « n'aimait qu'égayée, » et que La Fontaine condamnait avant lui dans ces vers :

« Un sot plein de savoir est plus sot qu'un autre homme...
» Ronsard est dur, sans goût, sans choix,
» Arrangeant mal ses mots, gâtant par son françois
» Des Grecs et des Latins les grâces infinies.
» Nos aïeux, bonnes gens, lui laissoient tout passer,
» Et d'érudition ne se pouvoient lasser.
» C'est un vice aujourd'hui : l'on oseroit à peine
» En user seulement une fois la semaine.
» Quand il plaît au hasard de vous en envoyer,
» Il faut la bien choisir, puis la bien employer,
» Encore, avec ces soins, n'est-on pas sûr de plaire...

» Que le lecteur se tranquillise donc : l'auteur — humble écrivain — ne pouvait tomber dans le *vice* de l'érudition ; il a simplement semé çà et là le fruit de ses lectures pour relever son œuvre.

« Si le public est injuste, disait Malherbe au sujet de sa traduction d'un livre de Tite-Live, je lui rendrai la pareille

qu'est ce livre arabe, ignoré ou mal jugé. Il l'a étudié sur la traduction la plus récente, celle de M. Kasimirski, dont les notes lui ont été fort utiles. Pour abréger ou pour lier les phrases, il a quelquefois modifié le style, mais sans altérer le sens.

qui est due à ceux qui offensent les premiers. Le mépris qu'il aura fait de mon ouvrage, je le ferai de son jugement. » — C'est fier, et cette fierté ne s'imite pas. »

Ainsi devait parler l'auteur avant de raconter les voyages d'Athanase Cocardeau. Mais, au moment de l'impression, il s'est lu plus attentivement, et il a craint que le *frivole*, coupé par de longues pages de *sérieux*, ou que ce sérieux mélangé de rivole, ne produisissent un effet contraire à celui qu'il avait d'abord recherché. Il a donc détaché la partie la plus importante du sujet grave, et, après l'avoir remaniée pour en faire un ensemble, il la publie aujourd'hui. Il publiera prochainement les voyages du bourgeois parisien en Provence, en Algérie, en Italie. Ce qui concernera l'Algérie sera la suite naturelle du présent volume, qui n'est, à vrai dire, qu'une introduction. La préface, s'appliquant à la publication générale, avait donc sa place marquée en tête de ce volume.

Cocardeau peindra l'Italie comme il l'a vue à la veille de la guerre glorieuse de 1859, et nous dira ses tristes impressions sur la Rome des papes, ce désert moral, selon le mot toujours vrai de Lamennais. Notre bourgeois voltairien nous avouera aussi qu'il est sorti de la ville *sainte* sans ressembler au voyageur que cite Montaigne : « Cet aultre, disent ses *Essais* (liv. II, chap. XII), estant » allé à Rome pour baiser les pieds au pape, y voyant la » dissolution des prélats et peuple de ce temps-là, s'es» tablit d'autant plus fort en nostre religion, considérant » combien elle debvoit avoir de force et de divinité à » maintenir sa dignité et sa splendeur parmi tant de cor» ruption et en mains si vicieuses. » — Tableau qui rappelle celui que Pétrarque — *l'ami des papes* — traçait de la ville d'Avignon quand les successeurs de saint Pierre y siégeaient : « Avignon, disait-il, est devenu un enfer, » la sentine de toutes les abominations (1). Les maisons, » les palais, les églises, les chaires du pontife et des car- » dinaux, l'air et la terre, tout est imprégné de men- » songe ; on traite le monde futur, le jugement dernier, » les peines de l'enfer, les joies du paradis, de fables » absurdes et puériles. » — Et le vieux Mézeray, qu'indignait la translation du saint-siége à Avignon, disait aussi, lui : « Cette translation, si pernicieuse à la France, » y introduisit trois grands désordres : la simonie, fille » du luxe et de l'impiété ; la chicane, exercice de grate- » papier et des gens oisifs, tels qu'étoient une infinité de » clercs fainéants qui suivoient cette cour ; et *un autre » déréglement exécrable, auquel la nature ne sauroit don- » ner de nom.* »

Devine, si tu peux, et *dis-le*, si tu l'oses...

Et qui avait causé cette translation du siége apostolique de Rome à Avignon ? L'amour — non du créateur — mais de la créature : « Quelques historiens, tels que Villani et » saint Antonin (un archevêque !), dit l'abbé Velly (dans » son *Histoire de France*), n'ont point fait de scrupule » d'attribuer la translation du saint-siége en France, à

(1) La cour pontificale prélevait ses impôts jusque sur les *prostituées* (style de l'Évangile). Comme Vespasien, qui avait augmenté le revenu public d'un impôt sur une chose immonde, les saints pères d'Avignon trouvaient que l'argent, quelle que soit son origine, *ne sent pas mauvais.*

» l'attachement que Clément V avoit pour la comtesse de
» Périgord, fille du comte de Foix, princesse d'une rare
» beauté, dont il ne pouvoit se séparer. »

Pourtant, disons tout de suite que notre voyageur n'a pas vu à Rome les sombres couleurs de la palette de Montaigne, mais il y a cherché vainement la pure morale du Christ. Ce qui manque à la Rome chrétienne, c'est le christianisme.

MAHOMET

AL KORAN

ALGÉRIE

ÉTUDES HISTORIQUES, PHILOSOPHIQUES ET CRITIQUES.

I. — CARTHAGE ET LA NUMIDIE.

Toute la côte septentrionale de l'Afrique actuelle était soumise à Carthage, lorsque Carthage florissait.

D'abord, Carthage (dont le nom phénicien signifiait *ville neuve*) n'eut pour étendue que la dimension d'une peau de bœuf, fort agrandie, il est vrai, par une ruse de la Didon de Virgile. Sauvée de Tyr, où son époux, Sichée, venait d'être égorgé par son frère, elle aborda au golfe d'Utique, sur la côte de l'Afrique proprement dite, et demanda aux habitants la concession d'un terrain limité par la peau d'un bœuf. La demande semblait insignifiante et fut accordée; mais la future reine de Carthage fit diviser la peau admise pour mesure, en lanières très-étroites (1), et entoura ainsi un vaste espace, où elle bâtit une forteresse, à laquelle s'ajouta une ville, comme le village s'ajoute au clocher.

Non loin de cette ville de Didon, dans notre Algérie actuelle, régnait le Gétule Iarbas. Amoureux barbare, il offrit à la veuve inconsolée de Sichée, le mariage ou la guerre, et pour échapper à la guerre et au mariage, elle se tua, comme le dit Virgile, en se frappant d'un poignard sur un bûcher embrasé. Énée, mort trois cents ans avant elle, est un poétique anachronisme de l'Homère latin.

Carthage accrut rapidement sa puissance : d'un côté, elle toucha à l'Océan par Tanger (Tingis), et de l'autre elle irradia vers la Cyrénaïque (au delà de Tripoli), où une question de délimitation de frontière fut singulièrement résolue : on convint que deux jeunes gens de chacune des deux provinces limitrophes (Carthage et Cyrène) partiraient à la même heure, courant les uns vers les autres, et que le lieu où ils se rencontreraient serait la limite. Les Carthaginois (deux frères) eurent plus de vitesse, et portèrent cette limite au delà de la moitié de la distance. Leurs rivaux protestèrent, prétendirent qu'ils étaient partis avant l'heure fixée, et les défièrent de prouver leur loyauté en se laissant enterrer vivants à l'endroit même de la rencontre. Les deux coureurs plus agiles acceptèrent patriotiquement le défi, et le tombeau où ils descendirent pleins de vie fut la borne funèbre de l'empire carthaginois.

Cet empire, arrêté ainsi de ce côté, et, de l'autre, par l'Océan, franchit la mer, et absorba la Sardaigne, la Corse, les îles Baléares, une partie du littoral espagnol, et quelques villes de la Sicile.

La Sicile entière était le rêve de Carthage ; elle y versa son sang, et attira chez elle le cruel tyran de Syracuse, Agathocle, — comme elle devait y attirer plus tard Régulus et le premier Scipion. — Mais, après avoir obtenu le concours de ses dieux sanguinaires par le sacrifice de deux cents en-

(1) Les grands savants n'admettent pas cette version, qu'ils traitent de fable.

fants que sa sauvage superstition immola, et par le sacrifice volontaire de trois cents imbéciles Curtius, qui se dévouèrent, elle chassa l'insulaire, et reprit son effort de conquête d'Agrigente à Messine.

Rome, alors, intervint : lacérant le traité de paix qui la liait à sa rivale ambitieuse, elle s'empara de Messine ; et la guerre déclarée, Régulus débarquait sur le sol africain (1). — Victorieux, et près de Carthage, il sollicitait, cependant, du sénat romain, un successeur « afin de retourner dans son petit domaine de sept arpents, seule fortune de sa famille, et que l'infidélité d'un serviteur allait laisser sans culture. » — Rome, après deux mille ans, serait debout encore, si elle eût gardé la République qui pétrissait de tels caractères !

Mais le sénat romain fit cultiver le petit domaine de Régulus, et Régulus resta devant Carthage. Trop sûr d'une dernière victoire, il repoussa la paix proposée... Et il fut vaincu par un stratégiste spartiate, Xanthippe, venu inopinément au secours de Carthage, qui, jalouse de sa gloire, et honteuse de devoir son salut à un étranger, le fit traîtreusement périr. — A Régulus, au contraire, elle promit la liberté, s'il obtenait du sénat romain la paix qu'elle souhaitait, et elle l'adjoignit à une députation envoyée à Rome, en lui faisant jurer de revenir si la demande pacifique était rejetée.

Lui-même, plus Romain qu'homme, adjura le sénat de ne point humilier la République par un traité ; et entraîné par ses paroles, le sénat vota le rejet. — Vainement le grand pontife (le pape païen) le releva d'un serment arraché par la force, et l'invita, avec le sénat et le peuple, d'ailleurs, à ne point retourner à Carthage, où d'affreux supplices l'attendaient, il résista : « Non, dit-il, je ne puis être dégagé de mon serment... j'ai pris les dieux à témoin, et ces dieux, à l'exis-

(1) C'est dans cette expédition contre Carthage que l'armée romaine fut effrayée par un serpent monstrueux, véritable baleine terrestre, qu'aucun trait ne pouvait percer ; il dévorait les soldats qui l'attaquaient avec leurs glaives ou leurs lances, et il fallut employer les catapultes pour le *démolir* à coups de pierres comme un bastion. La peau de ce monstre, envoyée à Rome, avait cent vingt pieds de longueur.

tence desquels je crois (pauvre Régulus!), m'enchaînent... je crains plus la honte du parjure que la cruauté de mes ennemis. » — Quelle différence avec nos mœurs actuelles! De nos jours on a fait du serment une *comédie*... Et M. Viennet, l'académique auteur de cette comédie des *Serments*, n'a pas été châtié par l'indignation du public, comme le fut Euripide à propos de ces paroles placées dans la bouche de son Hippolyte : « Ma langue a prononcé le serment, mais mon cœur n'y a point consenti. » — C'est ce même Euripide qui faisait dire encore : « S'il faut jamais violer la justice, ce doit être quand il s'agit d'un trône; dans tout le reste, à la bonne heure, qu'on la respecte. » — « Ainsi, disait Cicéron, Euripide fait une exception en faveur de ce qu'il y a précisément de plus criminel. » — Inutile d'ajouter que César aimait à répéter la maxime d'Euripide, comme à se moquer de ces paroles de Platon : « Le serment est une affirmation religieuse, faite en présence et sous les yeux de *Dieu*, que l'on en rend en quelque sorte garant, et qui vengera certainement l'abus sacrilége que l'on aura fait de son saint nom. »

C'était la pensée du noble consul romain, qui, sans vouloir embrasser sa femme et ses enfants, repartit pour Carthage. — Les supplices, raffinés par une barbarie féroce, le trouvèrent stoïque : pour le priver de sommeil, on lui coupa les paupières; d'un cachot ténébreux il passait à un soleil ardent, où il était exposé nu; puis, on l'enfermait dans un tonneau étroit, hérissé de pointes de fer, et où le moindre mouvement était une torture. Enfin, lassés de sa courageuse patience, ses bourreaux le clouèrent à une croix, où ce martyr de la religion du serment exhala, comme dit Horace, sa grande âme.

Sa veuve le vengea, en enfermant dans une espèce d'armoire, garnie aussi de pointes de fer, les principaux captifs carthaginois, que le sénat romain lui avait remis pour cette vengeance, et dont un seul, après cinq jours, résista à la souffrance, à la faim, et aux exhalaisons des corps putréfiés; il eut sa grâce.

Ces atrocités mutuelles cimentèrent la haine, et la jalousie l'envenima. On traita d'une paix fardée, et le père d'Annibal lui faisait, à neuf ans, jurer sur les autels cette haine contre les Romains.

Treize ans plus tard, Annibal commandait en Espagne ; et déchirant à son tour les traités, il assiégea Sagonte, la fidèle alliée de Rome, qui eut la lâcheté de l'abandonner. Sagonte s'abîma dans un incendie, allumé par ses habitants mêmes, qui y périrent pour échapper à l'Africain.

Fabius était bientôt à Carthage : « Je porte ici, dit-il en montrant le pan de sa robe plié dans sa main, la paix ou la guerre : choisissez! » — « Choisissez vous-même, » répondit le suffète (magistrat principal).— « Eh bien ! c'est la guerre que je vous donne!» Et le fier Romain secoua sa robe comme pour en laisser tomber le brandon de cette guerre.

Annibal quittait l'Espagne, franchissait les Pyrénées, passait le Rhône (entre Avignon et le Pont-Saint-Esprit), traversait les Alpes en quinze jours, et descendait en Italie par le Piémont, avec vingt mille hommes, six mille chevaux et une trentaine d'éléphants, dont un seul lui restait après le passage de la Trebia. — Quarante mille premières victimes de son ambition, déguisée sous le nom de haine, avaient jonché sa route, tuées par la fatigue ou par les hordes gauloises, ou tombées dans les neiges et les abîmes des Alpes.

Vainqueur sur les bords du Tésin, de la Trebia et du lac de Trasimène (aujourd'hui lac de Pérouse), il le fut une quatrième fois à Cannes, et vint, non pas s'endormir à Capoue, mais y attendre les secours qu'il avait demandés à Carthage, et que rendaient nécessaires ses victoires mêmes : « Encore une victoire comme celle-là, disait, sur cette même terre italique, Pyrrhus à ses courtisans flatteurs, et nous sommes perdus ! » — C'était cette perte que redoutait l'Africain vainqueur. Mais, comme toutes les Républiques, qui semblent n'exister que pour engendrer les ambitions rivales, les antagonismes jaloux, la République carthaginoise était divisée par les factions, et la faction opposée à Annibal empêcha l'envoi des secours. — Cependant il marcha sur Rome, et fut intimidé en apprenant que le champ où il campait à trois milles (environ une lieue) de la ville sacrée avait été vendu aussi avantageusement qu'en pleine paix, et que Rome venait d'envoyer des renforts en Espagne, comme si, lui, le héros de Trasimène et de Cannes, n'était pas à la porte Collina ! Deux fois, pourtant, il s'était avancé pour livrer bataille, mais deux fois un orage soudain avait obligé ses troupes à rentrer dans le camp. — C'en était trop pour son esprit frappé, et, irrité, d'ailleurs, de l'indifférente inaction de Carthage, il rétrograda vers Naples.

Scipion — qui venait de conquérir l'Espagne — descendait alors en Afrique.

Près de Carthage était la Numidie, divisée en deux provinces, obéissant, l'une à Massinissa, l'autre à Syphax.

Syphax avait épousé une Carthaginoise, Sophonisbe, et, sous la protection de Carthage, avait dépouillé Massinissa de sa province.

Massinissa, réuni à Scipion, s'empara de Syphax, puis de sa capitale, Cirtha (depuis détruite, et remplacée par Constantine, qui doit, comme Constantinople, son nom à l'empereur Constantin, son fondateur), et enfin de Sophonisbe, qui le supplia de ne point la livrer aux Romains.

Loin de la livrer, il l'épousa, en promettant de se rallier à Carthage. — Scipion, indigné, marcha sur Cirtha, où le roi numide s'abandonnait aux joies de son amour heureux ; mais, effrayé, ou honteux de sa faiblesse, il courut vers Scipion, et implora son pardon.

Le Romain pardonna, en exigeant Sophonisbe comme esclave.—Massinissa transmit l'ordre à la jeune femme, en lui envoyant en même temps une coupe de poison... Elle vida la coupe, en faisant remercier son amant-époux de la sauver de la honte et de l'outrage de l'esclavage. — Deux cents ans après elle, Cléopâtre, pour la même cause, recourra à un aspic (1).

Rappelé par Carthage tremblante, Annibal y reparut, non sans maudire le sort qui, en l'éloignant de l'Italie, le privait de la riche proie sur laquelle il comptait. Et, probablement, dans l'espoir de saisir une occasion plus propice, il parla de paix.

(1) Plutarque, dans la *Vie d'Antoine*, élève des doutes sur ce genre de mort.

« Pourquoi, disait-il à Scipion dans la fameuse conférence qui précéda la bataille de Zama, pourquoi Rome et Carthage n'ont-elles pas su rester dans leurs limites naturelles, Rome en Italie, Carthage en Afrique ? »

Oui ! pourquoi Carthage, à Messine, menaçait-elle l'Italie, qui n'avait pas de marine, et pour qui Rome eut légitimement peur ?

Pourquoi, surtout, un Annibal voulut-il être un Pyrrhus, comme Pyrrhus avait voulu être un Alexandre, comme Alexandre avait voulu être une Sémiramis ? — « Je pleure, disait César devant une statue de cet Alexandre, en songeant que je n'ai rien fait encore de grand, et qu'à mon âge Alexandre avait déjà conquis l'Asie. » — Malheur au monde qui voit couler de tels pleurs ! — Napoléon, lui aussi, ne pleura-t-il pas, impatient d'être un César ?.. — Et n'est-ce pas de ces potentats en particulier, mieux que des rois en général, que l'abbé Grégoire eût pu dire qu'ils sont dans l'ordre moral ce que les monstres sont dans l'ordre physique ?

A Zama, Annibal vit éclipser sa gloire, et, quoique vaincu, redoutable encore aux Romains, il dut fuir la persécution de ses ennemis, et erra de Tyr à Antioche, d'Antioche à Ephèse, d'Ephèse en Crète, de Crète en Bithynie, où, près d'être livré à Rome, il s'empoisonna... Il y a donc une justice du ciel, qui venge la terre opprimée par ces illustres bandits !

Maître de Carthage, Scipion, le *premier Africain*, se borna à lui imposer le plus dur des traités, et la laissa debout.

Mais Caton, qui, quarante ans après, la voyait forte et prospère, n'en rêva plus que la destruction. Et, entrant un jour au sénat, une figue fraîche à la main : « Pères conscrits, s'écria-t-il, cette figue était encore sur l'arbre, il y a trois jours, à Carthage : vous le voyez, l'ennemi est à nos portes ! » — Et le sénat, s'associant à la frayeur de Caton, décida — secrètement — que Carthage cesserait de vivre. Mais, agissant avec la foi *punique*, on négocia ostensiblement, on se fit remettre les armes et les moyens de défense, et, levant alors le masque, on déclara que Carthage serait rasée, et que ses sept cent mille habitants iraient bâtir une ville où ils voudraient, mais à une distance de dix milles des côtes.

D'abord consternée, Carthage ranima son courage, et forgea de nouvelles armes; pour les cordages qui manquaient, toutes les femmes livrèrent leurs cheveux. La défense fut celle du désespoir, et prévoyant trop bien la défaite, on se vengeait d'avance par les plus horribles cruautés exercées sur les prisonniers : on leur crevait les yeux, on leur coupait le nez, les oreilles, les doigts; on arrachait la peau de leur corps avec des peignes de fer, et on les précipitait ensuite du haut des remparts. C'était toujours la Carthage de Régulus!

Le siége traînait. Scipion-Emilien, fils de Paul-Emile, et adopté par un des fils de Scipion l'Africain, en prit la direction, et Carthage céda. Un temple, où s'étaient réfugiés un des chefs, Asdrubal, sa femme, ses deux enfants et un millier de transfuges, résistait seul, mais Asdrubal se rendit, et, à genoux devant Scipion, demanda grâce pour sa vie. Les transfuges l'insultèrent de leur mépris, et eux-mêmes se donnèrent la mort, après avoir mis le feu au temple.

La femme d'Asdrubal, loin de l'imiter, lui reprocha sa lâcheté, et se jeta dans les flammes avec ses enfants.

Carthage fut rasée. Le vœu de Caton était rempli, mais il n'était plus là pour jouir du succès de l'éloquence de sa figue. Est-ce son *delenda Carthago* qui lui a valu — comme à Socrate — le nom de *Sage?*

Et sur les débris de Carthage, Scipion — le second Africain — disait avec Homère : « Il viendra un temps où la ville sacrée de Troie, et le belliqueux Priam, et son peuple, périront! »

Et Scipion ne pensait point à Carthage, il pensait à Rome triomphante : « Si vous abattez Carthage, disait Scipion Nasica, vous renversez la digue qui s'oppose au progrès de la corruption, au débordement des vices, au relâchement de la discipline. Carthage détruite, plus de crainte, plus de stimulant, et Rome est perdue! »

Il y avait encore un moyen de sauver Rome, c'était de penser un peu moins aux patriciens, et beaucoup plus au peuple ; c'était de ne point armer contre Tiberius Gracchus un bras d'assassin — comme le fit Scipion Nasica !

C'est en tuant les Gracques qu'on crée les Césars, qui, de décadence en décadence, conduisent les peuples, privés du *stimulant* de la liberté, à ployer sous un Genséric !

Carthage, libre encore, tombait sous un Romain... Rome, asservie, tombait sous un Vandale !... Là, un reflet de gloire ; ici, la honte comble ! — « Au moins, disait Marc-Antoine en se frappant de son glaive après sa défaite d'Actium, je meurs sans honte : je ne suis vaincu que par un Romain. »

Qu'il serait curieux de causer de cette chute de Rome avec les Scipions, avec César, avec Auguste, dans les champs Elysiens de Virgile ; et, sûr de les y retrouver, doués de la parole, comme on y descendrait volontiers, nouvel Enée — dût-on y rester comme Pirithoüs !

II. — LES ROMAINS OCCIDENTAUX EN NUMIDIE.

Après la défaite de Zama, Carthage avait restitué à Massinissa les villes et le territoire qu'elle lui avait pris, et l'allié des Romains y avait réuni la province de Syphax.

Sa Numidie s'étendait depuis Siga (Ned-Roma, au delà de Tlemcen) jusqu'à Hippo-Regia (Hippone-la-Royale, détruite, non loin de Bône), et descendait de la mer à l'Atlas, où commençait le pays des Gétules. — Favorisé par la République romaine, le prince numide usurpa à son tour sur Carthage, et fit sentir sa puissance jusqu'à la Grande-Syrte, sur la frontière de Cyrène.

Comme Caton, il ne vit pas la destruction de Carthage, et sa mort transmit son vaste empire à Micipsa, Gulussa et Mastanabal, ses seuls fils légitimes parmi les cinquante-quatre fils qu'il laissait (quatre de plus que n'en avaient Priam, le vaincu d'Ilion, et Egyptus, le beau-père des Danaïdes).

Micipsa, succédant à ses frères, morts aussi, eut tout l'empire de son père, et lui-même le transmit à ses deux fils, Adherbal et Hiempsal, et à son fils adoptif (fils de son frère Mastanabal), Jugurtha, généreusement recueilli dans son palais — comme le serpent au foyer du villageois de la fable!

Jugurtha ne tardait pas, en effet, à faire égorger Hiempsal, et préparait le même sort à Adherbal — qui s'enfuit à Rome.

L'ambitieux meurtrier envoya à Rome des commissaires pour le défendre; — et pour cette défense, il les chargea d'or. — La prédiction de Scipion Nasica s'accomplissait déjà : comme le flot montant, la corruption et les vices élevaient leur niveau, et menaçaient de submerger la ville éteinte des Fabricius : « Je vois, disait Pyrrhus, qu'on détournerait plus facilement le soleil de son cours que Fabricius du chemin de la vertu. » — L'assemblée de *rois républicains* (sénateurs) qu'avait vue l'ambassadeur de ce prince, Cynéas, n'était pas encore un troupeau d'esclaves, mais c'était un bazar de consciences, et les Cynéas de Jugurtha les achetèrent.

Adherbal, qui demandait des secours, n'obtint donc que des promesses. Et de retour à Cirtha, sa capitale, il y fut assiégé par Jugurtha, qui le prit par trahison, et le fit mourir dans d'affreux tourments.

La Numidie n'eut donc plus que ce félon assassin pour maître.

Vautré dans l'or de Jugurtha, l'indigne sénat de Rome se taisait, mais un tribun, plus noble que tous ces nobles de nom, Caïus Memmius, stimula le peuple, et força le sénat à parler.

La guerre fut déclarée au roi numide.

Le consul Calpurnius Bestia, chargé de cette guerre, la termina par un traité — dérisoire pour la République — mais secrètement avantageux pour le général cupide. — C'est ce nom méprisé de Calpurnius, mêlé au nom odieux de Jugurtha, qui retentissait à la tribune française lorsqu'une libre investigation se portait sur l'administration militaire de cette ancienne Numidie conquise.

Le traité de Calpurnius, dénoncé comme une infamie par le tribun Memmius, souleva le peuple, qui exigea que Jugurtha, protégé par un sauf-conduit, vînt s'expliquer au Forum même.

Le roi obéit au peuple. Mais un autre tribun, digne, celui-ci, d'être sénateur, Bebius, céda à l'or de l'infatigable corrupteur, et parvint à empêcher l'assemblée où il devait être entendu.

Plus audacieux encore, Jugurtha fit assassiner, dans Rome même, un petit-fils de Massinissa, Massiva, à qui l'on conseillait de réclamer le royaume de Numidie.

Une nouvelle guerre lui fut déclarée, et c'est en quittant Rome qu'il s'écria : O ville vénale, tu n'attends qu'un acheteur pour te vendre — et pour périr ! — Cet acheteur vint : ce fut Jules César... Rome n'était plus dès lors qu'un tombeau où gisait un cadavre, car il n'y a point de vie sans liberté...

La nouvelle guerre, conduite mollement d'abord, reçut une impulsion plus vive sous le consul Métellus, homme intègre, général habile, qui chassa Jugurtha dans le désert, et l'y poursuivit. Le soleil, la sécheresse, le manque d'eau, décimaient l'armée romaine ; on invoqua Jupiter, et Jupiter, maître alors des éléments, répandit une pluie abondante — comme il avait déjà fait pour l'armée d'Alexandre, dans les plaines de sable de la Libye, lorsque ce grand insensé (1) allait conquérir, au temple de Jupiter-Ammon, le titre de fils de ce dieu ! — et comme ce bienfaisant Jupiter devait

(1) Heureux si, de son temps, pour cent bonnes raisons,
La Macédoine eût eu des Petites-Maisons ! (Boileau, *sat.* VIII.)

faire encore pour l'armée de Marc-Aurèle dans les forêts des Marcomans (la Bohême)... Mais que dis-je ? l'évêque Apollinaire n'a-t-il pas prétendu que cette pluie qui sauva l'armée impériale avait été versée par le Dieu des chrétiens, exorable aux prières des néophytes de cette armée ? « N'est-ce pas vous, dit le Récollet à Marc-Aurèle dans le *Dialogue* de Voltaire, qui avez tant persécuté de gens qui vous avaient procuré de la pluie pour battre vos ennemis ? — Hélas ! répond Marc-Aurèle, j'étais bien loin de persécuter personne ; je rendis grâce au ciel de ce que, par une heureuse conjoncture, il vint à propos un orage dans le temps que mes troupes mouraient de soif, mais je n'ai jamais entendu dire que j'eusse obligation de cet orage aux gens dont vous me parlez. » — Tertullien n'en a pas moins soutenu avec Apollinaire le « miracle chrétien, » et six auteurs païens ont protesté, les uns, en attribuant le bienfait à la piété de Marc-Aurèle, qui s'était rendu ses dieux propices ; et les autres, en revendiquant le prodige pour les magiciens qui suivaient l'armée. — Que les gens d'esprit sont bêtes ! dit la Suzanne du *Figaro* de Beaumarchais.

Grâce au Jupiter-Pluvieux invoqué par les soldats de Métellus, ils purent s'avancer jusqu'à Thala (ou Telepté), dans la Byzacène (contrée de l'Afrique propre), mais ils n'y trouvèrent que les cendres d'un incendie, dans lequel les habitants, comme à Sagonte, avaient enseveli eux et leurs maisons.

Revenant sur ses pas, Jugurtha se sauva en Mauritanie (à peu près le Maroc actuel), où régnait son beau-père Bocchus, dont les sujets maures (ou maurusiens, selon l'expression de Plutarque) s'allièrent à ses Numides. Mais Marius prit le commandement de l'armée romaine, et après une victoire sur les deux rois réunis, suivie du massacre des habitants de la ville de Capsa (au delà de Thala), où étaient les trésors de Jugurtha, il obtint la soumission secrète de Bocchus, qui, dans un piége tendu à son gendre, le fit prendre par Sylla, lieutenant de Marius. Les deux terribles rivaux futurs se donnaient la main dans une lâcheté ! Ce n'était plus le temps où un Fabricius envoyait avec indignation à Pyrrhus une lettre de son médecin, qui offrait d'en délivrer Rome par un empoisonnement.

Jugurtha, enchaîné, suivit, à Rome, le char triomphal de Marius, et, jeté dans la prison Mamertine, cet antre souterrain creusé dans le rocher du Capitole, il y mourut de froid et de faim, après six jours de souffrances : juste punition de ses forfaits, dit Plutarque.

Banni de Rome, le triomphateur Marius revenait en Afrique, mais pour s'asseoir, fugitif et errant, sur les ruines de Carthage !

Cependant il était accueilli, avec son fils, par le nouveau roi de Numidie, Hiempsal, qui, pour se concilier l'amitié de Sylla, se disposait à le livrer. Mais une concubine du roi, maîtresse du jeune Marius, le prévint, et il put fuir avec son père.

En Mauritanie, après un autre roi, Iphta, son fils (Ascalius ou Ascalis) avait été renversé par une faction, contre laquelle il luttait. Sertorius, rival de Pompée, vint d'Espagne appuyer la faction, et Sylla envoya des secours au roi. Sertorius l'emporta, et, laissant les Maurusiens se gouverner librement, il retourna en Espagne — pour y mourir, assassiné, dans un festin, par un autre ambitieux, son lieutenant Perpenna — qui devait lui-même périr, vaincu et condamné au supplice par Pompée — lequel était dévoué au poignard d'un autre assassin, qui achevait la victoire de César — cette future victime des Cassius et des Brutus — qui expiraient à leur tour, vaincus par Auguste et tués, l'un par un officieux bourreau, l'autre par lui-même ! — Triste enchaînement de vengeances providentielles !... Sortie seule de la boîte de Pandore, cette Ève du paganisme, l'ambition eût suffi à ensanglanter le monde.... Quel dieu la réprimera ?

Juba, frère de Hiempsal, arrière-petit-fils de Massinissa, et dont Plutarque relève l'arrogance et l'orgueil, régna ensuite sur ces pays, et s'associa aux lieutenants de Pompée : Caton et Metellus-Scipion, pour venger la défaite de Pharsale. — César accourut, et, débarquant non loin de Tapsus (dans la Byzacène), il glissa et tomba : « O Afrique, je te tiens ! » s'écria-t-il en feignant d'avoir ainsi touché la terre pour l'embrasser, afin de détruire dans l'esprit de ses soldats l'impression du mauvais présage. — Et six mois après, en effet, il tenait l'Afrique. — Et Juba, vaincu avec ses alliés, se donnait la mort — comme Metellus-Scipion, comme Caton (à Utique). — Puis, César venait se reposer de ses travaux sanglants dans les bras d'Eunoé, reine de Mauritanie, comme il s'était reposé de Pharsale et de la conquête de l'Egypte dans les bras de Cléopâtre. — « Les hommes véritablement grands, disait Marc-Antoine, à qui l'on reprochait le même repos dans la luxure et dans les mêmes bras de Cléopâtre, augmentent leur illustration en laissant dans les diverses contrées une nombreuse postérité, nobles rameaux d'une tige immortelle. Hercule s'est conduit ainsi, et ce héros, loin de se borner aux liens d'un seul mariage, honora de son amour les plus rares beautés que lui offraient les trois parties du monde, afin de laisser partout des hommes de son nom, de son courage et de sa gloire. » — Déjà une reine des Amazones, Thalestris, avait enseigné ce système par l'exemple : elle s'était rendue à Zadracarta (Sari, en Perse), auprès d'Alexandre, et lui avait demandé une union éphémère pour lui devoir une progéniture digne d'un héros (1). — Lycurgue, le législateur spartiate, eût été content : « Lycurgue, dit Plutarque, prétendait que les enfants n'étaient pas en particulier à leurs pères, mais qu'ils appartenaient à l'État. Il voulait donc que les citoyens eussent pour pères, non des hommes vulgaires, mais les personnes les plus vertueuses. Et il taxait de sottise et de vanité les réglements des autres législateurs sur le mariage. Ils cherchent, disait-il, pour leurs chiennes et pour leurs juments les meilleurs chiens et les meilleurs étalons : ils les obtiennent de ceux qui les ont,

(1) La reine Bazine, épouse de Bazin, roi des Thuringiens, abandonna son mari, et venue auprès de Childéric, *koning* ou roi de la principale tribu des Franks (nos ancêtres), elle lui dit : « J'ai reconnu ton mérite et ton grand courage, et je viens pour rester avec toi. Sache que si j'avais connu, quelque part, au delà des mers, un homme qui valût mieux que toi, j'aurais désiré habiter avec lui. » Childéric l'épousa, et en eut le roi que nous nommons Chlovis ou Clovis (*Hlode-wig*, se prononçant Chlodewig et signifiant illustre guerrier).

à force de prières ou à prix d'argent; et leurs femmes, ils les renferment dans leurs maisons, ils les gardent avec soin, afin qu'elles n'aient des enfants que de leurs maris, quoique souvent ceux-ci soient imbéciles, infirmes ou décrépits. Mais n'est-ce pas pour leur propre malheur que des pères contrefaits engendrent des enfants défectueux? Au contraire, ceux qui, nés de parents robustes, sont eux-mêmes bien faits et vigoureux, ne font-ils pas le bonheur de leurs parents? »

Rompant ses nouveaux liens, César quitta la Mauritanie, et vint à Rome jouir de son triomphe sur la Liberté, entrée dans le sépulcre d'où le peuple abâtardi du Mont-Sacré et de l'Aventin ne devait plus la voir sortir!

A ce triomphe de César, figurait le fils de Juba, encore enfant.

Élevé à Rome, le jeune Juba y reçut une instruction brillante, et Plutarque, qui, dans la *Vie d'Antoine*, l'appelle le plus aimable de tous les princes, le cite ailleurs comme historien avec de grands éloges.

Auguste lui fit épouser une fille d'Antoine et de Cléopâtre, et lui rendit une partie des États de son père, en y joignant une province de Gétulie. — Les Gétules se révoltèrent, et Auguste aida Juba à les soumettre à son pouvoir.

Il y eut dès lors trois Mauritanies : la Mauritanie-Tingitane, dont la capitale était Tingis (Tanger); la Mauritanie-Césarienne, dont la capitale (bâtie par Juba) fut Julia-Cæsarea (Tenès, selon les uns, Cherchell, selon les autres), et la Mauritanie-Sitifienne, qui avait pour capitale Sitifi (Sétif). — La Mauritanie-Césarienne eut aussi le nom de Numidie-Royale, et les historiens emploient confusément les noms de Mauritanie, de Numidie et même d'Afrique. Pour les Romains, pendant longtemps, l'Afrique fut tout simplement à peu près ce qui forme aujourd'hui la régence de Tunis.

Le fils de Juba, Ptolémée, n'eut pas les qualités de son père, et les Maures, abandonnés par sa jeunesse insouciante au gouvernement de ses affranchis, dit Tacite, se liguèrent pour se soustraire à la honte d'avoir des esclaves pour maîtres. Un Numide, Tacfarinas, déserteur des armées romaines, où il avait servi comme auxiliaire, avait réuni d'abord pour le vol et le butin, dit le même historien, des bandes vagabondes, accoutumées au brigandage. Les Maures se joignirent à lui, et une guerre acharnée commença contre les Romains. Pendant huit ans il tint tête aux proconsuls. Enfin le consul Dolabella surprit l'ennemi dans ses huttes, et Tacfarinas, voyant ses gardes renversés et son fils prisonnier, se jeta au milieu du carnage, et se déroba à la captivité par la mort. La guerre finit avec lui. — Ptolémée était sorti de son indolence, et pour récompenser son zèle dans cette guerre, dont le résultat, du reste, affermissait son pouvoir, Tibère, renouvelant un antique usage, lui envoya le sceptre d'ivoire, la toge brodée, et le salua des noms de roi, d'allié et d'ami.

Ami, allié, roi, tout s'effaça, tout disparut par un crime de ce Caïus Caligula dont l'excellent Tibère avait dit : « J'ai élevé en ce jeune prince un serpent qui sera le fléau de Rome. » — Et Ptolémée mort, la Mauritanie-Numidie fut réduite en province romaine, et devint une des divisions du gouvernement de l'Afrique. — Tacite nomme quelques proconsuls qui y cherchèrent la fortune dans les exactions, et lui-même, devant le sénat, en défendit un, qui était accusé d'avoir vendu la condamnation et la vie de plusieurs innocents. Un autre — Pison — fomenta dans cette région africaine l'esprit de révolte ; et réfugié dans sa maison, il y fut poursuivi par des soldats qui avaient ordre de le tuer. Un esclave se présenta pour sauver son maître. — Où est Pison ? lui demandèrent les soldats, qui ne connaissaient pas le coupable. — Pison ? c'est moi-même, répondit-il. — Et il fut mis à mort. Mais un chef qui survint ne reconnut pas Pison dans la victime, et le rebelle, mieux recherché, subit le sort de son esclave, dont le dévoûment ne fut qu'un beau trait stérile.

Trajan visita l'Afrique, et vit Carthage relevée de ses ruines par l'ordre de Jules César et sous l'empire d'Auguste. Lui-même rétablit quelques villes détruites par les discordes civiles.

Un général d'Adrien, Turbo, apaisa une sédition des Maures, qui, impatients du joug, préludèrent à la future conquête de l'Espagne, par une descente dans ce pays, d'où un lieutenant de Marc-Aurèle les chassa.

Déjà une ville d'Afrique, Leptis (Lébéda, régence de Tripoli), avait donné à Rome un empereur, Septime-Sévère. La Mauritanie lui en donnait un autre, Opilius Macrinus (Macrin), né, suivant tel historien, à Césarée (Julia-Cæsarea), et suivant tel autre, « à l'endroit où est Alger. » Lequel endroit serait, d'après Moreri, le Rusucurrum des Romains, ce qui est encore contesté. — Élevé par le meurtre (du fratricide Caracalla) et par la force, ce Macrin fut renversé par la force — qui le prit à son tour pour victime.

Mais les exemples ne sont rien pour les ambitieux. Avec la Théodora de Justinien, cette comédienne-courtisane devenue impératrice, on semble dire : « Qu'importe la mort, pourvu que la postérité salue avec respect le nom d'empereur gravé sur notre tombe ? » — Et cette mort, un autre ambitieux d'origine barbare, Maximin, la brava, et la pourpre impériale couvrit sa taille de géant : il avait huit pieds, et les bracelets de sa femme étaient les bagues de ses doigts. Vorace comme un tigre, il dévorait quarante livres de viande par jour. Sous cet ogre-tyran, la terreur des Marius et des Sylla était revenue, et ses cruautés s'étendaient en Numidie, où le secondait un agent digne de lui, Capellianus. — L'indignation excita la révolte; une partie des légions d'Afrique proclama empereur le sénateur Gordien, vieillard de quatre-vingts ans ; on se battit dans les plaines de Carthage, et le vieillard, vaincu, s'étrangla avec la ceinture de sa robe, sur le corps de son fils, tué dans la bataille. — Maximin périssait, lui, sous le glaive des soldats mutinés.

Encore agitée par un ambitieux, le général Celsus, qui se fit nommer *césar*, l'Afrique fut calmée par une Romaine, Galliena (parente de l'empereur régnant, Gallien), alors à Carthage, et qui arrêta l'essor du césar avec un coup de poignard qu'elle acheta d'un sicaire — comme elle eût acheté par un sourire un baiser. — Le crime n'effrayait personne !

Ce fut en Afrique que Probus, ce Cincinnatus sous la pourpre, acquit le nom de brave parmi les braves, en tuant, dans un combat singulier, un guerrier redouté pour sa valeur et pour sa force (Aradion); et ce fut sous cet empereur Probus, que les Franks, nos ancêtres, parurent pour la première fois devant la côte africaine. Probus avait vaincu ce peuple barbare, et fait de nombreux captifs, qu'il envoya, comme colonie, dans les plaines du Pont. La colonie s'arma, s'empara de quelques galères, traversa le Bosphore, entra dans la mer Égée, ravagea les côtes de l'Asie et de la Grèce, descendit en Sicile, pilla Syracuse, fit voile vers Carthage, essuya là un sanglant échec, franchit le détroit, tourna l'Espagne, côtoya la Gaule, remonta le Rhin, et, riche de butin, revit sa patrie. — La rapine gâtait l'odyssée.

Non moins avides de pillage, les Maures d'Afrique, sous Dioclétien et Maximien, sortirent des cavernes de leurs montagnes, mais le second de ces empereurs les y fit rentrer.

Après l'abdication de Dioclétien, l'Afrique passa — avec l'Italie — sous l'administration du césar Sévère, qui, dépouillé de l'Italie par Maxence, se battit, fut vaincu, pris et tué.

Maximin, autre césar, eut alors l'Afrique. — L'insatiable Maxence la lui enleva. Et un usurpateur, Alexandre, digne de ce nom, se l'attribua, la gouverna trois ans, puis la perdit avec la vie dans une bataille gagnée par un lieutenant de Maxence. — Lequel Maxence, noyé dans le Tibre en fuyant devant Constantin, laissait sa proie ressaisie, à cet unique empereur.

Constantin partageait son empire entre ses trois fils Constantin II, Constance et Constant, son frère (à la fois son gendre) Annibalien, et son neveu Delmace. — Mais Constance faisait égorger Delmace et Annibalien, et, de plus, deux autres frères et cinq autres neveux de son père. — Enfant de six ans, un autre neveu de Constantin échappait au massacre, protégé par l'évêque d'Aréthuse, qui le cachait sous l'autel... Sans doute c'était un autre Joas que le Dieu des chrétiens réservait pour le triomphe de son Église?... Ce fut l'empereur Julien, que le Fanatisme a surnommé l'*Apostat* — parce que sa raison avait choisi son culte !...

« Les hommes, disait Tertullien dans son célèbre *Apologétique*, ne naissent pas chrétiens, ils le deviennent. » — Si, quand leur raison parle, ils ne veulent pas *devenir* chrétiens, sont-ils donc *apostats*? L'enfant juif de Bologne qu'une misérable servante a fait chrétien par une goutte d'eau jetée sur son front dans un état d'agonie, sera-t-il renégat s'il rentre un jour dans la religion de ses pères? Qu'aura gagné le clergé de Rome à son scandale impie? — « Permettez, disait encore celui que Chateaubriand appelle le *Bossuet de l'Afrique* (1), permettez à l'un d'adorer le vrai Dieu, à l'autre Jupiter; à l'un, de lever des mains suppliantes vers le ciel; à l'autre, vers l'autel de la foi; à celui-ci, de compter, en priant, comme vous le supposez, les nuages qui passent; à celui-là, les panneaux d'un lambris; à l'un, enfin, d'offrir sa vie à son Dieu; à l'autre, d'offrir la vie d'un bouc. Prenez garde, en effet, de vous rendre *suspects d'irréligion en ôtant aux hommes la* LIBERTÉ RELIGIEUSE, *et en leur interdisant le* DROIT DE SE CHOISIR UN DIEU, c'est à dire en ne me permettant pas d'adorer celui que je veux adorer, et en me contraignant d'adorer celui que je ne veux pas adorer. *Il n'est point de dieu qui puisse prendre plaisir à des hommages forcés*: l'homme lui-même n'en voudrait pas. » — Est-ce Tertullien qui aurait essayé de flétrir du nom d'apostat le philosophe impérial? Logique du Fanatisme, qui, tout-puissant, refuse aux autres ce qu'il demandait pour lui-même quand il tremblait!

Les trois fils de Constantin remanièrent donc entre eux la carte du monde, et Constant eut l'Afrique.

Constantin II, qui avait l'Espagne, prétendit à la Mauritanie, et son frère la lui refusant, il entra en Italie pour le combattre. Mais, tombé dans une embuscade, il fut saisi et tué.

Le Caïn vainqueur garda pour lui les dépouilles du Caïn

(1) Tertullien était né à Carthage. — Comme contraste naturel avec Chateaubriand, Voltaire le qualifie de *fou*... Serait-ce aussi l'opinion des ultramontains, à qui on l'oppose? — Mais Voltaire dit également de Bossuet: « C'est un homme qui enchâsse continuellement des pierres fausses dans de l'or... Les ignorants le croient sur parole. »

vaincu. Un affranchi de son père, Magnence, le trouva trop puissant, et voulut détacher de sa couronne la Gaule... L'ambitieux le fit assassiner, et, à son tour, il prit tout : Gaule, Espagne, Afrique, Italie, etc. — Constance, le meurtrier de son beau-frère, de ses oncles, de ses cousins, priait dévotement dans les églises, et ses généraux agirent pour lui. Magnence, battu et poursuivi, se retira à Lyon, où ses soldats, le voyant sans ressource, l'emprisonnèrent avec sa mère, sa femme et ses enfants; et après avoir immolé ses enfants, sa femme et sa mère, il se fit justice en se perçant le cœur — ou l'endroit où devait être le cœur... Les ambitieux n'ont point de cœur...

Constance groupait donc dans ses mains tout l'empire. — Après lui, après Julien, après Jovien, cet empire était encore partagé, et Valentinien, empereur d'Occident, avait l'Afrique.

Un des empereurs qui avaient précédé Constantin, Galère, était très-friand du spectacle de condamnés étouffés par des ours monstrueux; et grand amateur du même spectacle, Valentinien fit placer dans une chambre voisine de son appartement deux cages, dont chacune renfermait un ours énorme, et le charmant empereur — chrétien — ardent persécuteur du paganisme — voyait ainsi dévorer, sans se déranger, les malheureux qu'il condamnait (1). — Il mourut d'un accès de colère — comme mouraient après lui deux papes, Boniface IX et Clément VII... O Dieu de douceur, de patience, de miséricorde et de bonté, sont-ce là tes oints et tes élus ?

Comme Maximin, Valentinien avait appesanti sa main cruelle sur l'Afrique, où le représentait trop dignement le gouverneur Romanus, dont l'avarice autorisait les incursions des hordes de Gétules, qui achetaient le droit de piller. Des plaintes étaient parvenues à l'empereur, et l'empereur avait ordonné le châtiment... de ceux qui se plai-

(1) A l'un de ces ours, qu'il avait nommé l'*Innocence*, Valentinien donna, comme à un vieux et fidèle serviteur, une forêt pour apanage et pour retraite.

gnaient !.. Un prince maure, Firmus, organisa l'insurrection, et, d'abord victorieux, il fut vaincu par le général Théodose, à qui la trahison d'un autre prince maure le livra : le suicide le sauva du supplice. — Et jaloux de la gloire du vainqueur, les fils de l'empereur Valentinien firent décapiter à Carthage ce général qui leur avait rendu la Mauritanie... Soyez donc le bienfaiteur des princes !

Un frère de Firmus, Gildo, se leva, sous le prétexte de le venger, mais en réalité pour soumettre le pays à sa domination. Il réussit, et devint un Romanus et un Valentinien. Souillé de crimes et de débauches, déshonorant les femmes des principaux personnages, et les abandonnant ensuite à la lubricité des nègres farouches de sa garde, ce tyran immonde souleva d'universelles colères, et, redoutant à la fois les opprimés et l'empereur dépossédé (Honorius), il sollicita la protection du frère de cet empereur, Arcadius, empereur d'Orient, qui la promit dans l'espoir de ravir l'Afrique à son frère... Toujours des Caïns, même dans ces empires chrétiens !.. On bâtissait des églises, on ne créait point de cœurs !.. C'était toujours l'âme des Romulus, des Néron, des Domitien, des Caracalla, qui gouvernait le monde !.. Pourquoi donc le christianisme ? S'il n'est pas la moralité *catholique* de l'homme, qu'est-il ?

Prosterné aussi dans les églises, Honorius fermait les yeux. Stilicon, son général, les lui ouvrit, et l'on envoya contre Gildo son autre frère, Mascerel, que, du reste, il avait banni, et qui s'était réfugié à la cour de l'empereur d'Occident (transférée de Rome à Milan). — Mascerel ne put réunir que cinq mille hommes, et débarqué en Afrique avec cette faible troupe, il se présenta hardiment devant les soixante-et-dix mille combattants — Romains et Maures — qu'avait recrutés le tyran : l'or donnerait des serviteurs à un tigre ! L'or soumet tout, dit Horace ; il amollit les cœurs — comme il perce les rochers. — En face de cette armée, géant opposé à un pygmée, Mascerel promit le pardon à ceux qui se rallieraient au drapeau de l'empereur ; un porte-étendard s'approcha pour le frapper ; il lui abattit le bras d'un coup de sabre, et l'étendard tomba... De loin les Romains de Gildo ne virent que l'étendard abaissé, et prenant l'accident pour le signe de la soumission, ils jetèrent leurs armes, acclamèrent le nom d'Honorius, et les Maures, facilement dispersés, s'enfuirent dans leurs montagnes. Gildo, ainsi isolé, s'embarqua; mais repoussé vers le rivage par les vents contraires, et cerné par les troupes de son frère, il demanda, comme Firmus, à son épée une mort sans supplice.

Conquérant de la Mauritanie-Numidie, et reçu en triomphe à Milan, Mascerel excita la jalousie de Stilicon, et un jour qu'il se promenait à cheval, avec ce général, sur le bord d'une rivière, il fut désarçonné et tomba dans l'eau; on pouvait le sauver, mais Stilicon s'y opposa, et le prince fratricide, condamné par la Providence, périt de cette mort misérable... Bientôt Stilicon inspirait lui-même la jalousie, et dénoncé comme un ambitieux aspirant à détrôner son souverain, il tendait docilement la gorge au glaive de ses soldats — qui le fêtaient la veille !..

Que de leçons dans tous ces souvenirs!

Mais Alaric, ce prince goth, que Stilicon avait vaincu, était une deuxième fois à la porte de Rome, et, avec une rançon considérable, imposait un empereur, en dédaignant de l'être : il désigna Attale. Et en Afrique, la guerre civile recommençant, les partisans d'Attale, surpris par les troupes restées fidèles à Honorius, furent traités sans quartier.

Irrité de l'ambition d'Attale, qui conspirait pour se dégager de sa tutelle, Alaric lui retira la pourpre, et offrit la paix à Honorius. Un général d'Honorius répondit en taillant en pièces une division de l'armée barbare; et cédant à sa furie, Alaric courut une troisième fois sur Rome, et cette troisième fois il y entra, suivi du pillage et du meurtre. Les plus riches des lâches Romains avaient fui, et beaucoup se rendirent en Afrique.

Alaric était mort. Son beau-frère Ataulphe, en succédant à son autorité, avait épousé Placidie, sa captive, sœur d'Honorius, et conclu la paix avec cet empereur. Ce fut ce moment qu'un autre ambitieux choisit pour se substituer à son maître. Le comte Héraclien gouvernait l'Afrique comme consul; il leva une armée, équipa une flotte, et, sous le titre d'empereur, se dirigea vers l'Italie. Mais un général d'Honorius dispersa sa flotte, défit ses troupes réfugiées en Sicile, et le força à se rembarquer. De retour en Afrique, il fut remis par ses complices mêmes au nouveau gouverneur — qui le remit au bourreau...

L'ère des Vandales allait naître!

III. — LES VANDALES EN NUMIDIE.

L'Afrique mauritanienne, troublée par une nouvelle rébellion, avait été pacifiée et rattachée à l'empire d'Occident par le comte Boniface, général de Valentinien III, qui, enfant, et sous la tutelle de Placidie, sa mère, avait succédé à Honorius, son oncle, ce pauvre empereur, si peu homme que sa femme mourut vierge après dix ans de mariage.

Aétius, autre général de Valentinien, conçut une vive jalousie du succès de son collègue, et le rendit suspect à l'impératrice-régente, qui le rappela.

En même temps le jaloux général faisait secrètement prévenir Boniface que, s'il revenait, il serait envoyé au supplice... Boniface devait avoir quelque petit péché véniel sur la conscience, car au lieu de retourner à Ravenne (nouveau siége de l'empire occidental) précisément pour une explication franche, pour la confusion de la calomnie, il resta en Afrique; et pour se défendre contre l'auguste ressentiment qu'il bravait, il appela à son secours le roi vandale Gonsaric, alors en Espagne, qu'il dévastait... Noble auxiliaire !

Gonsaric mourut après avoir promis l'assistance réclamée, et eut pour successeur son frère Genséric.

Quel était ce nouveau chef? Un trait le fera connaître. Né d'une concubine du roi Godigisile, son père, il avait à craindre les prétentions des fils de son frère, enfant légitime, et pour éteindre leurs droits, il les noya — avec leur mère...

Ce fut ce criminel ambitieux qui accourut au secours du comte Boniface, avec une nombreuse armée de Vandales, encore grossie par des Alains, des Goths, et des fugitifs Romains, qu'il avait recrutés en Espagne, où il venait d'écraser un autre peuple barbare, les Suèves, ses rivaux d'ambition.

En Afrique, comme partout, le sang chrétien avait rougi les mains chrétiennes. Orthodoxes, donatistes, circoncellions, s'étaient réciproquement persécutés et massacrés.

Les donatistes devaient leur nom à Donat, évêque de Numidie, et à un autre Donat, évêque de Carthage : le premier avait protesté contre la nomination du diacre Cécilien à l'évêché de Carthage, en le qualifiant de *traditeur*, c'est-à-dire en lui reprochant d'avoir livré, par faiblesse, les livres saints aux magistrats païens lors des persécutions contre les chrétiens; le second, qui admettait que le Fils (Jésus-Christ) était de même substance que le Père, voulait toutefois qu'il lui fût inférieur, comme il voulait que le Saint-Esprit fût inférieur au Fils. — C'étaient là les thèses sonores qui, des conciles, passaient dans les rues : « Jésus-Christ est-il consubstantiel à son Père? Ce mot *consubstantiel* signifie-t-il *semblable* et non *conforme en substance?* Dieu seul a-t-il le pouvoir d'absoudre? etc. » — Et sur cette question d'absolution l'on s'égorgeait!... — « Laissez-là, avait beau dire Constantin dans un instant de raison, laissez-là ces questions insolubles pour l'esprit humain; de pareilles subtilités sont indignes de la religion ; » on persistait dans la lutte, et les orthodoxes, échauffés par le *saint* évêque Athanase, assassinaient mystérieusement l'évêque Arius pour avoir plus facilement raison de son *hérésie*—qui allait triompher !... et Athanase signalait dans cette mort — qu'il bénissait — un *miracle de Dieu !*... Il associait Dieu à un forfait... Exemplaire piété d'évêque!

Ainsi souffrit l'Afrique dans la querelle des donatistes et des orthodoxes. Et le manichéen converti, saint Augustin, enflammait les colères contre les hérétiques, — oubliant que lui-même avait dit, avec saint Paul, « qu'il n'est pas permis de faire même un petit mal afin qu'il en arrive un grand bien. » Mais il y a toujours loin de la parole à l'action — même chez les saints.

Les circoncellions, eux, ne discutaient pas dogmatiquement ; c'était la matière qu'ils réglaient, en prétendant appliquer la lettre formelle de l'Évangile. Ils délivraient l'esclave, et lui donnaient le bien de son maître :

> Plus de patriciens ! qu'ils tombent sans retour !
> Et que, dans mon palais, on me serve à mon tour !

dit le gondolier Pietro dans le *Marino Faliero* de Casimir Delavigne. C'était la maxime des circoncellions. « Un jeune homme s'approcha de Jésus, et lui dit : Bon maître, quel bien faut-il que je fasse pour posséder la vie éternelle ? — Si vous voulez être parfait, répondit Jésus, allez vendre ce que vous avez, et donnez le prix aux pauvres. » — Les pauvres devenaient les riches, et voilà comment les circoncellions comprenaient l'égalité selon l'Évangile !

Bien entendu, ils exonéraient les débiteurs, et pour mieux les protéger contre les créanciers, ils tuaient les créanciers... Puis, ils tuaient les orthodoxes, ennemis de leur charitable égalité. Et pour ne point contrevenir à cette autre lettre de l'Évangile qui défend de se servir de l'épée, ils commettaient leurs meurtres (au cri de *Louange à Dieu !*) avec des bâtons qu'ils appelaient *bâtons d'Israël* — comme à Bouvines Philippe de Dreux, évêque de Beauvais, assommait avec une massue — pour ne point verser le sang... « J'ai promis, disait l'empereur Zenon, après avoir fait mourir de faim dans une citerne l'usurpateur Basiliscus, qui s'était remis à sa foi, j'ai promis de ne pas répandre son sang : je n'ai donc pas manqué à mon serment. » — Et pour le récompenser d'avoir si loyalement tenu ce serment, la Providence équitable le faisait ensevelir — seulement évanoui — dans un caveau — où il se réveillait, et où il se rongeait le bras avant d'expirer, comme Jugurtha, dans les tortures du froid et de la faim...

Las de tuer les orthodoxes, les créanciers et les propriétaires, les fanatiques circoncellions se tuaient eux-mêmes : ils s'engraissaient, comme on engraissait les victimes destinées aux sacrifices, puis se brûlaient sur les bûchers ou se jetaient du haut des rochers dans la mer. Et tout cela pour gagner plus sûrement et plus vite le royaume que leur promettait cette autre parole sacrée : Bienheureux les pauvres d'esprit, parce que le royaume des cieux est à eux !

Tous ces ânes fanatisés ne se sacrifièrent pas, et l'armée romaine extermina la majeure partie de ceux qui restaient. Le petit nombre de survivants se dissimula parmi les donatistes, qui résistaient à de moins sanglantes persécutions.

Ce fut dans ces circonstances que Genséric apparut en Afrique. Il était arien, et les persécutés se rallièrent à lui. Les Maures, opprimés par les Romains, l'appuyèrent aussi; et fortifié par ces concours, de protecteur il se fit maître. — Le comte Boniface se repentit, l'explication devant laquelle il avait reculé eut lieu, et investi de nouveau de la confiance de l'impératrice Placidie, il reprit le commandement de l'armée romaine... Il était trop tard : Genséric, de succès en succès, ne lui laissa que Carthage et Hippone. Et Boniface vint se retrancher dans Hippone, auprès de l'évêque (saint) Augustin.

A propos du sac de Rome par Alaric, saint Augustin avait dit : « Rome doit ses malheurs à la justice de la Providence, irritée de son opiniâtreté pour le culte des idoles. »

A quoi la Mauritanie, elle, devait-elle ses malheurs? Était-ce à la justice de la Providence, *irritée* de la persécution des donatistes? La Providence envoyait-elle Genséric au secours de ces chrétiens accablés? — Que l'on a tort d'attribuer tel bien à Dieu, lorsqu'il laisse commettre tel mal! S'il a fait le bien, pourquoi n'a-t-il pas empêché le mal? « Nos dieux nous ont trahis! » s'écriait Cléopâtre éplorée sur le tombeau d'Antoine. Faut-il dire aussi que le Dieu des chrétiens trahit? qui l'oserait? Et pourtant c'est à cette pensée que conduit le fanatisme de saint Augustin. Que devenait le Dieu *qui avait désolé Rome*, quand Hippone tombait sous le Vandale vainqueur?

Saint Augustin mourut dans le chagrin et dans les larmes (pendant le siége d'Hippone, qui dura quatorze mois). Et quand cette ville fut prise, « les barbares, dit l'historien abbé Moreri, y mirent le feu, qui consuma tout, hormis le *corps*, la bibliothèque et les ouvrages de ce saint docteur, par une *protection particulière* de Celui en l'honneur de qui ils avaient été faits. » — Si la protection particulière avait été accordée au corps *vivant*, cela n'eût-il pas mieux valu?

Hippone prise, et Boniface retourné en Italie (où il devait mourir de la main de son implacable rival Aétius, dans une bataille où les deux haines jalouses se choquaient), Genséric n'eut plus à s'occuper que du siége de Carthage.

Carthage était redevenue la Rome de l'Afrique. Elle avait, comme la Rome italienne, ses monuments, sa splendeur. Beaucoup de Romains, fuyant Alaric, y avaient cherché un refuge, et maintenant ces mêmes Romains, fuyant Genséric, retournaient en Italie ou couraient vers Constantinople. — Rome n'était plus dans Rome : elle était par les chemins, par les mers, quêtant, comme un proscrit, comme un réprouvé de la terre et du ciel, un port, un asile... heureuse encore d'avoir échappé à cette servitude dans laquelle avaient gémi ceux qui, n'ayant pu fuir, avaient servi Alaric dans son palais ou dans son camp!... Les dames romaines, esclaves elles-mêmes, avaient dû se faire les Hébés de ses farouches guerriers demi-nus, et leur avaient versé le falerne d'Horace dans les coupes d'or des successeurs d'Auguste!

Après un siége presque aussi long que celui de Troie, après huit ans de résistance, Carthage céda, et, comme le premier Scipion, Genséric laissa les maisons debout, mais les vida par le pillage.

Timidement menacé par Valentinien III, il fit cependant un traité de paix, en reconnaissant la souveraineté de l'empereur d'Occident sur les trois Mauritanies : c'était une ombre de pouvoir qu'il concédait.

L'empereur d'Orient, Théodose II, voulut changer à son profit ce pouvoir fictif en un pouvoir réel; mais Genséric s'entendit avec le terrible Attila, ce *fléau de Dieu*, que Dieu venait de laisser paraître (pourquoi?), et par une attaque contre Théodose, Attila le détourna de son projet sur l'Afrique.

Le roi des Huns préserva aussi le roi vandale de la vengeance de Théodoric (fils d'Alaric), roi des Goths. Genséric avait marié son fils à une fille de Théodoric, et soupçonnant sa bru de l'intention de l'empoisonner, il lui fit couper le nez et les oreilles, et la renvoya ainsi mutilée à son père. Théodoric, furieux, offrit une alliance aux Romains pour une guerre en Afrique, mais Attila l'appela, dans les Gaules, à une bataille — où il périt.

Genséric jouissait donc paisiblement de sa conquête africaine.

Caligula chrétien, Valentinien III vivait dans toute l'abjection du vice. La pudeur des dames romaines était la pâture de ses voluptés tyranniques. Une femme résistait, c'était l'épouse du sénateur Petronius Maximus. Il fit jouer ce sénateur avec lui, et lui gagna, avec son argent, son anneau; et munissant de cet anneau un affranchi, il le chargea d'aller dire à la jeune femme que son mari l'attendait au palais. L'anneau présenté ne permettait pas le soupçon, et rendue au palais, elle fut introduite dans un appartement où elle ne vit que l'empereur... Une lâche violence consomma le crime, et, comme Lucrèce, ne pouvant survivre à cette flétrissure, elle se poignarda en révélant le motif de sa mort à son mari. — Son mari la vengea et se vengea lui-même en faisant tuer Valentinien. — Et succédant à Valentinien comme empereur, il lui succéda pareillement comme époux, en obligeant l'impératrice Eudoxie, sa veuve, à s'unir à lui. Mais, dans une confidence, il lui apprit que c'était lui qui avait armé le meurtrier de Valentinien, et l'impératrice indignée écrivit à Genséric pour lui confier le soin de venger à son tour l'empereur assassiné.

Prompt comme l'aigle qui fond sur sa proie, Genséric était aux portes de Rome, et le pape Léon, abandonné de Dieu comme saint Augustin à Hippone, essaya en vain de protéger la ville sainte, qui avait succédé à la ville sacrée. Pendant quatorze jours et quatorze nuits, on tua, on outragea, on pilla. Et gorgés de butin, Genséric et sa bande rentrèrent en Afrique, où brillèrent les derniers trésors de Rome, à jamais tombée! Captive du roi vandale, et emmenée avec lui en Afrique, Eudoxie expia, comme Boniface, sa trahison.

Sa peine s'aggrava par le mariage que lui imposa Genséric : il lui fit épouser son fils Hunéric, et pour ce mariage il demandait aux Romains une dot, c'est-à-dire un vaste territoire en Italie.

Une nouvelle invasion de ses Vandales soutint sa demande, mais un général des Goths auxiliaires (seule force de l'Italie, qui n'avait plus de Romains), Riccimer, les repoussa, et l'empereur Majorien les rejeta dans leurs vaisseaux, privés de leur chef, beau-frère de Genséric, tué dans une dernière défaite, près du Liris (royaume actuel de Naples).

Encouragé par ce succès, Majorien voulut attaquer le lion dans sa tanière, et disposa une flotte pour une descente en Afrique. Genséric eut peur, et proposa la paix; elle fut refusée, et le Vandale, soudoyant des traîtres, fit incendier la flotte dans le port de Carthagène (Espagne), d'où elle allait partir. — La paix qu'il redemanda fut accordée.

Sa puissance s'était étendue : il avait Tripoli, il possédait la Sardaigne et la Corse.

L'empire d'Orient (Constantinople) reporta les yeux sur lui. — La Sardaigne lui fut enlevée; il fut battu près de Tripoli; une flotte de douze cents vaisseaux, abordant aux côtes d'Afrique, mit son armée en fuite; il obtint une trêve de quelques jours, et en profita pour acheter de nouveaux traîtres, qui le délivrèrent de la flotte d'Orient, comme il avait été délivré de la flotte d'Occident, par un incendie. — Et chassant les généraux trahis, Héraclius, Marcellin, Basiliscus (la victime de Zénon), il reprit la Sardaigne et Tripoli.

Et fier de ses conquêtes affermies — presque en même temps que (sous Zénon) l'empire d'Occident disparaissait, réuni à l'empire d'Orient — Genséric mourut. — « Quand vous aurez parcouru, ravagé et conquis le globe entier, disaient des brahmanes à Alexandre, vous ne garderez, à votre mort, que l'espace nécessaire à votre sépulture : personne ne possède de cet élément (et ils frappaient la terre de leurs pieds) que ce qu'il en peut occuper. » Le *grand* Genséric fut donc aussi réduit à cette possession exiguë.

Son successeur fut son fils Hunéric, arien comme lui. — Ennemie de l'arianisme, Eudoxie, l'épouse contrainte d'Hunéric, le quitta, et se réfugia à Jérusalem, dans un monastère, où elle acheva l'expiation de sa félonie.

Imitant son père — qui avait imité le fils de Constantin — Hunéric se débarrassa des prétentions ou de l'ambition de sa famille, en assassinant ses frères et ses neveux, moins un, qui, comme Julien l'*Apostat*, échappa miraculeusement — protégé par le Dieu des ariens. — Et non moins barbare imitateur des orthodoxes, qui persécutaient les ariens, il persécuta les orthodoxes. — La persécution a surtout cela d'insensé qu'elle provoque les représailles.

Plus enclin aux plaisirs qu'aux combats, le fils de Genséric amollit ses Vandales dans le repos; et toujours opprimés, les Maures crurent le moment favorable pour secouer le joug : ils s'armèrent, et Hunéric mourut avant d'avoir ramené ce que les tyrans appellent l'ordre quand on lutte contre eux pour la liberté.

Le prince sauvé du massacre, Gondamon lui succéda, et fut remplacé par le fils d'Hunéric, Hildéric, qui, vaincu par les Maures révoltés, rechercha l'alliance de l'empereur de Constantinople, Justinien.

Cette alliance irrita les Vandales, excités d'ailleurs par un autre de leurs princes, ambitieux et hardi, Gélimer, et ils renversèrent Hildéric en élevant Gélimer.

Justinien réclama en faveur d'Hildéric, son allié, et Gélimer répondit à la réclamation en faisant crever les yeux de ce prince et d'un autre fils d'Hunéric, qui pouvait inquiéter sa domination.

Justinien intervint encore, pour que les deux victimes pussent au moins trouver un asile paisible auprès de lui, et Gélimer refusa, en ajoutant : « Je n'ai point usurpé le trône; les Vandales en ont chassé Hildéric, qu'ils en jugeaient indigne, et j'y suis monté par le droit de ma naissance. Un prince sage se borne à régir ses États, et respecte l'indépendance des autres. Si vous voulez la guerre, je suis prêt à la recevoir, et je vous rends responsable *devant Dieu* de l'infraction d'un traité juré par vous et par vos prédécesseurs. »

L'empereur et son conseil hésitaient : l'insuccès des tentatives sous Genséric, l'énormité des dépenses, la longue navigation, l'insalubrité du climat, tout effrayait. « Ce serait, disait un ministre de Justinien, risquer le salut de l'empire que d'embarquer ses plus fermes défenseurs pour les porter dans des contrées si lointaines qu'on serait plus de six mois sans en avoir des nouvelles. » — La raison épargnait le sang, le fanatisme le fit couler : « Dieu, s'écria un évêque, m'est apparu : il vous ordonne par ma voix de vous armer pour la délivrance des catholiques (orthodoxes). Je vous annonce en son nom la victoire : il ajoutera l'Afrique à vos vastes États. » — L'ambition stimulait la piété, et Bélisaire, général de Justinien, partit.

L'ère des Vandales allait finir en Numidie.

IV. — LES ROMAINS ORIENTAUX EN NUMIDIE.

Le camp où Bélisaire s'établit après son débarquement en Afrique, offrit des sources d'eau inespérées dans un désert aride. Ce fut encore un prodige, un miracle, et l'on remercia Dieu, qui faisait jaillir ces eaux tout exprès pour l'armée catholique — à laquelle on se gardait bien de dire que l'armée païenne de Caton et de Metellus Scipion s'y était désaltérée. — Depuis Numa, la superstition a toujours aidé à manier les peuples, selon le mot de Plutarque.

Il était un miracle plus important à faire, c'était de tarir les sources, les rivières, les fleuves, où s'abreuvaient les ariens de Gélimer. Mais leur Dieu les protégeait, sans doute. Qui ne voit qu'avec tous ces miracles opposés de part et d'autre, on renouvelle, sous un Dieu unique, la fameuse guerre des dieux de l'*Iliade* ?..

Le général romain (car ce nom de *romain* restait à l'empire anéanti, et s'étendait même à l'Orient), Bélisaire, acceptait le secours du ciel — avec la sagesse d'y joindre la sévérité, qui maintenait la discipline, — et la valeur, qui donnait l'exemple. Et en peu de temps il était maître de la côte, depuis Tripoli jusqu'à Carthage.

Gélimer avait fui de cette ville, après avoir achevé le supplice des princes vandales, ses captifs, qui perdaient la vie après la vue.

Les ariens qui ne purent fuir avec lui, furent massacrés. — O les bons chrétiens, ces catholiques et ces ariens qui se tuaient tour à tour !

Bélisaire avait renvoyé ses vaisseaux, et forcé ainsi son

armée à vaincre pour ne pas mourir. — Le roi vandale revint vers Carthage, et défendit que l'on retranchât son camp, où étaient, avec ses trésors, ses enfants et ses femmes, les femmes et les enfants de ses officiers et de ses soldats ; c'était leur jeter le même cri : vaincre ou mourir !

Un petit détachement de vingt-deux cavaliers, commandé par un écuyer de Bélisaire, occupait un village qui fut cerné. Les vingt-trois braves, la lance au poing, s'ouvrirent un passage au travers des bataillons ennemis, et deux seuls périrent. — C'est un trait qu'ont quelquefois imité nos soldats français sur ce même sol africain. — La bravoure est de tous les temps. « Les soldats de César, disait l'un d'eux, pris par Scipion, qui lui offrait la vie, la donnent, mais ne la reçoivent pas. » Et il se tua. — C'est à peu près le mot et l'action de Cambronne, qui se fit tuer.

Le succès du petit détachement fut de bon augure pour les troupes de Bélisaire, qui livrèrent intrépidement la bataille désespérée, acceptée de part et d'autre. Les Vandales la perdirent, et le général romain, maître de leur camp, y retrouva les richesses volées par Genséric à Rome et en Italie.

Un de ses lieutenants, le général Jean, poursuivait Gélimer ; un oiseau de proie vint planer sur son casque, et un homme de son escorte, décochant sa flèche pour tuer l'oiseau, tua le général. La poursuite fut arrêtée, et le roi vaincu put se renfermer dans une forteresse, sur une montagne escarpée, où quelques fuyards le rejoignirent.

La montagne fut investie, et après quelques mois de blocus, on invita Gélimer à se rendre, en lui promettant une position convenable en Orient. Il refusa, et demanda seulement une lyre, un pain et une éponge : — une éponge, pour bassiner ses yeux, fatigués de pleurer ; — un pain, nourriture dont il était privé depuis sa défaite ; — une lyre, pour accompagner les élégies qu'il chantait sur ses malheurs. — « Tous les infortunés, a dit avec vérité Chateaubriand (dans son *Génie du Christianisme*), sont enclins au chant. » — Le chant distrait et console.

Enfin, cédant aux menaces des malheureux qui souffraient

avec lui, Gélimer capitula, et, conduit à Carthage devant son vainqueur, il sourit : « Général, dit-il à Bélisaire étonné, après avoir éprouvé successivement toutes les faveurs et toutes les rigueurs de la fortune, après avoir porté le sceptre, puis les fers, j'ai reconnu que les biens et les maux de ce monde sont plus dignes de risée et de mépris que d'attachement et de regrets. » — Que ne savait-il le reconnaître plus tôt! « Seigneur, disait Cynéas à Pyrrhus prêt à descendre en Italie, quand nous aurons conquis l'Italie, que ferons-nous? — Nous conquerrons la Sicile. — Puis? — Nous conquerrons Carthage et l'Afrique. — Puis? — Puis, mon cher Cynéas, répondit une troisième fois le roi, nous vivrons dans un grand repos; nous passerons nos jours dans les banquets, dans les fêtes, et dans les charmes de la conversation. — Eh! seigneur, repartit le sage, que ne vivons-nous ainsi tout de suite? n'avons-nous pas en notre pouvoir, et sans nous donner aucune peine, ce que nous voulons acheter au prix de tant de sang, de tant de travaux et de dangers, en faisant souffrir aux autres et en souffrant nous-mêmes les plus grands maux? » — Belles paroles! à qui, de Pyrrhus à Napoléon, ont-elles servi de leçon? — Pyrrhus allait mourir dans une rue d'Argos, sous la tuile lancée par la main d'une vieille femme, et Napoléon expirait lentement sur un roc désert de l'Océan!

Gélimer, lui, suivait, religieusement résigné à son sort, le cortége triomphal de Bélisaire à Constantinople, — psalmodiant avec l'Écriture : « Vanité des vanités! tout n'est que vanité! » — Pourquoi la sagesse laisse-t-elle à l'infortune le soin de l'apprendre?

Fidèle à sa foi (ces grands meurtriers ont donc aussi une foi?), le roi sans royaume ne voulut pas abjurer l'arianisme pour le titre de sénateur, et il se retira, avec sa famille, dans des terres que l'empereur Justinien lui concéda en Gallicie.

Conquise par les armes, l'Afrique ne le fut point par les sympathies, et les Maures, fatigués encore d'oppression, reprirent leurs révoltes. — L'eunuque Salomon gouvernait. Deux de ses lieutenants avaient péri dans un massacre de quelques garnisons romaines. Il menaça les rebelles d'une vengeance qui n'épargnerait même pas leurs enfants: — « Nos enfants! dirent-ils en se moquant, les Romains seuls peuvent trembler pour les leurs, car ils en ont peu, puisque leur loi ne leur permet qu'une épouse, mais nous qui pouvons en avoir cinquante, nous ne craignons pas de manquer de postérité. » Et ils continuèrent une lutte sanglante. Une première victoire donna aux Romains leur camp, où étaient, avec un immense butin, leurs femmes et leurs enfants; et une seconde bataille qu'ils perdirent leur coûta cinquante mille morts et un autre camp, également rempli de femmes et d'enfants : chaque soldat romain traînait après lui un si grand nombre d'esclaves, qu'une femme et un enfant se troquaient contre un agneau.

Ces pertes, ces défaites, n'avaient pas abattu les révoltés, mais la superstition eut sur eux plus de force que les armes. Une prédiction avait annoncé que leur nation serait détruite par un homme sans barbe, et en apprenant que leur vainqueur était eunuque, ils ne doutèrent pas qu'il ne fût le destructeur prédit, et la résistance cessa.

Une autre révolte éclata. — Les Romains avaient partagé les terres des Vandales et épousé leurs filles. L'arianisme se retrempa dans ces unions, et persécuté par l'imprudent gouverneur, il eut le sort de tout ce que l'on persécute : il se fortifia, il grandit. — Et menacé de mort, Salomon s'enfuit.

Un ambitieux parut : soldat intrépide, Stozas se fit élire général, et s'approcha de Carthage.

Bélisaire, alors en Sicile, accourut, et son nom seul effrayant Stozas, il s'éloigna. Bélisaire le poursuivit, tailla en pièces sa petite troupe, et retourna en Sicile, où la rébellion le rappelait. — Les conquérants prenaient les villes, et ne savaient pas gagner les cœurs.

Stozas reparut avec d'autres forces, et au moment d'être attaqué par les généraux Narcet et Cyrille, il harangua leurs soldats, les plaignit de la tyrannie qui pesait sur eux, leur promit un butin qu'on leur avait refusé, une solde qu'on ne leur payait pas, et jetant la division dans leurs rangs, il vainquit aisément ceux qu'il ne put séduire, et les tua avec leurs généraux.

L'insurrection se propageait, et le patrice Germain, neveu de l'empereur Justinien, arriva en Afrique pour la combattre. Habile et prudent, sévère sans excès et modéré sans faiblesse, le nouveau gouverneur ramena les esprits; et Stozas, à son tour facilement vaincu, se sauva de Carthage en Mauritanie, où il épousa la fille d'un prince maure.

L'Afrique encore une fois calmée, le patrice Germain la quitta, et l'eunuque Salomon y revint.

Eclairé par une périlleuse expérience, il gouverna sans fanatisme, sans âpreté, et donna quatre années de paix à l'Afrique. Malheureusement pour l'Afrique comme pour lui, deux de ces généraux qui n'ont pour règle que le sabre, Sergius et Cyrus, lui furent adjoints, et leur brutalité raviva les haines.

Les Maures ressaisirent les armes, et Salomon périt dans un combat.

Sergius le remplaça; on sollicita vainement Justinien pour un autre choix; occupé de théologie, il garda le silence, et Stozas, profitant de l'irritation générale, se mit à la tête des Maures.

L'Afrique allait être perdue pour l'Orient, comme elle l'avait été pour l'Occident. Le danger arracha l'empereur à sa contention mystique, et un de ses lieutenants, Aréobinde, fut envoyé pour arrêter le progrès de l'usurpation, déjà manifestée par la soumission d'une province. — Stozas, mortellement blessé dans une bataille, légua sa téméraire ambition à un officier même du général romain, Gontharis, chef des troupes auxiliaires, qui, trahissant Aréobinde, se proclama roi d'Afrique. Le général, menacé par le traître, chercha un refuge dans une église; Gontharis jura sur l'Évangile d'épargner sa vie s'il se rendait, il eut foi, et le soir même, à un souper auquel le *roi* l'avait convié, il fut tué.

Comme tous les usurpateurs, Gontharis régna en tyran — règne éphémère que termina la mort que lui donna un complice de sa trahison, Artabane, qui rendit l'Afrique à Justinien, et en devint le gouverneur.

De cette Afrique partait pour Constantinople un fils que l'impératrice Théodora avait eu, d'un de ses amants, avant son mariage avec Justinien, et qui, fier de son élévation, se rendait auprès d'elle pour briguer la faveur qui souriait à sa jeune ambition; mais à peine l'avait-elle embrassé, que le fruit des hontes de sa jeunesse (qu'elle ne voulait point rappeler à son impérial époux) disparaissait pour toujours :

Car l'avare Achéron ne lâche point sa proie...

Et cette mère était chrétienne — comme était chrétienne l'impératrice Irène qui, pour gouverner l'empire, crevait les yeux de son fils! — comme était chrétienne la mère de Constantin, Hélène, qui lui dénonçait son épouse Fausta pour qu'il vengeât la fausse accusation qu'elle avait portée contre le fils, autre Hippolyte, que, nouveau Thésée, il avait fait mourir — sans le secours *de Dieu!* — enfin comme était chrétienne la veuve de Clovis, Clotilde, à qui un messager des rois ses fils donnait à choisir entre la tonsure monacale ou la mort des trois enfants du feu roi d'Orléans, son autre fils, et qui répondait : « Si mes petits-enfants ne doivent pas régner, je les aime mieux morts que tondus! » (Et deux furent tués, et le troisième, qui put être sauvé, se fit moine.) — De ces trois chrétiennes même on a fait trois saintes — comme on a fait deux saints — d'abord, de Constantin, qui faisait égorger, non-seulement son fils Crispus et sa femme Fausta, mais encore son beau-père Maximien et son beau-frère Licinius; — puis, de Clovis, « qui fit, dit Mézeray, assassiner Rignomeris, roitelet du Mans, et beaucoup d'autres princes ses parents, afin de s'emparer de leurs terres et de leurs trésors. » — En Grèce, Néron avait passé près du temple d'Éleusine sans oser y entrer, et Constantin avait vainement demandé aux hiérophantes son initiation aux mystères de la déesse païenne... Comment le paradis chrétien est-il plus clément aux crimes? Est-ce en pensant à ces augustes *élus* qu'Helvétius disait (dans son *Traité sur l'homme*) : « Il n'y a nulle ressemblance entre un saint et un citoyen vertueux? »

Incessamment agités, les Maures éclatèrent encore, et le carnage que le gouverneur Jean, successeur d'Artabane, en fit dans une bataille gagnée sur eux, fut tel, que l'effroi les contint pendant longtemps.

Sous Tibère II seulement l'agitation recommença. L'exarque d'Afrique, Gennadius, eut le succès de son lointain prédécesseur le gouverneur Jean, et les Maures refoulés laissèrent les Romains se disputer entre eux pour leur Dieu ou leurs empereurs.

Un de ces empereurs, Phocas, qui déshonorait le trône et l'empire, fut renversé par une révolution ourdie en Afrique. Le fils de l'exarque de cette province, Héraclius, partit de Carthage avec une flotte et une armée; et, battant la flotte de Phocas devant Constantinople, il saisit le despote, lui fit couper les mains, les pieds, et, après une autre mutilation, le livra à un dernier bourreau, qui l'acheva. — Puis, selon l'usage, Héraclius prit sa place, et vainqueur, avec sa flotte et son armée d'Afrique, du fameux Cosroës, roi de Perse, il proposa une paix — que le vaincu refusa, et que son fils aîné, Siroës, accepta, après avoir tué vingt-quatre de ses frères, et enfermé son père — qu'il fit mourir de faim devant des lingots d'or : « Tu voulais l'or du monde, lui disait-il, eh bien! voici de l'or, mange! » — Quelle leçon! Mais pourquoi la Providence choisissait-elle un fils pour la donner?

Libre par la paix, Héraclius ne s'occupa plus, comme Justinien, que de questions théologiques : « N'y a-t-il qu'une nature en Dieu? N'y a-t-il qu'une seule volonté en deux natures? Les deux natures divines se confondent-elles? S'unissent-elles par la volonté? » C'était la dispute des eutychiens, des monothélites, des apollinaristes, des nestoriens. Vainement le pape Honorius, à l'instar de Constantin, déversait le blâme et le mépris sur ces « puériles subtilités, » et n'y voyait que des « querelles de mots; » Héraclius les approfondit et les envenima en se prononçant — par un édit — pour les monothélites (1). Le pape condamna l'édit, et l'Afri-

(1) Le monothélisme, doctrine prêchée, au VIIe siècle, par Théodore, évêque de Pharos, en Arabie, admettait dans le Christ deux natures distinctes, l'une divine, l'autre humaine, mais en laissant à la première toute force et toute volonté.

que le repoussa. — L'Afrique, redevenue en majorité catholique, avait plus de six cents siéges épiscopaux (chacun d'un rayon fort restreint, il est vrai).

Héraclius, que son Dieu ne soutint plus dès qu'il s'occupa tant de lui, vit détacher de son empire l'Italie, l'Espagne, une partie de l'Asie; et aux cris de victoire des Arabes, dont le flot envahissant montait vers l'Afrique, il mourut dans de saintes douleurs et de pieux remords, transmettant son pouvoir ébranlé à ses deux fils, Constantin et Héracléonas. — Constantin, par la volonté du peuple, régna seul, et, empoisonné par la mère ambitieuse d'Héracléonas (il était, lui, fils d'une autre épouse d'Héraclius), il laissa son sceptre à son fils Constant, encore enfant. — Héracléonas méconnut le droit de son neveu, et l'Afrique, protestant, se rangea sous le jeune Constant II. — Constantinople, partisan du même prince, exila l'usurpateur et sa mère, après les avoir mutilés : — usage que le mahométisme a, non pas établi, mais emprunté au christianisme d'alors.

Le patrice Grégoire gouvernait l'Afrique pour l'empereur enfant. Méprisant aussi les leçons infligées aux ambitieux, il s'affranchit de l'autorité d'un maître, et domina en régnant.

Mahomet avait paru !

V. — MAHOMET PROPHÈTE.

La naissance de Mahomet n'a pas de date plus exactement connue que celle de Jésus-Christ : cependant un historien français des Arabes (M. Caussin de Perceval) croit pouvoir la fixer au 29 août 570 (de notre ère).

Si des prodiges extraordinaires marquèrent la mort de Jésus-Christ, des prodiges, fort extraordinaires aussi, signalèrent la naissance de Mahomet : le monde entier s'émut ; le palais de Cosroës à Ctésiphon s'ébranla, et quatorze de ses tours s'écroulèrent ; le feu sacré des pyrées (lieu où ce feu était entretenu) s'éteignit malgré la surveillance incessante des mages ; le lac de Sawa se dessécha, et le grand moubed des Perses rêva l'envahissement de l'empire par les chameaux et les chevaux arabes. — Il est vrai qu'à la naissance de Commode, ce Néron doublé de Caligula, le monde s'effraya pareillement de prodiges : un tremblement de terre renversa des villes ; des villes s'embrasèrent, et le Tibre débordé faillit d'engloutir Rome. Et sous Titus, *l'amour et les délices du genre humain*, un incendie ravagea Rome, une peste terrible la décima, et le Vésuve enterra sous sa lave ou sa cendre Herculanum, Pompeï et Stabiæ. — Les catastrophes de la nature ne signifient donc rien — quant aux hommes.

En recevant l'enfant Jésus dans le temple, Simon avait remercié Dieu, et dit : « J'ai vu le Sauveur destiné à être la lumière qui éclairera les nations. » — Et enceinte de Mahomet, Amina rêva « qu'une lumière extraordinaire se répandait de son sein pour illuminer le monde. »

Le huitième jour de sa naissance, Jésus fut circoncis, et Mahomet n'eut pas besoin de l'opération, car, par un *miracle de Dieu*, il sortit du sein maternel dans cet état de circoncision.

A peine né, il devenait une égide pour ses concitoyens : un prince de race éthiopienne, régnant en Arabie, Abraha, s'avançait avec une armée vers la Mecque pour détruire le temple de la Caaba (alors temple des idoles) ; mais Dieu, en considération de Mahomet, envoya « des oiseaux qui lancèrent sur les ennemis (dit le Koran) des pierres portant des marques empreintes au ciel, » et les mirent en fuite. C'est, avec les oiseaux de plus, le prodige qui contribua à la victoire de Josué sur les Amorrhéens. Et, naturellement parlant, c'est la maladie de la petite vérole qui exerçait ses ravages dans l'armée d'Abraha, sur laquelle Dieu lançait ses traits invisibles, qui produisaient les pustules de cette maladie — comme les flèches d'Apollon tuméfiaient des bubons de la peste les Grecs devant Troie... Rien ne change, hormis les dieux !

Confié à une nourrice bédouine, qui l'avait emporté au milieu de sa tribu, dans le désert, Mahomet valut tant de bonheur à la bonne femme, qu'elle supplia qu'on lui permît d'élever son enfance : sa mère y consentit. Et un jour qu'avec de jeunes camarades, il jouait dans la plaine, deux hommes vêtus de blanc vinrent à lui, l'étendirent par terre, ouvrirent sa poitrine, en retirèrent le cœur, et le replacèrent, lavé et purifié : c'étaient deux anges. — Étaient-ce les mêmes anges, *vêtus de blanc*, que Marie-Magdeleine, selon saint Jean, avait vus sur le sépulcre vide de Jésus ?

Pourquoi pas les anges là comme ici ? Pourquoi pas Dieu partout ? La *protection providentielle* ne s'est-elle pas plusieurs fois manifestée en faveur de Mahomet ? — Racontons.

Premièrement. — L'aïeul de Mahomet, Abdel-Mottalib, n'avait qu'un fils, et les Arabes, comme les Spartiates, attachaient un grand prix à une nombreuse postérité mâle. Abdel-Mottalib fut raillé, et il jura que, s'il lui survenait neuf autres fils, il en sacrifierait un devant la Caaba. Il en eut onze autres, et, dans sa vieillesse, rassemblant les dix aînés, il les instruisit de son serment : les dix fils se soumirent, et chargèrent le sort de désigner la victime. Le sort désigna Abdallah, « le plus beau d'entre tous les Arabes, » et le Benjamin de son père. Le sacrifice, cependant, allait se consommer, lorsque des Koreïchites (parents du sacrificateur) intervinrent et s'y opposèrent, en invitant le nouvel Abraham à consulter une devineresse. — La devineresse consultée répondit que, l'amende pour le rachat d'un meurtre étant de dix chameaux, il fallait placer, d'un côté, ces dix chameaux, et de l'autre Abdallah, et ajouter dix chameaux aux premiers, chaque fois que le sort se prononcerait contre le jeune homme. Interrogé dix fois, ce ne fut qu'à la dixième fois que le sort fut favorable à Abdallah : cent chameaux (amende restée, depuis, parmi les Arabes, le *prix du sang*) rachetèrent donc sa vie, et relevèrent son père de son serment. — Il épousa la belle Amina, d'une noble famille arabe, et ce choix désola si vivement *deux cents* jeunes vierges éprises de lui, qu'elles en moururent. — Si Dieu n'avait pas permis que cent chameaux rachetassent la vie d'Abdallah — comme il avait permis qu'un bélier remplaçât Isaac — Mahomet, fils d'Abdallah, serait-il né ?

Deuxièmement. — Persécuté, comme Jésus, par ses propres concitoyens, et, comme lui, obligé de fuir, Mahomet poursuivi s'était caché dans une grotte du mont Thour (à trois milles de la Mecque). Ceux qui le cherchaient pour le tuer, passèrent devant cette grotte et n'y entrèrent pas, en voyant, à l'ouverture, une toile d'araignée et des œufs d'une colombe : ils en conclurent qu'on n'avait pu y pénétrer récemment. — Était-ce ou non la Providence qui avait fait tisser le fil de l'insecte ? Et la colombe n'était-elle pas une descendante de celle qui s'était posée sur Jésus après son baptême au Jourdain ?

Troisièmement. — Un complot était tramé contre la vie de Mahomet, et, malgré le secret gardé, il en fut instruit — par la Providence — et put échapper au danger.

Quatrièmement. — Dans un premier combat contre les Koreïchites, ces pharisiens arabes ligués contre lui, Mahomet n'opposait que trois cent quatorze hommes à mille combattants, et il les défit — *grâce à trois mille anges envoyés à son secours par Dieu.*

Cinquièmement. — Dans un deuxième combat (à Ohod), les anges manquèrent, et il fut vaincu. Renversé dans un ravin, il reçut un coup de pierre qui lui cassa une dent. — A quoi tiennent les révolutions ! dit quelque part Voltaire, ce coup de pierre frappant plus haut donnait une autre destinée au monde. — Qui avait empêché que la pierre n'atteignît le front ? — « A moi ! s'écriait le prophète, celui qui donnera sa vie pour moi sera préservé du feu de l'enfer. » — Il fut secouru, et, entré dans un défilé où il pouvait être écrasé avec le reste de sa troupe, il n'y fut pas poursuivi par les vainqueurs. — Qui les arrêta?

Sixièmement. — Mahomet, après un siége de douze jours, s'était rendu maître de Khaïbar, ville occupée par des juifs. Une de ses femmes, juive, Safia, voulut venger ses compatriotes, devenus les tributaires du prophète, et elle lui servit un mets empoisonné. Il fut gravement malade — et guérit — en remerciant Dieu de sa nouvelle protection évidente.

Septièmement. — Ecarté de sa suite, Mahomet avait attaché ses armes à un arbre, au pied duquel il reposait. Un Arabe du désert s'élança sur lui, le sabre à la main : — Qui m'empêche de te tuer? lui dit l'Arabe. — Dieu! répondit Mahomet avec un regard inspiré. — Et au même instant, *l'ange Gabriel apparaissant désarma l'Arabe.* — Le prophète saisit cet homme : — Qui m'empêche de te tuer? lui demanda-t-il à son tour. — Personne, répondit l'Arabe résigné. — Mais Mahomet lui laissa la vie, et il se convertit à l'islam.

Huitièmement. — Dans les luttes armées qu'il soutint, Mahomet paya de sa personne, et sa dent cassée au combat d'Ohod fut sa seule blessure. — Dans un autre combat (à Honaïn), repoussé d'abord, il rallia les fuyards, et reprenant l'offensive, il gagna la victoire, *en lançant sur l'ennemi une poignée de sable fin.* — Cette poignée de sable, n'est-ce pas toujours la Providence?

Comment l'abbé Moreri a-t-il pu voir dans ce *protégé de Dieu* un suppôt de Satan? Le dévot historien n'admettait-il pas, avec le Psalmiste, l'ingérence de Dieu dans toutes les choses de ce monde?

Selon le pauvre abbé scandalisé, la généalogie qui fait descendre Mahomet d'Abraham (par Ismaël, né du patriarche et de sa servante Agar) serait « impertinente et ridicule. » — Si un *eülem* (uléma) qualifiait de même la généalogie qui fait descendre Jésus-Christ d'Abraham par Isaac (né de Sara), que répondrait monsieur l'abbé? Et si l'eülem s'étonnait d'une généalogie pour le *fils direct de Dieu*, que répondrait encore monsieur l'abbé? Il est vrai que saint Luc fait précéder la généalogie de ces mots : « Jésus... étant, *comme l'on croyait*, fils de Joseph... » — Joseph, lui, ne croyait pas cela, car il voulait, dit saint Matthieu, renvoyer Marie, mais un *ange* le retint.

La généalogie de Mahomet s'appuierait sur une tradition historique. Il était de la tribu des Koreïchites (ses plus fougueux adversaires), et le chef originaire de cette tribu, el Koreïch, descendait d'une race d'Arabes, issus d'Ismaël, appelés Arabes-ismaélites, et qui, fixés primitivement dans le Hedjaz (Arabie-Déserte), s'étaient successivement répandus dans les autres contrées de l'Arabie.

Quoi qu'il en soit de cette tradition, les Koreïchites étaient la tribu la plus importante de la Mecque, par la considération dont elle jouissait, par une fortune honorablement acquise dans le commerce des denrées de l'Arabie avec les régions éloignées, et c'est à ces Médicis du désert qu'était confiée la garde du temple de la Caaba, but du pèlerinage des Arabes, et dont la fondation était attribuée à Abraham même (un endroit près de ce temple conservait le nom de *station d'Abraham*).

A son ânerie d'agent du démon, l'abbé Moreri joint donc l'imposture en classant les parents de Mahomet parmi « les plus abjects de la lie du peuple (1). » — La lie du peuple !... Joseph, époux de Marie, était-il un gentilhomme ? Et Jésus lui-même, avant sa révélation, qu'était-il ? « N'est-ce pas là, disaient (selon saint Marc) les bonnes gens de Nazareth en entendant Jésus enseigner dans la synagogue, n'est-ce pas là ce *charpentier*, fils de Marie, frère de Jacques, de Joseph, de Jude et de Simon ? » — Si un eûlem glosait ce texte, que dirait-il ?

Que dirait-il encore s'il lisait dans saint Matthieu : « Jésus

(1) « Ils (les Arabes idolâtres) disent : Si au moins le Koran avait été révélé (par Dieu) à quelque homme considérable des deux villes (la Mecque et Médine), nous aurions pu y croire. » (*Koran*, ch. XLIII.) — Cela dit seulement que Mahomet n'était pas le plus riche parmi les Koreïchites ; son oncle Abou-Talib, qui l'éleva (car, à six ans, il était orphelin), faisait un grand commerce avec la Syrie : il y a loin de là à la *lie du peuple*.

étant à table dans la maison de Matthieu, il y vint beaucoup de publicains et de gens de *mauvaise vie,* qui s'y mirent avec Jésus et avec ses disciples. Ce que les pharisiens ayant vu, ils dirent aux disciples : Pourquoi votre maître mange-t-il avec des publicains et des gens de mauvaise vie? — Et ils ajoutèrent : C'est un homme de *bonne chère* et qui *aime le vin ;* il est *ami des gens de mauvaise vie.* » — Qu'en conclurait le docteur de la loi islamique ? — « Hypocrites ! a dit Jésus, ôtez premièrement de votre œil la poutre qui y est, et après cela vous penserez à tirer la paille de l'œil de votre frère. » — Avis aux Moreri présents et futurs !

Jésus, dit saint Jean l'évangéliste, était le *glorifié* de Dieu. Et Abdel-Mottalib nommait son petit-fils *Mohammed* (nom qu'il porta le premier, et que l'on a altéré en celui de Mahomet), c'est-à-dire le *glorifié.*

Moïse avait quatre-vingts ans lorsqu'il reçut de Dieu la mission de délivrer les Israélites de leur servitude d'Égypte. — Jésus, dit saint Luc, avait trente ans lorsqu'il commença à paraître. — Et Mahomet venait d'achever sa quarantième année lorsqu'il sentit l'inspiration de la prophétie.

Dieu avait confié à Moïse sa mission sur le mont Horeb. — Dieu, sur le mont Thabor, avait proclamé Jésus son *fils bien-aimé.* — Et ce fut sur le mont Hira (près de la Mecque), où Mahomet allait souvent méditer, que Dieu fit apparaître un ange, qui lui cria : « O Mohammed! tu es l'envoyé de Dieu, et je suis Gabriel. » — Gabriel est aussi l'ange qui s'était montré au prophète Daniel, et qui avait annoncé à la vieille Elisabeth, épouse du vieux Zacharie, la naissance de leur fils — saint Jean-Baptiste, — et à Marie la naissance de Jésus.

C'est du mont Sinaï qu'était descendue la loi de Moïse; c'est au mont des Oliviers que Jésus enseignait ses disciples, et c'est sur le mont Akaba (autre colline près de la Mecque) que Mahomet exposa à ses premiers adeptes les points principaux de sa doctrine.

Elie, le prophète d'Israël, avait dû se réfugier au pays des Sidoniens, et Jésus, que ses incrédules concitoyens (les Nazaréens) voulaient, dit saint Luc, « précipiter de la pointe de la montagne sur laquelle leur ville était bâtie, » s'était retiré à Capharnaüm (en Galilée), en gémissant sur le sort des *prophètes*, « toujours mal reçus dans leur pays, et qui ne sont sans honneur que dans leur maison et parmi leurs parents. » — Cet inévitable sort des prophètes fut donc celui de Mahomet : en butte à l'inimitié de sa tribu, de sa famille, et menacé de mort, il s'enfuit (juin 622) de la Mecque, sa ville natale, et cette fuite (*hidjret*, hégire) marquait, quinze ans plus tard, l'ère mahométane — comme de la naissance de Jésus-Christ datait rétroactivement l'ère chrétienne, mais depuis un siècle à peine, tant avait été lent le progrès de la religion du *Fils de Dieu!* — Mahomet se rendit à Yathrib, qui l'accueillit, et qu'il nomma *Medinet-en-nabi* (la ville du Prophète), ou simplement *el Mediné* (la Ville), Médine.

Héritier de l'esprit d'Elie, Elisée guérit de la lèpre un Syrien, mais ne put faire aucune guérison miraculeuse parmi les nombreux lépreux d'Israël; et Jésus, selon saint Marc, ne fit non plus aucun miracle à Nazareth (qu'il habitait avec sa famille). Les scribes, les pharisiens et les sadducéens voulaient cette preuve de sa puissance surhumaine, et il répondait : « Cette race méchante et adultère demande un prodige, et il ne lui en sera point donné d'autre que celui du prophète Jonas, car, comme Jonas fut trois jours et trois nuits dans le ventre d'un grand poisson, ainsi le Fils de l'homme sera trois jours et trois nuits dans le sein de la terre. » — Mahomet répondait, lui : « J'ai pour mission de prêcher le culte unitaire (la croyance en un seul Dieu), et d'appeler les hommes à la vérité, et il ne m'est pas donné de faire des miracles. »

Cependant, comme Jésus, *pour ceux qui avaient foi*, il daigna se résoudre aux prodiges et aux miracles :

I. Il rendit la vue à des aveugles et guérit des malades. — C'est ce qu'avait fait l'empereur Vespasien — sans être prophète — ni descendant d'Abraham : « Pendant le séjour de Vespasien à Alexandrie, rapporte Tacite, plusieurs prodiges témoignèrent de la faveur du ciel pour ce prince (païen!), et de l'intérêt que les dieux semblaient lui porter. Un Alexandrin, homme du peuple, connu pour avoir perdu la vue, se jette à ses genoux et implore un remède à son mal : il se dit envoyé par une révélation de Sérapis, la principale divinité de cette nation superstitieuse (ce mot *superstitieuse* est joli sous la plume d'un Romain), et il conjure l'empereur de lui humecter les joues et les yeux avec la salive de sa bouche. Un autre, perclus de la main, demande, sur la foi du même dieu, que cette main soit foulée par le pied de César. Vespasien les repousse avec moquerie... ils insistent, et enfin l'empereur charge ses médecins d'examiner si le mal qui prive l'un de ses yeux, l'autre de son bras, peut être vaincu par des moyens humains. Les médecins examinent et déclarent que la force visuelle n'est pas détruite dans l'aveugle, et qu'elle reviendra si l'on écarte l'obstacle; que la main de l'autre suppliant, jetée hors de sa position naturelle, y peut être rétablie par une pression, et que sans doute c'est là la volonté des dieux, qui ont choisi le prince pour instrument de leurs œuvres. — Vespasien, au milieu d'une foule attentive et curieuse, exécute ce qui est prescrit, et à l'instant même la main paralysée est rendue à ses fonctions, et le jour brille aux yeux de l'aveugle. »

> Le *miracle* n'est pas ce qu'un vain peuple pense,
> Et la crédulité fait toute la science.

A la vérité, Vespasien est cet empereur qui, près de mourir, disait en souriant : « Je crois que je vais être *dieu*. » — Sans être dieu, notre roi Robert guérissait avec un signe de croix les ulcères, et, par un simple attouchement, les écrouelles, privilége héréditaire qu'a tout à coup supprimé une divinité terrestre, plus forte que toutes les divinités du ciel, la civilisation! — « O les bonnes gens que les gens de Gnatia! disait l'Epicure tiburtin (dans la satire sur son voyage à Brindes), ils ont voulu nous persuader — et nous en avons beaucoup ri — que l'encens posé sur le seuil de leur temple s'enflamme sans le secours du feu. Qu'ils débitent ce conte au crédule juif Apella ; mais, pour moi, j'ai depuis longtemps appris que les dieux sont fort tranquilles dans le ciel, et, libres de soins, laissent agir la nature, sans ajouter de merveilles à celles qu'elle produit. »

II. Mahomet ressuscita des morts — comme Elie, comme Elisée, comme Jésus, comme saint Pierre, comme saint Paul, et donna la vie non moins *miraculeusement* qu'Elisée : « Un jour Elisée passait par Sunam, et une femme fort considérable le retint par force pour manger ; et, passant souvent par là, il allait loger chez elle pour y manger. Alors cette femme dit à son mari : — Je vois que cet homme qui passe souvent chez nous est un homme de Dieu et un saint; faisons-lui donc faire une petite chambre et mettons-y un petit lit... afin que, lorsqu'il nous viendra voir, il demeure là. — Un jour donc Elisée étant venu à Sunam, il alla loger en cette chambre et y reposa... Il dit à Giezi, son serviteur : —Faites venir cette Sunamite, et demandez ce qu'elle veut que je fasse pour elle. — Giezi répondit : — Il n'est pas besoin de le lui demander, car elle n'a point de fils, et son mari est déjà vieux. — Cette femme étant venue, Elisée lui dit : — Dans un an, vous porterez entre vos bras le fils que vous aurez mis au monde. — Et elle conçut ensuite... et elle enfanta un fils... » — Heureuse mère ! heureux mari !... et plus heureux Elisée !... Il n'y a que la sainte Écriture pour raconter avec ce charme.

III. Un jour qu'Ali (gendre de Mahomet) et sa famille avaient faim, le prophète fit descendre du ciel une table toute servie (1). — C'est un miracle vulgaire. A Bologne,

(1) « O Jésus, fils de Marie ! dirent les apôtres, ton Seigneur peut-il nous faire descendre des cieux une table toute servie ? Nous désirons nous y asseoir et y manger : alors nos cœurs seront rassurés, nous saurons que tu nous as prêché la vérité, et nous rendrons témoignage en ta faveur. » — Jésus, fils de Marie, adressa cette prière : Dieu, notre Seigneur, fais-nous descendre une table du ciel ; qu'elle soit un festin pour le premier et le dernier d'entre nous, et un signe de ta puissance. Nourris-nous, car tu es le meilleur nourrisseur. — Le Seigneur dit alors : Je vous la ferai descendre, mais malheur à celui qui, après ce miracle, sera incrédule ! je préparerai pour lui le châtiment le plus terrible qui fut jamais préparé pour une créature. » (*Koran*, chap. v.) — Il fallait bien que Dieu fît pour Mahomet ce qu'il avait fait pour Jésus, son *égal en tout*, dans le système du Koran.

dans l'église de la Mascarella, on montre une table sur laquelle, au moyen de quelques oraisons, saint Dominique et ses compagnons, qui n'avaient rien à manger, furent servis par des anges. Et le païen Numa, qui avait convié quelques sceptiques, quelques voltairiens du polythéisme, à un repas frugal, offert dans une vaisselle commune, n'avait-il pas vu sa table et sa vaisselle modestes remplacées tout à coup (c'est Plutarque qui le dit avec Denys d'Halicarnasse) par la plus riche vaisselle et par une table couverte des mets les plus exquis? C'était sa bonne déesse Égérie qui avait fait le prodige. Et dès lors, ajoute l'historien Denys, les Romains étonnés ne doutèrent plus de ses relations sacrées avec cette déesse. — De même, Israël ne douta plus de la sainteté d'Elisée, quand il lui vit rassasier cent personnes avec quelques pains. — Le meilleur miracle eût été d'empêcher l'appétit de naître.

IV. Les arbres et les plantes s'inclinaient devant Mahomet, et les animaux conversaient avec lui : un chevreau rôti en entier lui adressa même la parole. — Le chevreau excepté, ces miracles sont plus vulgaires encore. A Naples, l'église Santa-Maria-del-Carmine a un crucifix qui, lors du siége de 1439, plia la tête afin d'esquiver un boulet de canon (l'on fête ce miraculeux crucifix par une procession annuelle, le lendemain de Noël). — Déjà, à Véies, la statue de Junon avait, par un signe de tête, répondu affirmativement au dictateur Camille qui lui demandait si elle consentait à être transportée à Rome. — A Bologne, un crucifix de la Madonna del Soccorso parla au Père Jean Peciani (et un procès-verbal *authentique*, de l'année 1242, le constate). — A Bologne encore l'image de la madonna de la Mascarella parla également à saint Dominique. — L'ânesse de Balaam interpella plaintivement son maître, et un des coursiers d'Achille, Xanthe, prédit pathétiquement sa mort. — La mule de saint Antoine convertissait un hérétique, et une autre mule, à Florence, s'agenouillait dévotement devant le Saint-Sacrement — comme l'éléphant blanc du prince Abraha s'agenouillait, saisi de respect, devant les remparts de la Mecque!.. Les bêtes auraient-elles, comme les hommes, des dieux divers qui les inspirent?

V. Mahomet chassait les démons — comme Jésus — mais sans les faire entrer dans le *corps des pourceaux*, dont il se bornait, par mesure hygiénique, à condamner la chair comme aliment.

VI. Si Josué empêcha la lune d'avancer sur la vallée d'Aïalon, Mahomet, lui, la coupa en deux — *au vu de tout le monde.*

VII. Comme signe de la guérison providentielle du roi Ezéchias, le prophète Isaïe avait obtenu de Dieu que « l'ombre du soleil rétrograderait de dix degrés ; » et le prophète Mahomet obtenait aussi de Dieu que le soleil retournât en arrière, afin que son gendre Ali, qui avait laissé passer l'heure de la prière, pût accomplir ce devoir religieux : — prodige plus surprenant que celui de Josué qui avait arrêté le soleil — immobile !

VIII. Un prodige qui surpasse tous ceux-là, c'est le voyage que Mahomet fit — une nuit — à travers les airs, du temple de la Mecque au temple de Jérusalem, où une échelle — comme celle de Jacob — le conduisit aux sept cieux superposés de diamants, d'émeraudes, de topazes, de saphirs, d'airain, d'or, d'hyacinthes (saint Paul ne fut ravi en extase qu'au troisième ciel) ; puis, au trône de Dieu, surmonté d'un nimbe lumineux, où il lut : *Il n'y a point d'autre dieu que Dieu, et Mahomet est son prophète.* — Trois coupes lui furent présentées : l'une de lait, une autre de vin, et la troisième de miel ; il prit la coupe de lait, et une voix éclatante lui dit : « Si tu avais choisi la coupe de vin, tu aurais échoué dans ta grande entreprise. » Les anges et les prophètes lui rendirent hommage, et Dieu, daignant le toucher de sa main puissante, le remplit de la force nécessaire pour pénétrer les hommes de la vérité que Dieu le chargeait d'enseigner. — Revenu de ce long voyage, il retrouva tout chaud encore le lit qu'il avait quitté pour l'accomplir : — c'est l'explication ingénieuse de Virgile, qui, après avoir longuement décrit la descente de son héros aux enfers, ajoute : « Anchise fit sortir Énée et la sibylle par la porte d'ivoire, d'où s'échappent les *songes trompeurs.* » — Dans sa pérégrination aérienne, Mahomet était guidé par son ange inséparable, Gabriel, et il montait le fameux Borak, ce monstre ailé, formé d'une figure de femme, d'un corps de cheval et d'une queue de paon. C'est une variété des bêtes apocalyptiques de saint Jean...

Un fou trouve toujours quelque fou qui l'imite...

Ce n'est pas tout. — Un pacte des Koreïchites contre deux branches de leur tribu, protectrices de Mahomet, avait été déposé dans le temple de la Caaba, et une *révélation de Dieu* apprit au prophète que cet acte avait été rongé par les vers, qui n'avaient respecté que ces mots : « En ton nom, ô Dieu! » — Le fait vérifié fut reconnu exact, et la ligue fut rompue.

Mahomet prédit que sa postérité, issue de Fatima, sa fille, mariée à Ali, serait la victime des injustices et des persécutions, et que les Ommaïades (dynastie du calife Moawia, opposé, après Omar, à Ali), régneraient mille ans, et tout se réalisa.

Il avait écrit au roi de Perse, Cosroës, pour l'engager à embrasser l'islam, et le fier monarque — qui devait si misérablement périr — avait déchiré la lettre avec mépris. — « Que Dieu mette en pièces son empire! » s'était écrié Mahomet, et Dieu anéantissait bientôt la monarchie persane.

Toujours protégé par Dieu, Mahomet, dans un voyage en Syrie, revit les deux anges de la *purification* de son cœur d'enfant, qui le garantirent du soleil en l'obombrant de leurs ailes, et un serviteur qui l'accompagnait, *vit* et affirma cette protection céleste. — Jésus n'avait-il pas été servi par des anges sur la montagne où le diable l'avait vainement tenté?

Cette tentation diabolique fut différemment exercée sur Mahomet : des Koreïchites, idolâtres fanatiques, et qui commençaient à redouter l'effet de ses prédications, lui offrirent richesses et honneurs pour qu'il les cessât. Et le regard foudroyant de mépris qui fut sa réponse, valait bien le cri de Jésus : Retire-toi, Satan!

On le traita de démoniaque et de fou, comme on avait

traité Jésus d'insensé et de possédé du démon. Et de même que l'on avait éprouvé Jésus par des questions insidieuses (sur le tribut de César, sur la résurrection, etc.), de même on éprouva Mahomet par des demandes abstraites ou bizarres, par des espèces d'énigmes : Qu'est-ce que l'homme qui a atteint les bornes de la terre à l'orient et à l'occident? — Qu'est-ce que certaines gens des siècles passés, dont l'histoire est une merveille? — Qu'est-ce que l'âme? — Sur le premier point, il répondit en nommant Alexandre le Grand. — Il cita, sur le second point, les *sept dormants*, qui laissent loin derrière eux la *Belle au bois dormant*, aventure plus gracieuse : « Sous l'empereur Decius, ce terrible persécuteur des chrétiens, sept jeunes gens d'Ephèse, convertis au nouveau culte, avaient cru se soustraire aux bourreaux en se cachant dans une caverne; le tyran la fit murer, mais Dieu, qui protégeait les néophytes, les endormit, et quand deux siècles (le Koran dit *trois cent neuf ans*) après, la carrière fut ouverte, les dormeurs se réveillèrent, persuadés qu'ils n'avaient dormi que quelques heures. » Malheureusement, suivant l'historien chrétien (copié par Mahomet), ils trépassèrent en ayant à peine eu le temps de bénir la foule accourue. — On peut traduire : Les sept cadavres, mis en contact avec l'air, tombèrent aussitôt en poussière. C'est un fait des plus communs. Mais la superstition — fille de l'ignorance, dit Plutarque — vit de platitudes, comme la bête de foin. — A la question : Qu'est-ce que l'âme? Mahomet répondit : Dieu seul le sait. — Voltaire a imité cette raison et cette franchise.

Ainsi que Jésus, Mahomet annonça de faux prophètes, et il en vit même trois. L'un d'eux, nommé Moçaïlama, lui avait fait proposer un partage de pouvoir; il lui écrivit : « Mohammed, envoyé de Dieu, à Moçaïlama *l'imposteur*. Salut à ceux qui suivent la voie droite. La terre appartient à Dieu, il en attribue la possession à qui il lui plaît. Ceux-là seuls prospèrent qui craignent le Seigneur. » — Et il donna des ordres pour que l'on réprimât par la force la propagande des *imposteurs*. — C'est l'histoire de tous les usurpateurs victorieux : ils défendent que l'on fasse contre eux ce qu'ils ont fait contre les autres. Pour eux, la rébellion était sainte ; contre eux, elle est criminelle. — O justice humaine, que tu es quelquefois plaisante !

Prophète encore contesté, Mahomet obtint des Koreïchites qu'il pourrait visiter à la Mecque les lieux sanctifiés par Abraham, et il fit, dans la ville sainte, une solennelle entrée, monté sur sa chamelle *Koswa* (à l'oreille coupée), entouré de ses disciples, et accueilli sympathiquement ou curieusement par une foule empressée d'idolâtres. — N'est-ce pas l'entrée de Jésus à Jérusalem? La chamelle remplaçait l'ânesse que saint Matthieu donne pour monture au Fils de l'homme. — Et le résultat des deux visites aux saints lieux fut le même : Koreïchites et princes des prêtres s'alarmèrent des acclamations des prosélytes, et les deux prophètes durent quitter chacun sa ville.

Dieu laissait Mahomet — comme il avait laissé Jésus — à son influence personnelle, et n'amollissait pas les cœurs *incirconcis* pour que la doctrine prêchée y pénétrât plus facilement. — Du reste, l'éclat de Dieu se manifestait sur le visage de Mahomet, comme il s'était manifesté sur le visage de Jésus, brillant de la splendeur du soleil dans la transfiguration du Thabor, et sur le visage de Moïse, qui jetait des rayons, après l'entrevue du Sinaï. Celui du fondateur de l'islam resplendissait d'une telle lumière, que, s'il en approchait ses doigts, ses doigts, par le reflet magique, éclairaient comme des flambeaux (1).

Mahomet était donc bien de la famille des *prophètes*, et l'on ajoute, d'ailleurs, qu'il avait entre les épaules « le signe particulier aux prophètes. » Un chrétien nestorien (divisant Jésus-Christ en nature divine et nature humaine) avait reconnu en Mahomet, jeune encore, ce sceau de la prophétie, et, frappé aussi de son air grave et digne, avait deviné ses destinées.

Que conclure de tout cela? Pourquoi tel homme ne serait-

(1) Le fanatisme musulman veut aussi que Mahomet, quoique de taille moyenne, parût toujours plus grand que les personnes auprès desquelles il se trouvait.

pas ce qu'un autre a été? Pourquoi le prodige, le miracle, considéré ici comme vrai, serait-il faux ailleurs? Pourquoi le musulman serait-il plus follement superstitieux que le juif ou le chrétien? Pourquoi l'un aurait-il tort quand l'autre a raison?

Et quel juif ou quel chrétien peut blâmer Mahomet d'avoir obtenu la conversion qu'il prêchait dans ce verset du Koran : « Ne vous prosternez ni devant le soleil ni devant la lune, mais *devant Dieu qui les a créés?* »

Est-ce là l'homme qu'un *abbé* Moreri devait railler et outrager? — « Mahomet, dit-il, fit cacher un de ses compagnons dans un puits sec, et lui commanda de crier *tout haut* (et non *tout bas*, style d'abbé), quand il passerait, que Mahomet était le véritable prophète. Il le fit, et tout le monde admira cette merveille (il est entendu que les Arabes sont le seul peuple bêtement crédule); mais le trompeur, qui craignait que son imposture ne fût découverte, ordonna, dans le même temps, à ceux qui le suivaient, de combler ce puits, de peur qu'il ne fût profané à l'avenir. On le remplit à l'instant de pierres, et celui qui était dedans périt... » — Le conte est niais, et l'invention du dénoûment est infâme. Quand on écrit ainsi, on n'est plus historien, on est pamphlétaire, et c'est un fer rouge qui doit marquer le front! Nulle part, dans toutes les *Vies* de Mahomet, œuvres d'impartiaux Plutarques, le prétendu fait n'est énoncé, et l'abbé menteur a simplement arrangé pour sa cause ce que l'histoire rapporte de l'empereur Adrien, à qui la fontaine de Castalie avait annoncé sa grandeur, et qui fit combler de pierres cette fontaine pour qu'aucun autre mortel n'en reçût d'oracle. — Voyez-vous ce bouc du puits qui se laisse ensevelir vivant sous les pierres du renard sans pousser un seul cri! — Mais, bon abbé, là encore, en en imposant, vous avez copié l'histoire : vous avez fait de Mahomet un Simon de Montfort, ce Machabée français, ce défenseur de l'Église catholique, apostolique et romaine, qui précipitait, vivante, la dame de Lavaur *hérétique*, dans un *puits sec*, qu'il faisait ensuite boucher... Pauvre abbé! vous êtes tellement imbu des beaux traits de vos amis, que vous les appliquez à ceux qui, dans leur tombe même, s'en indignent... Citez donc une femme (une femme!) que Mahomet ait condamnée au supplice de la dame de Lavaur. — « O vous *qui croyez!* dit le » Koran, si quelqu'une de vos femmes disparaissait pour » se rendre chez les *infidèles*, et que vous preniez un butin, » restituez à ceux dont les femmes auraient fui la dot égale » à celle de la femme qui a fui... Ne gardez point les femmes » *infidèles*, mais demandez la restitution de ce que vous leur » avez donné à titre de dot. » — Voilà toute la pénalité du Koran pour les femmes rebelles à la foi de l'islam : c'est la *civilisation* opposée à la *barbarie* du chrétien Simon de Montfort.

Soit, cependant! oui, digne abbé Moreri, c'est du fond d'un puits, c'est de la poitrine d'un fourbe, qu'est sorti le cri : *Mahomet est le vrai prophète!* — Eh bien! est-ce aussi une voix *fourbe* qui, sur le chemin de Damas, criait à Saül pour le convertir en saint Paul : « Saül, Saül, pourquoi me persécutez-vous? » — Prenez garde! si le cri *merveilleux* pour Mahomet n'est pas possible, le cri merveilleux pour saint Paul devient un mensonge : Dieu a prouvé qu'il avait encore plus d'amour pour Mahomet que pour ce saint, qui a souffert la prison, la misère, la faim, la soif, — le martyre, — tandis que, comme Job relevé de sa cendre, le prophète arabe est mort plein de gloire et de bonheur.

Aussi avait-il pour Dieu — *son évident protecteur* — le culte le plus fervent de latrie. Chaque mot du Koran est une fumée d'encens qui monte vers le ciel. « Dieu, dit ce livre, mérite les plus beaux noms. » Et presque à chaque verset, on lit l'un ou l'autre de ces noms : le Bon, le Bienfaisant, le Miséricordieux, le plus Compatissant des compatissants, l'Indulgent, le Clément, le Clément sans bornes, le Grand, le Fort, le Puissant, l'Omnipotent, le Riche, l'Instruit, le Savant, le Sage, le Saint, le Sublime, le Subtil, le Sauveur, le Victorieux, le Glorieux, le Fidèle, l'Immuable, le Créateur, le Producteur, le Très-Haut, le Très-Elevé, le Vivant qui ne meurt pas, le Roi, la Vérité, etc. — On lit aussi — à regret — le Vindicatif, le Colère, l'Impitoyable, mais ces noms sont le plus rarement employés, et d'ailleurs si de pareils noms sont pour l'homme une offense, ils sont encore un éloge pour Dieu dans la synthèse du prophète. — La liste de tous les noms de Dieu dans l'islam en porte le nombre à quatre-vingt-dix-neuf, et c'est également de quatre-vingt-dix-neuf noms que la piété musulmane gratifie le prophète.

Comme homme, Mahomet avait l'estime de ses concitoyens, et ceux mêmes qui le persécutaient comme prophète, l'appelaient *el Emin*, le loyal, le sûr, le fidèle. — « O musulmans! dit-il dans la mosquée peu de temps avant sa mort, si j'ai frappé quelqu'un d'entre vous, voici mon dos, qu'il me frappe; si quelqu'un a été offensé par moi, qu'il me rende offense pour offense; si j'ai ravi à quelqu'un son bien, qu'il le reprenne. Et que l'on ne craigne pas de s'attirer par là ma haine: la haine n'est pas dans ma nature. » — Un seul individu lui réclama trois dirhems (drachmes); Mahomet les restitua aussitôt en disant : « Mieux vaut la honte en ce monde que dans l'autre! » — Que de bons chrétiens emportent là-haut leurs hontes!

Dans son agonie, après un peu de délire, son esprit se rasséréna, et il dit : « Dieu, pardonnez-moi mes fautes... je vais rejoindre mes amis qui sont au ciel... oui... avec le compagnon d'en haut (l'ange Gabriel). » — Et il expira. — Peu de temps auparavant, parlant dans la mosquée, il s'était écrié : « O mon Dieu! ai-je rempli ma mission? » — Oui! oui! avaient répondu tous les *croyants*, émus et reconnaissants. — Quel Moreri a une plus belle fin, une plus belle mort? — « Mon Dieu, mon Dieu, avait soupiré douloureusement Jésus sur sa croix, *pourquoi m'avez-vous abandonné?* » — Quel contraste! — Où est le *protégé*, *le bien-aimé* de Dieu? Dieu cruel, imitant le premier Brutus!

Et surtout quel contraste avec la mort d'un empereur dont on a fait un grand homme : « Ne trouvez-vous pas, disait à ses favoris Auguste près de devenir *dieu* comme Vespasien, que j'ai assez bien joué mon rôle dans ce drame de la vie humaine? Battez donc des mains pour l'acteur, et applaudissez la fin de la pièce! » — Et des Moreri enverront au *Dieu vrai* l'empereur Auguste, en disant avec saint Paul : « Dieu ne fait aucune acception de personnes, et tous ceux qui ont péché sans avoir reçu la loi, ne seront pas jugés par la loi. » Mais ils enverront à Satan le prophète Mahomet — qu'heureusement, Dieu, plus juste et plus fort, appelle à lui.

Mahomet mourut à Médine le 8 juin 632. « Quand vous m'aurez lavé et enseveli, avait-il dit, vous me poserez sur ce lit au bord de ma tombe, qui sera creusée dans cette chambre même (attenante à la mosquée) ; vous me laisserez seul, et vous attendrez que l'ange Gabriel et tous les anges du ciel aient prié sur moi ; puis, vous rentrerez pour prier aussi sur moi. » Son tombeau est donc à Médine, surnommée à cause de cela *l'Illuminée*. — Longtemps on a dit et cru que son corps, enfermé dans un cercueil de fer, avait été suspendu à la voûte de la chambre devenue son sépulcre, par un aimant enchâssé dans cette voûte. C'était un conte arabe qui prêtait au prestige.

« Les choses que j'aime le plus au monde, disait Mahomet, ce sont les femmes et les parfums, mais ce qui me réconforte l'âme, c'est la prière (1). » — Et il priait avec une telle ferveur, que la tradition rapporte cette particularité : Des chrétiens du Nedjran (pays de l'Arabie) avaient accepté une discussion avec lui sur la Passion de Jésus-Christ ; il pria d'abord, et le feu de sa piété parut si grand, que, désespérant du succès, les chrétiens et leur évêque, Abou-Hareth, renoncèrent au débat. — Selon une autre version, ce débat aurait eu lieu, mais Dieu, si fervemment prié, aurait si bien inspiré le prophète, que, sur tous les points, il aurait confondu les chrétiens.

Amateur des parfums, il en usait pour les soins de sa personne, et alliant à ses goûts de propreté la coquetterie, il colorait ses ongles avec le henna, noircissait ses paupières avec le kohl, et teignait aussi en noir ses cheveux fortement bruns déjà et qui avaient à peine blanchi quand il mourut

(1) Le pieux Pascal retrouvait aussi la force d'âme dans la prière chrétienne, et il en concluait qu'il était dans la *vraie* religion. Que lui eût répondu Mahomet ? — Né sous le *méridien* de Constantinople ou d'Alger, Pascal y eût appliqué son épithète à un autre dogme. La *vérité* qui change selon le climat est-elle la vérité ?

à soixante-trois ans. — La teinture des cheveux, le kohl et le henna sont encore aujourd'hui employés par les Mauresques — qui ont le tort de négliger un peu trop les parfums.

Et amoureux des femmes, Mahomet fit en sa faveur une exception dans le Koran, qui ne permet que quatre épouses, et en eut quinze, auxquelles il adjoignit quelques *esclaves*: « Votre Majesté, écrivait Voltaire au roi de Prusse, a sur Salomon l'avantage de faire des vers, et de n'être point tiraillée par sept cents épouses dites légitimes, et par trois cents drôlesses, dites concubines ou femmes de second rang, ce qui ne convient pas trop à un sage. » — La luxure de Mahomet était de la continence auprès de cette luxure du *saint* roi — un des aïeux de Jésus-Christ (selon saint Matthieu) (1).

De ses quinze épouses, Mahomet ne *dormit* qu'avec douze, et de ces douze compagnes de son sommeil il n'eut que neuf enfants — dont huit (quatre fils et quatre filles) de Khadidja, veuve riche et plus âgée que lui de quelques années, qu'il épousa la première, après un voyage commercial qu'il fit pour elle en Syrie; et malgré la fortune de cette veuve, ce fut lui qui la dota, selon l'usage arabe consacré par le Koran: la dot qu'il constitua fut de vingt chameaux, et deux chameaux furent abattus pour le festin de la noce. — Ses fils moururent avant lui, ainsi que le neuvième enfant qu'il avait eu de l'une de ses onze autres épouses. — Jaloux de ses femmes, il voulut même leur fidélité à sa mémoire, et il écrivit dans le Koran : « O croyants, n'épousez jamais les femmes avec qui le prophète aura eu commerce, ce serait grave devant Dieu. » — Et neuf veuves qu'il laissait restèrent fidèles au veuvage.

Parmi ses reliques, Constantinople conserve son manteau (*borda*) et un étendard noir appelé *okab* (aigle noir) : ils remplacent à Sainte-Sophie (l'église chrétienne du Bas-Empire changée en mosquée) les débris et les clous de la croix de

(1) On sait que la généalogie de Jésus d'après saint Luc diffère de celle qu'a établie saint Matthieu. Cela ne pourrait-il pas prêter encore aux gloses *impertinentes* d'un Moreri musulman?

Jésus, rapportés de Jérusalem par la mère de Constantin... Dieu permettait que le Labarum se repliât devant le Croissant, et qu'au souvenir de son Fils fût substitué le souvenir de son prophète... « O profondeur des trésors de la sagesse et de la science de Dieu! s'écrie saint Paul, que ses jugements sont impénétrables, et ses voies incompréhensibles ! .. car tout est de lui, tout est par lui, et tout est en lui. »

VI. — MAHOMET LÉGISLATEUR. — LE KORAN (1).

La persécution, cette fille idiote du Fanatisme, a déshonoré toutes les religions, tous les cultes. Pythagore, qui enseignait que Dieu était une âme répandue dans tous les êtres de la nature, et dont les âmes humaines étaient tirées, voyait son Ecole dispersée et proscrite. — Socrate, dont la raison préférait le système de l'unité de Dieu à la pluralité mythologique, était condamné à boire la ciguë. — Anaxagore, qui osait dire que la lune était, non point une divinité, mais une terre semblable à la nôtre, subissait l'exil (comme Galilée, qui, vingt et un siècles plus tard, avait l'audace d'affirmer l'immobilité du soleil, subissait la prison).

(1) La langue arabe n'a qu'un article, qui se prononce *al* ou *el*, pour répondre, comme le *the* anglais, aux *le, la, les*, de notre langue. Dire l'Alcoran, comme le permet le Dictionnaire de l'Académie, c'est répéter l'article *le* en arabe, et c'est équivaloir à cette redondance *le le Coran* (ou mieux *Koran*).

Déjà, Moïse et son peuple, serviteurs d'un Dieu unique, avaient souffert la captivité de l'Égypte idolâtre, et misérablement erré dans les déserts à la recherche d'une contrée libre et fertile. — Impatients d'une autre oppression dans la Judée tributaire, leurs descendants expiaient, par une captivité nouvelle, une rébellion sainte, et leur Dieu abandonnait son temple à la furie du roi de Babylone, Nabuchodonosor (que l'Ovide hébreu a métamorphosé en bête, comme eût pu le faire du roi de France Charles VI, un Ovide anglais ou français, car la démence bestialise l'homme, en effet).

Délivrés une seconde fois des chaînes des idolâtres, les juifs passaient sous le joug des polythéistes, et les uns et les autres s'entre-tuaient. Puis, polythéistes et juifs tuaient le Christ et ses disciples, et d'autres disciples du Christ tuaient à leur tour juifs et polythéistes; — et enfin ces mêmes disciples chrétiens se tuaient entre eux sous les noms d'orthodoxes et d'hérétiques : « Les bêtes féroces, disait l'empereur Julien, ne sont pas plus redoutables aux hommes que les chrétiens le sont les uns aux autres quand ils sont divisés de croyance et de sentiment. »

Les *hérétiques* épargnés durent s'exiler, et une grande partie se réfugia dans les déserts de l'Arabie, où ces martyrs d'une foi condamnée retrouvèrent d'autres martyrs religieux — des juifs — qu'ils avaient aidé à persécuter.

Incontestables descendants des patriarches bibliques, les Arabes en avaient conservé les mœurs pastorales et la vie nomade (sous la tente). Constitués en tribus, ils avaient résisté à ces ravageurs du monde que la sotte flagornerie humaine qualifie de grands hommes : aux Sésostris, aux Cyrus, aux Alexandre, aux Pompée, aux Trajan (dont le titre de conquérant a terni la vraie gloire, celle d'empereur ami de la liberté), et, fiers de leur indépendance, ils la gardaient même sous les chefs qu'ils élisaient.

La religion primitive de ces peuplades était le culte unitaire d'Abraham, mais peu à peu cette religion s'altéra; et au Dieu de la Genèse les Arabes associèrent les astres et même les animaux — comme en Égypte, où tout, a dit spirituellement Bossuet, était dieu, excepté Dieu même.

C'était ce système hybride, vainement frotté au culte judaïque et aux hérésies chrétiennes, qui fondait leur croyance lorsque Mahomet se révéla.

Mahomet était frappé du double enseignement du Pentateuque et de l'Évangile, dont il entendait un écho confus, et l'on peut dire que c'est aux persécutions religieuses qui lui apportaient cet écho, que le mahométisme doit sa naissance (1). Châteaubriand le reconnaît, en qualifiant ce mahotisme (ou *mahométanisme*, comme il écrit) d'*hérésie judaïque-chrétienne*. — C'est là ce qu'a gagné l'Intolérance : elle a semé le germe d'un culte nouveau... Persécutez donc encore, pauvres fous!

Qu'ici, pourtant, cette Intolérance soit remerciée, car elle a aidé aux grands desseins de Dieu, qui voulait, en ramenant exclusivement à lui un peuple immense qui s'en était écarté, l'incliner à la fois vers une civilisation — relative — dont son instinct brutal l'éloignait.

Ce fut là le double succès de Mahomet, et il faut être plus niais qu'un bedeau de village pour l'accuser au nom de Dieu!

Sans doute sa loi civilisatrice — le Koran — est restée immuable; mais le Pentateuque et l'Évangile, qui lui sont antérieurs, ont-ils mieux accepté l'influence de la civilisation croissante? Il en sera du livre de Mahomet, comme des livres de Moïse et de Jésus : l'esprit progressif de l'homme tuera la lettre immobile. Malheur donc à la lettre rebelle! Les religions qui résistent aux mœurs sont comme les digues devant les torrents : les torrents les renversent. Qu'est devenu le culte longtemps *catholique* de Jupiter et de sa famille divine? — « Profanes! murmurait Horace, quels au-

(1) On veut même que Mahomet ait été aidé dans son œuvre par un juif ou un chrétien dissident. C'est l'écho d'un propos que lui-même entendait, et il répondait dans le Koran (ch. XVI) : « Nous savons bien qu'ils (les idolâtres) disent : *Un homme l'instruit* (lui, Mahomet). — La langue de celui qu'ils veulent indiquer est une langue *barbare*, tandis que le Koran est un livre arabe clair. » — Le Koran émane donc bien du prophète, mais il recueillait les enseignements et les bruits, et les passait au creuset de son esprit.

tels avons-nous respectés? Quels sacriléges a réprimés la crainte des dieux?... Malheureuse Italie! ce sont ces dieux méprisés qui ont déchaîné sur toi les calamités! » — Bon Horace, qui, sous sa couronne de myrte ou de roses, et près de son amphore de falerne ou de massique, protégeait ainsi les superstitions que réclamaient ses dieux, que dirait-il s'il voyait ces mêmes dieux — si puissants pour lui — renversés depuis quinze siècles, sans protestation de leur part? Ne regretterait-il pas un peu sa dithyrambique piété?

Au nom du Dieu vainqueur de ces divinités d'Horace, le prophète de la Mecque triomphait; et frappant de son *mihdjan* (bâton recourbé par un bout, espèce de *crosse*) les trois cent soixante idoles du temple de la Caaba, il les faisait détruire, en prononçant ces paroles : *La vérité parut, et le mensonge s'évanouit!*

La vérité, c'était le Koran.

Le Koran est le code général du mahométan. Code religieux, code social, code civil, code commercial, code militaire, code judiciaire, code criminel, code pénal, il règle tout — depuis le mystère de la religion jusqu'aux mystères du lit nuptial, depuis le salut de l'âme jusqu'à la santé du corps, depuis les droits de tous jusqu'aux devoirs de chacun, depuis l'intérêt de l'homme jusqu'à l'intérêt de la société, depuis la morale jusqu'au crime, depuis la punition dans ce monde jusqu'au châtiment dans l'autre.

C'est à la fois un amalgame, en général fort indigeste, d'histoires (plus ou moins tronquées) de la Bible, d'emprunts faits aux Évangiles, de paraboles imitées des mêmes Écritures, de récits personnels au prophète, de préceptes, d'injonctions, d'abstractions, etc. — Les tautologies, les diffusions, les divagations, lassent quelquefois l'esprit, comme le même système de composition fatigue le lecteur de la Bible. Mais si le Koran met un peu à l'épreuve la patience de celui qui l'étudie, il n'excite pas du moins l'horreur et le dégoût que font naître trop de versets de la sainte Écriture judaïque, gravés avec du fiel et du sang.

Cent quatorze sourates — ou chapitres — divisent le

Koran (1), et chaque sourate est placée sous cette invocation : *Au nom du Dieu clément et miséricordieux.* — Mais tout y est disséminé avec le plus grand mépris de la clarté et de l'ordre. Il faut prendre dans vingt sourates vingt lignes sur un même sujet. Le travail d'analyse ne peut se faire qu'en classant tout dans un ordre admis de matières.

C'est dans cet ordre arbitraire que nous allons exposer les points essentiels.

Caractère du Prophète. — Définition du Koran.

« Je suis un homme comme vous, disait Mahomet (dans » le Koran), mais j'ai reçu la révélation qu'il n'y a qu'un » Dieu. — Mohammed est l'envoyé de ce Dieu... C'est Dieu » qui a envoyé son apôtre muni de la direction et de la vé» ritable religion, pour l'élever au-dessus de toutes les re» ligions. Le Koran est cette direction pour les croyants, et » constitue une preuve de la miséricorde divine envers eux. » — Le Koran est un recueil de signes évidents (de Dieu) » dans le cœur de ceux qui ont reçu la science. — Il est » comme la lumière pour les hommes. — Ce Livre est le » désespoir des infidèles, car il est la vérité même. — Si » tout autre que Dieu en était l'auteur, n'y trouverait-on » pas une foule de contradictions ? — Les infidèles diront» ils : C'est Mohammed qui l'a inventé? — Si c'est moi qui » l'ai inventé, faites que je n'obtienne rien de Dieu... Je ne » fais que suivre ce qui m'a été révélé, je ne suis qu'un » apôtre chargé d'avertir ouvertement. — Le Koran est une » révélation qui a été faite à votre compatriote, ô Koreïchi» tes ! c'est le Terrible par sa force, le Vigoureux (l'ange » Gabriel) qui l'a instruit ; il se maintint en équilibre dans » la sphère la plus élevée, puis il s'abaissa et resta sus» pendu dans les airs, et il révéla au serviteur de Dieu ce

(1) Le Koran a 6,238 versets. Le Pentateuque n'en a que 5,855, et les quatre Évangiles réunis n'en ont que 3,777.

» qu'il avait à lui révéler. Le cœur de Mohammed ne ment » pas, il l'a vu. — J'en jure par la nuit quand elle survient, » par l'aurore quand elle s'épanouit, oui le Koran est la » parole de l'envoyé illustre (l'ange Gabriel), puissant au- » près du maître du trône, ferme, obéi et fidèle : votre » concitoyen n'est pas un possédé, il l'a vu distinctement au » sommet du ciel, et il ne soupçonne pas les mystères qui » sont révélés ; ce ne sont pas les paroles du démon : le » Koran est un avertissement pour l'univers. — Ce Koran » glorieux est écrit sur une table gardée avec soin entre » les mains de Dieu, et a été copié par les mains des écri- » vains honorés et justes (les anges) sur des pages subli- » mes et pures. — Ainsi Dieu a fait descendre d'en haut la » plus belle parole qui fut jamais donnée ; il en a fait un » livre dont les parties se ressemblent et se répètent ; ceux » qui craignent Dieu sentent à sa lecture leur peau se roidir » et se contracter ; peu à peu leur peau et leur cœur s'a- » doucissent au souvenir et à la parole de Dieu. — Un jour » nous avons amené une troupe de génies pour leur faire » écouter le Koran : O notre peuple, dirent-ils, nous avons » entendu un livre descendu du ciel depuis Moïse, et qui » confirme les livres antérieurs ; il conduit à la vérité et » dans le sentier droit. O notre peuple ! écoutez le prédica- » teur de Dieu, et croyez en lui ; il effacera vos péchés, et » vous sauvera d'un supplice cruel. — Les incrédules n'ont- » ils pas nié le livre donné autrefois à Moïse ? Ne disent-ils » pas : Le Koran et le Pentateuque ne sont que deux œu- » vres de sorciers qui s'entr'aident ; nous ne croyons ni en » l'un ni en l'autre ? — Qu'ils apportent donc d'auprès de » Dieu un autre livre qui soit un meilleur guide que ces » deux-là ! — Qu'ils apportent des sourates pareilles à » celles du Koran ; qu'ils inventent, et qu'ils appellent pour » les y aider qui ils voudront, hormis Dieu. S'ils ne le font » pas, qu'ils apprennent que le Koran est descendu avec » la science de Dieu, et qu'il n'y a de dieu que Dieu lui- » même. »

C'est ainsi qu'avec soi, comme prophète, puis comme maître, Mahomet imposait son Dieu et sa loi, — en faisant, du reste, passer sur son front même le niveau de cette loi : « Le Koran, ô Mohammed ! (dit Dieu dans un verset de ce Livre) est une admonition *pour toi* et pour ton peuple. » — Et pour mieux commander à ce peuple la foi, il prêtait à Dieu cette autre parole : « Nous avons rendu le Koran facile en te le donnant dans *ta langue.* »

Eh ! pourquoi ce Koran arabe n'eût-il pas été donné par Dieu à Mahomet, comme étaient données par le même Dieu à Moïse les Tables hébraïques de la loi ? — « Si nous croyons, dit Plutarque, que les Immortels aient honoré les poëtes de leur bienveillance, de leur visite, pourrions-nous sans injustice refuser de croire qu'ils aient fait le même honneur à Zaleucus, à Minos, à Zoroastre, à Numa et à Lycurgue, qui tous ont gouverné de grands empires ou fondé des républiques ? » — Malheureusement le philosophe de Chéronée se hâte d'ajouter : « Je ne suis pas éloigné de croire ce que certains auteurs ont dit, que Lycurgue, Numa et plusieurs autres personnages célèbres ayant à conduire des peuples rustiques, et voulant leur faire adopter de grands changements, avaient supposé cette communication avec les dieux pour le bien même de ceux à qui ils la faisaient croire. »

Pour le fanatisme musulman, c'était trop peu que le Koran vint de Dieu ; il fallait encore qu'il fût *coéternel à Dieu* : c'est un dogme de l'islam.

Dans la langue arabe le Koran a plusieurs noms, qui signifient : la Lecture, le Livre, le Livre ou Code par excellence, le Livre de Dieu, la Parole de Dieu, le Livre descendu d'en haut, l'Admonition, la Distinction (entre le licite et l'illicite, le bon et le mauvais).

Dieu unique.

Le Koran n'admet qu'un Dieu. — « Dieu, dit-il, est unique : il n'y a point d'autre dieu que lui. Il n'a ni compagne ni enfant : il n'a point enfanté et n'a point été en-

» fanté; il n'a d'égal en qui que ce soit. — Les chrétiens » disent : « Dieu a un fils. » — Par sa gloire ! non ! Il se suffit » à lui-même. — Avez-vous reçu quelque pouvoir pour par- » ler ainsi, ou bien dites-vous ce que vous ne savez pas ? » — Quelle énormité ! Peu s'en faut que les cieux ne se » fendent, que la terre ne s'entr'ouvre et que les monta- » gnes ne s'écroulent, de ce qu'ils attribuent un fils au » Miséricordieux !... Loin de sa gloire ce blasphème !... » Non, il ne lui sied pas d'avoir un fils... Quiconque dirait : « Je suis un dieu à côté de Dieu, » Dieu lui donnerait la » géhenne (l'enfer) pour récompense. — Infidèle est celui » qui dit : « Dieu, c'est le Messie, fils de Marie. » Le Messie » n'a-t-il pas dit lui-même : « O enfants d'Israël, adorez » Dieu, qui est mon Seigneur et le vôtre ? » — Quiconque » associe à Dieu d'autres dieux, Dieu lui interdira l'entrée » du Jardin (paradis), et sa demeure sera le feu (l'enfer). »

Jésus. — Marie. — La Trinité.

Jésus n'est donc qu'un apôtre, un serviteur de Dieu, un homme comme Mahomet : — « Le Messie, fils de Marie, dit » en effet le Koran, n'est qu'un apôtre ; d'autres apôtres » l'ont précédé. — Sa mère était juste : elle et lui se nour- » rissaient de mets (c'est-à-dire ils n'étaient que des humains, » ne pouvant se passer de nourriture) : Dieu nourrit et n'est » point nourri ; il ne demande point de pain quotidien. — » — Jésus n'est qu'un serviteur que nous (Dieu) avons » comblé de nos faveurs, et que nous proposâmes comme » exemple aux enfants d'Israël. — Jésus est aux yeux de » Dieu ce qu'est Adam : Dieu le forma de poussière, puis il » dit : Sois ! — et il fut. — Dieu dit à Jésus : As-tu jamais » dit aux hommes : Prenez pour dieux moi et ma mère, à » côté du Dieu unique ? — Par ta gloire ! non ! répondit Jésus. » Comment aurais-je pu dire ce qui n'est pas vrai ? Je ne

» leur ai dit que ce que tu m'as ordonné de leur dire : Adorez
» Dieu, mon Seigneur et le vôtre. »

Toutefois, plein de vénération pour Marie, Mahomet racontait ainsi (dans le Koran) sa naissance et celle de son fils :

« L'épouse d'Imran (père de Marie) adressa cette prière à
» Dieu : Seigneur, je t'ai consacré ce qui est dans mon sein :
» il t'appartiendra entièrement, agrée-le, car tu entends et
» connais tout. — Lorsqu'elle eut enfanté, elle dit : Sei-
» gneur, j'ai mis au monde une fille, et je l'ai nommée
» Mariam (Marie) ; je la mets sous ta protection, elle et sa
» postérité, afin que tu les préserves des ruses de Satan-le-
» lapidé (lapidé par Abraham, qui, selon la tradition, aurait
» chassé à coups de pierres le diable qui voulait le tenter).
» — Le Seigneur fit le plus doux accueil à la femme d'Imran.
» Or, il lui avait fait produire une belle créature. Zacharie
» eut soin de l'enfant ; toutes les fois qu'il allait visiter
» Marie dans sa cellule (Marie fut élevée dans le temple de
» Dieu, selon l'*Évangile de sa naissance*), il trouvait de la
» nourriture auprès d'elle : O Marie, d'où vous vient cette
» nourriture ? — Elle me vient de Dieu, répondait Marie,
» car Dieu nourrit abondamment ceux qu'il veut, et ne
» leur compte pas les morceaux. — Les anges dirent à Marie :
» Dieu t'a choisie, il t'a rendue exempte de toute souillure,
» il t'a élue parmi toutes les femmes de l'univers. O Marie,
» sois pieuse envers ton Seigneur ; prosterne-toi et fléchis le
» genou devant lui avec ceux qui fléchissent le genou
» (c'est-à-dire les *musulmans*, qui se prosternent et s'age-
» nouillent ainsi en priant : ceci tendait à rattacher le culte
» de l'islam au culte des *justes* : on reconnaît partout l'habi-
» leté étudiée de Mahomet). — Les anges dirent encore à
» Marie : Dieu t'annonce son Verbe : il se nommera le
» Messie, Jésus fils de Marie, illustre dans ce monde et dans
» l'autre, et un des familiers de Dieu, car il parlera aux
» hommes, enfant au berceau et homme fait, et il sera du
» nombre des justes. — Seigneur, répondit Marie, comment
» aurai-je un fils ? aucun homme ne m'a touchée. — C'est
» ainsi, repartit l'ange (un seul ange parle ici : c'est l'ange
» Gabriel, le seul annonciateur selon saint Luc), c'est ainsi

» que Dieu crée ce qu'il veut : il dit : Sois, et il est. — Il lui » (à Jésus) enseignera le Livre (la loi de Dieu) et la sagesse, » le Pentateuque et l'Évangile. Jésus sera son envoyé auprès » des enfants d'Israël. Il leur dira : Je viens vers vous, » accompagné des *signes* du Seigneur : je formerai de boue » la figure d'un oiseau, je soufflerai sur cet oiseau, et par la » permission de Dieu, il sera vivant (1) ; je guérirai l'aveu- » gle de naissance et le lépreux, je ressusciterai les morts, » par la permission de Dieu ; je vous dirai ce que vous aurez » mangé, et ce que vous aurez caché dans vos maisons. Tous » ces faits seront autant de *signes* pour vous, si vous êtes » croyants. Je viens pour confirmer le Pentateuque que vous » avez reçu avant moi ; je vous permettrai l'usage de cer- » taines choses qui vous avaient été interdites (les aliments » proscrits par la loi de Moïse). Je viens avec des signes de » la part de votre Seigneur : craignez-le, et obéissez-moi. Il » est mon Seigneur et le vôtre, adorez-le. — Mais dès que » Jésus s'aperçut de leur infidélité, il s'écria : Qui sera mon » auxiliaire pour conduire les hommes vers Dieu ? — C'est » nous, répondirent les disciples de Jésus, qui serons les » auxiliaires de Dieu. Nous croyons en Dieu, et tu témoi- » gneras que nous nous abandonnons à sa volonté (autre » affinité avec l'islam). — Les juifs imaginèrent des artifices » contre Jésus, Dieu en imagina contre eux, et certes Dieu » est le plus habile. »

Tout ceci était *révélé* à Mahomet par Dieu (ayant pour intermédiaire l'ange Gabriel) ; mais, dans une *révélation* postérieure, le récit variait un peu sur Marie, et le prophète

(1) Miracle emprunté à l'*Évangile de l'enfance du Christ*. Mahomet le cite sérieusement, et Voltaire (dont nous examinerons la tragédie sur le prophète) s'en amuse ! — Mahomet avait à choisir un miracle parmi ceux de l'*Évangile de l'enfance*, et il a pris le plus innocent, celui de la vie donnée aux oiseaux de terre glaise pétris par la main du *petit Jésus*. Voltaire, lui, n'a pas manqué de citer, avec son sans-gêne habituel d'expressions, le miracle de la mort de l'enfant qui, courant rapidement, heurta et fit tomber le divin *bambino*, lequel lui dit : « Comme vous m'avez poussé, de même vous tomberez, et vous ne vous relèverez pas. » Et au même instant l'enfant tomba et expira. — Le beau trait à rappeler !

semblait avoir entendu comme un écho de l'histoire impie du beau Panther, admise par Voltaire, et repoussée par Mahomet, affirmant plus fermement encore *l'immaculée conception*. — Qui du poëte ou du prophète méritait le mieux la bénédiction apostolique dont nous parlerons en nous occupant de la tragédie de Voltaire sur Mahomet?

« Marie, dit ailleurs le Koran, se retira de chez sa famille » et alla du côté de l'est. Elle se couvrit d'un voile qui la » déroba aux regards. Nous (Dieu) envoyâmes vers elle » notre esprit. Il prit devant elle la forme d'un homme d'une » beauté parfaite. Elle lui dit : Je cherche auprès du Miséri- » cordieux un refuge contre toi. Si tu le crains (*points sus-* » *pensifs*, ainsi interprétés : tu ne t'approcheras pas de moi). » — Il répondit : Je suis l'envoyé de ton Seigneur, chargé » de te donner un fils saint. — Comment, dit-elle, aurai-je » un fils? aucun homme n'a jamais approché de moi, et je » ne suis point une femme dissolue. — Il répondit : Il en » sera ainsi; ton Seigneur a dit : Ceci est facile pour moi. » Il (le fils) sera notre *signe* devant les hommes, et la preuve » de notre miséricorde. L'arrêt est prononcé. — Elle devint » grosse de l'enfant, et se retira dans un endroit éloigné. Les » douleurs de l'enfantement la surprirent auprès d'un tronc » de palmier. — Plût à Dieu, s'écria-t-elle, que je fusse » morte avant, et que je fusse oubliée d'un oubli éternel! » — Quelqu'un (l'enfant, ou l'ange Gabriel, qui l'accouchait) » lui cria de dessous elle : Ne t'afflige point. Ton Seigneur a » fait couler un ruisseau à tes pieds. Secoue le tronc du » palmier, des dattes mûres tomberont vers toi (1). Mange et

(1) Dans l'*Évangile de l'enfance du Christ*, Marie, enceinte de Jésus, et fuyant en Égypte avec Joseph, se repose au pied d'un palmier. Elle a soif, et l'eau manque; elle désire des fruits du palmier, et l'arbre est trop haut pour les cueillir. « Alors, le petit enfant Jésus, d'un air joyeux *dans le sein* de la Vierge Marie, sa mère, dit au palmier : Arbre, recourbez-vous, et rafraîchissez ma mère de vos fruits. — Aussitôt l'arbre inclina son sommet jusqu'aux pieds de Marie, et cueillant tous les fruits qu'il avait, elle se rafraîchit. L'arbre restait incliné. Alors Jésus lui dit : Palmier, redressez-vous, et maintenant ouvrez de vos racines la veine qui est cachée en terre : il en coulera

» bois, et *rafraîchis ton œil* (console-toi). — Elle alla chez sa
» famille, portant l'enfant dans ses bras. On lui dit : O Marie!
» tu as fait là une chose étrange. O sœur d'Aaron, ton père
» n'était pas un homme méchant, ni ta mère une femme
» dissolue. — Marie *leur* montra du doigt l'enfant, afin qu'ils
» l'interrogeassent. — Comment, dirent-ils, parlerons-nous
» à un enfant au berceau? — Je suis le serviteur de Dieu,
» leur dit Jésus ; il m'a donné le Livre, et m'a constitué pro-
» phète (Mahomet pliait encore à son système le langage de
» Jésus dans son berceau, d'après *l'Évangile de l'enfance*).
» Dieu veut que je sois béni partout où je me trouverai; il
» me recommande de faire la prière et l'aumône (ces deux
» grands préceptes de l'islam), et d'être pieux envers ma
» mère (Mahomet ignorait-il ou ne pouvait-il admettre ces
» paroles de Jésus à sa mère, aux noces de Cana : *Femme,*
» *qu'y a-t-il de commun entre vous et moi?*). Dieu, poursuit
» l'enfant, ne permettra pas que je sois rebelle et abject. La
» paix sera sur moi au jour où je mourrai (à la fin du
» monde), et au jour où je serai ressuscité (car Jésus, homme
» comme Mahomet, ressuscitera comme Mahomet). »

Insistant sur la conception sans tache, Mahomet employait une expression d'un pittoresque oriental, trop libre pour être reproduite, même dans le latin — *qui brave l'honnêteté*, — et que pourrait seul traduire le jésuite Sanchez, lequel traitait cette même question de la conception virginale d'une façon à réjouir un Rabelais ou le poëte dont Boileau a dit :

Heureux si ses discours, craints du chaste lecteur,
Ne se sentoient des lieux où fréquentoit l'auteur!

Et interprétant pudiquement le texte arabe, les musulmans expliquent ainsi cette conception sans souillure :

des eaux pour *nous* désaltérer. — Aussitôt le palmier qui attendait l'ordre de celui qui l'avait fait baisser, se redressa, et des sources d'eaux très-claires et très-douces commencèrent à sortir par ses racines. » — C'est là que Mahomet a trouvé ses *dattes* et son *ruisseau*,

« L'ange Gabriel s'approcha de Marie, il souffla sur son sein, le souffle divin entra dans ce sein, et engendra Jésus. » — Cette interprétation a le tort de rappeler la conception phénoménale de Junon qui, en frappant la terre de son pied, fit sortir des vapeurs, que son sein reçut également, et qui produisirent le terrible Typhon, ce géant aux cent têtes, qui déclara, comme le Fils de Marie, une guerre formidable aux dieux de l'Olympe, mais que Jupiter foudroya. Plus gracieusement, la même déesse dut au parfum d'une fleur cueillie dans les champs d'Olène en Achaïe, la conception de Mars, le dieu de la guerre, « qu'elle eut sans la participation d'aucun homme, » dit positivement Apollodore, l'*historien des dieux.* — Osons donc douter!

A l'endroit de Marie, les juifs faisaient plus que de douter, ils niaient, ils outrageaient, et Mahomet, indigné, écrivait dans le Koran : « Dieu a mis le sceau sur leurs cœurs... Ils » n'ont point cru à Jésus, et ils ont inventé contre Marie un » *mensonge atroce.* »

Si Mahomet défendait ainsi la naissance surnaturelle de Jésus, il n'admettait pas sa mort sur la croix, le plus ignominieux des supplices, et il écrivait encore dans le Koran : « Les juifs disent : Nous avons mis à mort le Messie, Jésus » fils de Marie, l'envoyé de Dieu. — Non, ils ne l'ont point » tué, ils ne l'ont point crucifié; un homme qui lui ressem- » blait fut mis à sa place, et ceux qui disputaient là-dessus » ont été eux-mêmes dans le doute. Ils ne le savaient pas de » science certaine, ils ne faisaient que suivre une opinion. Ils » ne l'ont pas tué réellement. Dieu l'a élevé à lui, et au jour » de la résurrection, il témoignera contre eux. »

Jésus est donc monté *vivant* au ciel : il y mourra — comme *homme* — quand le dernier jour du monde sera venu, et n'a aucun attribut de la divinité.

Lui dénier cette divinité, c'était naturellement rejeter la Trinité, et Mahomet insérait dans le Koran ces paroles : « Le » Messie, fils de Marie, est l'apôtre de Dieu, et son Verbe » qu'il jeta dans Marie : il est un esprit venant de Dieu. » Croyez donc en Dieu et à ses apôtres, et ne dites point : » Il y a Trinité. — Infidèle est celui qui dit : Dieu est un

» troisième de la Trinité. — Il n'y à point de dieu, si ce » n'est le Dieu unique. S'ils ne cessent pas, certes un châtiment douloureux atteindra les infidèles. »

Pour le prophète de la Mecque, le Saint-Esprit, c'était son ami, l'ange Gabriel. — Et c'est ce culte d'un Fils de Dieu, de sa mère, du Saint-Esprit, des saints, aggravé par les emblèmes, les statues, les images (qu'interdit formellement le Koran), qui explique ces mots de Voltaire : « Pour les mahométans, les chrétiens sont des idolâtres. »

Les apôtres. — Les justes.

Respectueux envers Jésus, envers Marie, Mahomet ne l'était pas moins envers les apôtres et les justes, antérieurs ou contemporains, et on lit dans le Koran : « Nous » (Dieu) avons donné au peuple d'Abraham, Isaac et Jacob, » et nous les avons dirigés tous deux. Déjà nous avions » dirigé Noé. Parmi les descendants d'Abraham, nous avons » dirigé aussi David et Salomon, et Job et Joseph, et Moïse » et Aaron. C'est ainsi que nous récompensons ceux qui font » le bien. — Zacharie, Yahia (Jean-Baptiste), Jésus et Elie, » tous ils étaient justes. — Ismaël, Elisée, Jonas et Lot, » nous les avons élevés au-dessus de tous les humains. »

Peut-on avoir plus de vénération ? — Et pour communiquer cette vénération à ses adeptes, Mahomet présentait un abrégé de l'histoire de tous ces saints hommes — en adoucissant, quand le coup de pinceau était trop fort. Un exemple remarquable s'en trouve dans l'histoire analysée de Moïse. — Dans l'Exode, Moïse commet un lâche assassinat sur un Égyptien et se sauve en ne proférant que ces mots : Comment cela (son crime) a-t-il été connu ? — Avant de rapper, il avait regardé de tous côtés, dit l'Exode, pour être sûr que le meurtre n'aurait pas de témoin.— Dans le Koran, Moïse (Mouça) est appelé au secours d'un Hébreu qui se battait contre un Égyptien (selon l'Exode, l'Égyptien outrageait l'Hébreu); Moïse frappe du poing et tue ; mais aussitôt il se repent et s'écrie : C'est une œuvre de Satan, c'est un ennemi qui nous égare. Seigneur! j'ai mal agi envers moi-même, pardonne-moi. — Et Dieu, dit le Koran, pardonna, car il est indulgent et miséricordieux. — Il n'y a rien de tout cela dans l'Exode. — Le même Livre, à propos de l'adoration du veau d'or, met dans la bouche de Moïse cet ordre infernal, *venu de Dieu*, dit l'Écriture impie : Que chacun tue son fils, son frère, son ami... attirez ainsi sur vous la bénédiction du Seigneur. — O sacrilége! — Et vingt trois mille victimes tombèrent sous le fer *sacré* des *pères*, des *frères*, des *amis*... Mahomet a eu horreur, et le Koran fait dire, presque humainement, par Moïse : Vous avez agi iniquement envers vous-mêmes en adorant le Veau, *revenez à votre créateur*, OU BIEN *donnez-vous la mort*, ceci vous servira mieux auprès de lui. — Enfin, si le Koran raconte le tremblement de terre qui engloutit le Coré (Karoun) des Nombres, il en fait un châtiment direct de Dieu « pour les iniquités de ce riche orgueilleux, » et non l'exaucement d'une imprécation de Moïse, et pour celui-ci comme pour Dieu, il a la bonté de ne divulguer ni la « grande colère » du saint apôtre, ni la vengeance divine étendue aux malheureux « qui étaient unis à Coré. »

L'histoire de Joseph (Yousouf) et de madame Putiphar (que les mahométans nomment Zuleïkha) n'avait pas besoin d'être adoucie, mais elle a des variantes qui font connaître la manière dont l'oriental prophète arrangeait les emprunts qu'il faisait aux Écritures judaïques :

« La femme dans la maison de laquelle était Joseph, dit le » Koran, conçut de la passion pour lui ; elle ferma les portes » de l'appartement, et lui dit : Viens ici. — Dieu m'en pré- » serve! répondit Joseph. Mon maître m'a donné une géné- » reuse hospitalité. Les méchants ne prospèrent pas. — Mais » elle le sollicita, et alors tous les deux s'élancèrent vers la » porte, lui pour fuir, elle pour le retenir, et la femme dé- » chira la tunique de Joseph par derrière. Tous deux ren- » contrent à la porte son maître à elle (son mari). — Que » mérite, dit la femme, celui qui a conçu des intentions

» coupables à l'égard de ton épouse, sinon la prison ou une
» punition terrible? — C'est elle, dit Joseph, qui m'a solli-
» cité au mal. — Un parent de la femme témoigna alors
» contre elle en disant : Si la tunique est déchirée par devant,
» c'est la femme qui dit la vérité, et c'est Joseph qui est men-
» teur ; mais si la tunique est déchirée par derrière, c'est la
» femme qui a menti, et c'est Joseph qui dit la vérité. —Le
» mari examina la tunique, et vit qu'elle était déchirée par
» derrière. — Voilà, dit-il, de vos fourberies, (ô femmes!) et
» certes grandes sont vos fourberies! — Les femmes de la
» ville se racontaient l'aventure en disant : La femme de
» l'aziz (intendant du trésor) a eu des vues sur son jeune
» homme, qui l'a rendue folle de lui. Nous trouvons qu'elle
» est dans une fausse voie manifeste. — Lorsque la femme
» de l'aziz eut entendu ces propos, elle envoya des invita-
» tions à ces femmes, prépara un banquet, et donna à cha-
» cune d'elles un couteau; puis elle ordonna à Joseph de
» paraître. Dès qu'elles l'aperçurent, elles s'extasièrent sur
» lui, et se coupaient les doigts par distraction (au lieu des
» oranges que la femme de l'aziz avait fait servir), et elles
» s'écrièrent : Dieu nous garde! ce n'est pas une créature
» humaine, c'est un ange ravissant (et sur la foi de ce por-
» trait, Joseph est resté pour les mahométans le type de la
» beauté; de là le proverbe : *Vendre Joseph pour un vil prix,*
» c'est-à-dire *vendre un trésor inestimable pour un objet de*
» *nulle valeur*). — Voilà, dit la femme de l'aziz, celui qui
» m'a attiré vos blâmes. J'ai voulu le faire céder à mes
» désirs, mais il veut rester chaste. Si à l'avenir il ne fait
» pas ce que je lui ordonnerai, il sera jeté dans un cachot
» et comptera parmi les plus misérables. —Seigneur! s'écria
» Joseph, la prison est préférable au crime auquel ces fem-
» mes me convient, et si tu ne détournes pas de moi leurs
» artifices, je céderai à mon inclination pour elles, et je serai
» du nombre des insensés. — Dieu l'exauça, et détourna de
» lui leurs machinations. »

Mahomet apôtre prédit par les Écritures. — Juifs et chrétiens.

Aux apôtres qu'il encensait, Mahomet se rattachait habilement en faisant dire par Dieu (dans le Koran) : « O Mohammed ! tu n'étais point sur le penchant du mont Sinaï quand » nous y appelâmes Moïse. C'est par l'effet de la miséricorde » de ton Seigneur que tu prêches un peuple qui, avant toi, » n'a point eu d'apôtre chargé de l'exhorter à réfléchir. » — Mahomet comblait donc une lacune et réparait un oubli.

C'est peu : lui et son Koran étaient prédits par les Écritures antérieures — comme avaient été prédits le Messie — et l'Évangile ! — « Les juifs et les chrétiens, disait-il effective» ment, et peut-être avec plus d'ingénuité que d'audace, » trouveront signalé dans leurs Livres, dans le Pentateuque et » dans l'Évangile, le prophète, l'envoyé qui leur commande le » bien et leur interdit le mal... car, ô hommes ! je suis l'apô» tre de Dieu envoyé vers tous... Ce Koran est prédit dans » les Écritures des anciens ; n'est-ce pas un signe qui parle » en sa faveur, que les docteurs des enfants d'Israël en aient » connaissance ? — Jésus fils de Marie dit : « Je suis l'apôtre » de Dieu envoyé vers vous pour confirmer le Pentateuque » qui vous a été donné avant moi, et *pour vous annoncer la ve» nue, après moi, d'un apôtre dont le nom sera Ahmed.* » — Ahmed (ou le *Glorieux*) est l'un des quatre-vingt-dix-neuf noms de Mahomet dans l'islam. — Seulement, le texte des Écritures n'étant pas sur ces points aussi *évident* que le Koran, Mahomet insinuait que juifs et chrétiens avaient falsifié ce texte pour dissimuler sa mission prédite : « Ne revêtez pas, » ajoutait-il, la vérité de la robe du mensonge ; ne cachez point » la vérité quand vous la connaissez... Malheur à ceux qui, » écrivant le Livre de leurs mains corruptrices, disent : « Voilà » ce qui vient de Dieu, » pour en retirer un bénéfice infime ! » Malheur à eux, à cause de ce que leurs mains ont écrit ! »

Attaquant à la fois les juifs et les chrétiens pour leurs dissi-

dences, et revenant sur son unité de Dieu, Mahomet disait encore : « Ceux qui suivent les Écritures ne se sont divi-
» sés entre eux que par jalousie. — Les juifs disent : Les
» chrétiens ne s'appuient sur rien. — Les chrétiens disent :
» Les juifs ne s'appuient sur rien — Les juifs disent : Ozaïr
» (Esdras) est fils de Dieu. — Les chrétiens disent : Le Messie
» est fils de Dieu. — Qu'ils sont menteurs! — O croyants!
» ne prenez point pour amis les juifs et les chrétiens : celui
» qui les prendra pour amis finira par leur ressembler, et
» Dieu ne sera point le guide des pervers. »

A l'égard des chrétiens, pourtant, il laissait fléchir sa rigueur, et il se faisait dire par Dieu : « Tu reconnaîtras que
» ceux qui nourrissent la haine la plus violente contre les
» fidèles (les musulmans), sont les juifs et les idolâtres, et
» que ceux qui sont le plus disposés à aimer les fidèles sont les
» hommes qui se disent chrétiens : c'est parce qu'ils ont des
» prêtres et des moines, (singulier motif!) et parce qu'ils sont
» sans orgueil (sans orgueil! Mahomet ne connaissait que les
» malheureux proscrits). Lorsqu'ils entendent les versets du
» Koran, des larmes s'échappent en abondance de leurs yeux,
» car ils ont reconnu la vérité; ils s'écrient : O Seigneur!
» nous croyons : inscris-nous au nombre de ceux qui rendent
» témoignage de la vérité du Koran. »

C'était un appel doucereux aux conversions, et Mahomet avait, en effet, envoyé un ambassadeur à l'empereur Héraclius pour l'engager à préférer l'islam au christianisme : l'empereur avait honorablement accueilli le représentant du prophète — déjà conquérant, — mais ne s'était pas converti.

Contre les juifs, qui avaient calomnié la virginale Marie, *voulu* mettre à mort Jésus, et tué leurs prophètes, la malédiction de Mahomet restait implacable.

Culte d'Abraham. — L'islam.

« Abraham, dit le Koran, n'était ni juif ni chrétien ; il était
» pieux et *résigné à la volonté de Dieu*, et il n'était point du
» nombre des idolâtres. Ceux qui tiennent le plus de la

» croyance d'Abraham, sont ceux qui le suivent. Tel est le » prophète (Mahomet), tels sont les croyants. »

La *résignation à la volonté de Dieu*, c'est l'islam, et le Koran ajoute : « La religion de Dieu est l'islam. — Quiconque dé- » sire un autre culte que la résignation à la volonté de Dieu, » sera dans l'autre monde au nombre des malheureux, car » cet autre culte ne sera pas reçu de Dieu. »

Toujours la Vérité d'ici niant — selon le mot de Pascal — la Vérité de là-bas! Quand donc plaira-t-il à Dieu d'étendre son doigt pour marquer la Vérité vraie?

A ses disciples Mahomet donnait en conséquence le nom de *mouslimin* (au singulier, *mouslim*), dont nous avons fait *musulmans*, et signifiant *résignés à la volonté de Dieu* ou *livrés entièrement à Dieu* (1). — Et cette condition de l'homme paraissait si naturelle au prophète, qu'il disait — au rebours de Tertullien pour le chrétien : « *Tout homme naît musulman* (2) : ce sont ses parents qui le rendent juif, chrétien ou mage (adorateur du feu). »

Dieu créateur et moteur de tout.

Ce Dieu, à qui l'homme doit s'abandonner, est dans le Koran ce qu'il est dans les lois mosaïque et chrétienne, l'auteur

(1) Cette soumission à la puissance divine est si complète, qu'en Algérie, les indigènes musulmans, non-seulement ne font point assurer contre l'incendie, par nos compagnies, les maisons qu'ils possèdent, mais encore font résilier l'assurance de celles qu'ils achètent d'Européens. Si la maison brûle, c'est que Dieu le veut; pourquoi réparer le dommage que Dieu a entendu causer : c'est de l'impiété. — Pour nous, c'est une piété stupide. — Du musulman ou du chrétien, lequel a raison — devant Dieu?

(2) Ne disons-nous pas aussi à Dieu : « Que votre volonté soit faite? » — Ne nous engage-t-on pas religieusement aussi à supporter patiemment et courageusement nos maux? La résignation aux *décrets de la Providence* ne nous est-elle pas, enfin, recommandée comme un devoir? — Seulement, au lieu d'imiter le mahométan, nous protestons et nous gémissons comme Job étendu sur sa cendre. Eliphaz de Théman, Baldad de Sué et Sophar de Naama, ces musulmans *anticipés*, auraient beau jeu contre nous.

éternel et le souverain moteur de tout : comme le Solitaire du roman, il entend tout, il voit tout, il sait tout, il est partout. « Il n'est point, dit le Livre arabe, d'entretien secret en-
» tre trois individus, que Dieu ne soit le quatrième, ni entre
» cinq, qu'il ne soit le sixième ; il ne s'en réunit ni plus ni
» moins, qu'il ne soit avec eux, en quelque lieu qu'ils se
» trouvent. » — Jésus avait dit : Là où deux ou trois personnes sont assemblées, je suis au milieu d'elles. — Mahomet a substitué Dieu à Jésus ; pour lui — simple apôtre — il reste à l'écart. — « Dieu, ajoute le Koran, a les clefs des choses
» cachées ; il sait ce qui est sur la terre et au fond des mers ;
» aucune feuille ne tombe, qu'il n'en ait connaissance ; il n'y
» a pas un seul grain dans les ténèbres de la terre, un brin
» vert ou desséché qui ne soit inscrit dans le Livre évident
» (le Livre des décrets éternels de Dieu). — Dieu envoie des
» gardiens (anges) qui veillent sur vous (pour épier chaque
» action) jusqu'au moment où la mort vous surprend. —
» Dieu fait rire et fait pleurer, il fait mourir et il fait vivre,
» il enrichit et il fait perdre... C'est lui qui a détruit les villes
» renversées (la Pentapole iduméenne : Sodome, Gomorrhe,
» Adama, Seboïm, Ségor). — Célèbre le nom de ton Seigneur,
» le Très-Haut, qui a créé tout et établi l'équilibre en tout,
» qui a fixé les destinées de tout, et qui dirige tout vers un
» but. Chaque jour il est occupé à une œuvre nouvelle, et
» il est sans cesse en observation. »

Que de peines ! que de soins ! que de travaux ! Quelle différence avec le dieu d'Épicure, toujours dormant ! — « Mais,
» dit le Koran, Dieu a créé les cieux et la terre, et tout l'es-
» pace qui les sépare en six jours, et *la fatigue n'a pas eu*
» *de prise sur lui.* » — On peut donc se rassurer sur Dieu, qui doit, à plus forte raison, échapper à cette fatigue pour son labeur quotidien.

Conséquent à ces principes, le Koran rattache tout à Dieu, le bien et le mal : « Dieu, dit-il, égare celui qu'il veut, et
» conduit celui qu'il veut dans le sentier droit. — Dieu, qui
» a formé l'âme, lui a inspiré sa méchanceté ou sa piété. —
» Aucun malheur n'atteint l'homme sans la permission de
» Dieu. — S'il arrive quelque bonheur, on dit : Cela vient

» de Dieu. — Essuie-t-on quelque disgrâce (allusion à une » cherté de vivres dont se plaignaient les juifs de Médine), » on s'écrie : Cela vient de toi, ô Mohammed! — Non, tout » vient de Dieu. »

Cependant le Koran ajoute immédiatement : « Le bien qui t'arrive vient de Dieu; le *mal vient de toi.* » — Mais les commentateurs, niant la contradiction, expliquent que le mal vient de l'homme *par ses péchés :* Dieu châtie — comme châtiait le Dieu de Moïse et de Job, de David et des prophètes Isaïe, Jérémie, Baruch, etc. — « Si quelque calamité vous » frappe, dit ailleurs, en effet, le Koran, c'est à cause de » l'œuvre de vos mains : vous ne prévaudrez pas contre Dieu » sur la terre. »

Il était une objection grave : « Ceux qui associent d'au- » tres divinités à Dieu (les idolâtres), disent : Si Dieu avait » voulu, nous et nos pères, nous n'aurions adoré que lui seul. » — Oui, répond le Koran (qui, dans cet endroit comme dans » plusieurs autres, s'inspire de saint Paul), si Dieu avait » voulu, il n'aurait fait de tous les hommes qu'un seul peu- » ple avec la même religion, mais ils ne cesseront de diffé- » rer entre eux, excepté ceux à qui Dieu aura accordé sa » miséricorde. Il les a créés pour cela, afin que sa parole » s'accomplisse, quand il a dit : Je remplirai l'enfer de gé- » nies (malfaisants) et d'hommes. » — Déjà le Koran avait fait dire par Dieu : « Nous avons créé pour la géhenne un » grand nombre de génies et d'hommes qui ont des cœurs » avec lesquels ils ne comprennent rien, qui ont des yeux » avec lesquels ils ne voient rien, qui ont des oreilles avec » lesquels ils n'entendent rien (autre réminiscence des Écri- » tures). Ils sont comme les brutes, ils s'égarent même plus » que les brutes. Tels sont les hommes qui ne prêtent au- » cune attention à nos *signes* (à Mahomet et au Koran). » — Et ces hommes étaient surtout les *riches* et les *grands* : « Nous » (Dieu), reprend le Koran, n'avons pas envoyé un seul apô- » tre vers une cité, que les hommes opulents n'aient dit : » Nous ne croyons pas à sa mission. — Mais ceux qui s'effor- » cent d'annihiler nos signes seront livrés au supplice (l'en- » fer). — C'est nous (Dieu) qui avons fait que dans chaque

» cité les grands en sont les plus criminels, afin qu'ils y » tendent des piéges (en cherchant à *égarer* avec eux le peu» ple faible), mais ils n'auront tendu de piége qu'à eux» mêmes : la honte devant Dieu et le châtiment terrible » atteindront ces criminels pour prix de leurs fourberies. » — Ce sont les imprécations de Jésus contre les riches et les grands, rebelles aussi à sa mission. — Toutefois cette obstination des *opulents* de la Mecque à se moquer du prophète et de son Koran, étonnait le « pauvre peuple, » et Mahomet faisait encore dire par Dieu : « Ne vois-tu pas que nous en» voyons vers les infidèles des démons pour les exciter au » mal. » — Ainsi Dieu éloignait ceux que son apôtre appelait! Puisqu'il avait la puissance de les *exciter au mal* par des *démons*, comment n'avait-il pas la puissance de les exciter au *bien* par des *anges*? Les anges de Dieu auraient-ils sur l'homme moins d'empire que les démons? Quel est donc Dieu? Et que serait le père qui créerait pour le seul plaisir de perdre l'enfant qui lui devrait une vie que cet enfant ne demandait pas? — Lamentable théodicée, qui fait de Dieu un père sans entrailles, un éternel bourreau! — Combien les Scythes sauvages qui parlaient, il y a deux mille deux cents ans à Alexandre, comprenaient mieux la vertu divine : « Es-tu dieu, comme tu le prétends? lui disaient-ils; tu dois alors faire le bien, et non le mal. » — C'était la doctrine des esséniens, qui rendaient Dieu l'auteur de tout le bien, et niaient qu'il pût l'être d'aucun mal. — C'était aussi le dogme des manichéens, qui distinguaient du principe du bien un principe du mal. — On se plaît à reconnaître Dieu dans la bonté; il faut laisser la méchanceté à celui que les musulmans appellent Eblis (Satan). — Que de Mahomets calomnient la divinité qu'ils enseignent!

Du reste, pour le prophète arabe, les objections n'offraient point de difficultés. Se prévalait-on d'une longue vie dont on jouissait malgré les malédictions qu'il faisait impiement tomber de la bouche de Dieu, il répondait (selon le Koran) : « Que les infidèles ne s'imaginent pas que si nous (Dieu) leur » accordons une longue vie, c'est un bien : nous la leur accor» dons pour qu'ils multiplient leurs iniquités : un châtiment

» avilissant les attend. » — Toujours le meilleur des dieux! — Niait-on l'aide de ce Dieu excellent, à propos d'une bataille perdue : « Non, répliquait Mahomet, Dieu ne nous a » pas abandonnés : il a voulu éprouver ses serviteurs. » — S'étonnait-on des cultes rivaux, toujours en lutte, il disait : « Si Dieu avait voulu, ceux qui sont venus après les prophè» tes, après Jésus fils de Marie et après l'apparition des mi» racles, ne se seraient point entre-tués, mais ils se mirent à » disputer; les uns crurent, les autres furent incrédules... et » Dieu fait ce qu'il veut. » — Et voilà pourquoi votre fille est muette... C'est du Molière!

La prière.

Pour plaire à Dieu, pour mériter sa miséricorde, pour obtenir sa protection, pour éviter le châtiment *avilissant* et *terrible*, il faut accomplir cinq devoirs, qui constituent le *culte extérieur* de l'islam : c'est la prière — c'est l'aumône — c'est le jeûne (ou *Ramadan*) — c'est le pèlerinage de la Mecque — c'est la guerre sainte (euphémiquement, la *propagande religieuse*).

« La prière, dit le Koran, est pour les croyants une obli» gation attachée à certaines heures fixes. — Elle doit se » faire avant le lever et avant le coucher du soleil, et à l'en» trée de la nuit. — Commande-la à ta famille, et fais-la avec » application. — Ne prononce la prière ni d'une voix trop » élevée, ni d'une voix trop basse : cherche le milieu entre » les deux (est-ce une critique indirecte des chants de nos » églises, et des cris des synagogues? Dans les mosquées les » voix ont en effet des sourdines). — Fais aussi une lecture » (du Koran) à l'aube du jour : la lecture de l'aube du jour » n'est pas sans témoins (les anges y assistent). — Et dans » la nuit consacre tes veilles à la prière : ce sera pour toi une » œuvre surérogatoire (c'est dans ces veilles que les musul» mans adonnés à la vie spirituelle (1) éprouvent, comme

(1) Chacun chez soi, car il n'y a pas de monastère chez les maho-

» nos visionnaires, des extases, et sont, comme eux, favo-
» risés de manifestations de Dieu — trop équitable pour avoir
» des préférences). — O croyants! ne priez pas lorsque vous
» êtes ivres : attendez que vous puissiez comprendre les pa-
» roles que vous prononcez (plus heureux en cela que toutes
» nos chrétiennes et beaucoup de chrétiens, qui ne compren-
» nent rien au latin qu'on leur fait psalmodier). Ne priez pas
» non plus quand vous êtes souillés : attendez que vous ayez
» fait vos ablutions. — Pour prier, lavez-vous le visage, les
» mains et les bras jusqu'au coude; essuyez-vous la tête et
» les pieds. A défaut d'eau, frottez-vous le visage, les mains,
» les bras, avec un sable fin et pur. — Purifiez-vous ainsi, si
» vous êtes malades ou en voyage, si vous venez de..... (dé-
» tail fort grossier), ou si vous..... (détail trop intime). » — Le Koran veut encore que la prière soit précédée de deux prosternements; on s'agenouille, puis on se jette la face contre terre, et pour accomplir cette autre parole du Livre sacré : « Tu verras sur leur front (le front des musulmans) une marque, trace de leur dévotion, » les fanatiques appuient leur front sur une petite pierre qu'ils portent sur eux et qu'ils posent sur le tapis ou la natte de la mosquée où ils se livrent à cette mimique de la prière. — Il faut aussi, en priant, lever les mains à la hauteur des oreilles, et se tourner vers l'oratoire sacré (le temple de la Caaba, à la Mecque) : cette direction dans la prière s'appelle la *kèbla*. — Toutes ces momeries sont rigoureusement exigées et religieusement observées. — Est-ce que dans nos églises il n'y a pas aussi des mouvements obligés : on se lève, on s'assied, on s'agenouille, on se prosterne, on baise le pavé. Dieu en est-il mieux prié?

métans : « Nous envoyâmes, dit Dieu dans le Koran, sur les traces de Noé et d'Abraham, d'autres apôtres, comme Jésus fils de Marie; nous mîmes dans les cœurs des disciples qui les ont suivis la douleur, la compassion; ce sont eux-mêmes qui ont inventé la *vie monastique* ; nous n'avons prescrit que le désir de nous plaire, mais ils ne l'ont point observé comme ils le devaient... Que les hommes qui ont reçu les Ecritures (juifs et chrétiens) sachent qu'ils ne disposent d'aucune des faveurs de Dieu, que la grâce de Dieu est toute entre ses mains, et qu'il l'accorde à qui il veut. » — Le Koran conclut donc que la vie monastique ne peut avoir d'influence auprès de Dieu.

Pour les ablutions, les mosquées ont des fontaines, et le *fidèle* — comme l'*infidèle* — n'entrent dans le sanctuaire que déchaussés de la babouche, de la botte ou du soulier. — L'heure de la prière est annoncée, du haut du minaret, par le *moud'n* ou *muezin*, ou *muezzin*, qui, dirigeant sa voix vers les quatre points cardinaux, crie lentement : *Allah illa! Mohammed resul Allah!* (Dieu est grand! Mahomet est le prophète de Dieu!) — Le crieur particulier de Mahomet, Belal, fit entendre pour la première fois ce cri, au haut du temple de la Caaba, quand le prophète triomphant en renversa les idoles. — Les cloches et les sonneries sont interdites dans les mosquées. — A Alger, l'administration française dut braver le mécontentement de quelques fanatiques pour établir une horloge au minaret d'une mosquée voisine de la place centrale (place du Gouvernement) : les fanatiques se bornèrent aux rumeurs sourdes.

Quant aux prières, elles ont quelque analogie avec les nôtres : « Seigneur, dit le musulman (d'après le Koran), ne » nous punis pas des fautes commises par oubli ou par » erreur. Seigneur, ne nous impose pas le fardeau que tu » avais imposé à ceux qui ont vécu avant nous. Seigneur, » ne nous charge pas de ce que nous ne pouvons supporter. » Efface nos péchés, pardonne-les-nous, aie pitié de nous ; tu » es notre Seigneur. Fais que nous mourions dans la voie » des justes. Seigneur, accorde-nous ce que tu nous as promis par tes apôtres, et ne nous afflige pas au jour de la » résurrection... Donne-nous la victoire sur les infidèles. » — Fort bien! mais quels sont les *infidèles* pour Dieu — pour ce même Dieu qu'après tout, juifs, chrétiens et musulmans adorent?

Deux autres prières du Koran ont des vertus merveilleuses. L'une commence ce saint Livre, c'est la *fatiha;* le musulman la récite comme le chrétien le *Pater;* elle préserve du malheur et guérit même les maux du corps... Cependant, quand le mal est grave, on recourt au *thebibe* (médecin). — « Louange à Dieu, maître de l'univers, dit cette prière, le » Clément, le Miséricordieux, souverain au jour de la rétri» bution (jugement dernier)! C'est toi que nous adorons,

» c'est de toi que nous implorons le secours; dirige-nous dans » le sentier droit (l'islam), dans le sentier de ceux que tu as » comblés de tes bienfaits (les prophètes, les apôtres), non » pas de ceux qui ont encouru ta colère (les juifs), ni de » ceux qui s'égarent (les chrétiens). »

L'autre prière miraculeuse termine le Koran; et celle-ci, on ne la récite pas seulement, on la porte sur soi comme un talisman, comme un amulette, qui sauvegarde l'âme et le corps contre tout danger, contre toute douleur : — « Je cher» che, dit cette seconde prière, un refuge auprès du Sei» gneur de l'aube du jour contre la méchanceté des êtres qu'il » a créés, contre le mal de la nuit sombre (favorable aux » crimes) quand elle nous surprend, contre la méchanceté » de celles (les sorcières) qui soufflent sur les nœuds (pour » ensorceler, comme Mahomet fut ensorcelé, mais son bon » ange Gabriel le sauva), et contre le mal de l'envieux qui » nous porte envie. — Je cherche un refuge auprès du Sei» gneur des hommes, Roi des hommes, Dieu des hommes, » contre la méchanceté de celui qui suggère les mauvaises » pensées et se dérobe, qui souffle le mal dans les cœurs » des hommes, contre les génies (malfaisants) et contre les » hommes (méchants). »

L'aumône.

Naturellement bon, Mahomet a puisé plus dans son cœur que dans l'Évangile, ses prescriptions sur la charité, la bienfaisance, l'aumône. — « Il faut, dit le Koran, secourir » les parents, les proches, les orphelins, les pauvres, les » voyageurs. — O croyants! faites l'aumône des meilleures » choses que vous avez, des fruits que Dieu a fait sortir » pour vous de la terre; ne distribuez pas en largesses la par» tie la plus vile de vos biens, telle que vous ne la recevriez » pas vous-mêmes : c'est ainsi seulement que vous attein» drez à la piété parfaite. — Donnez votre superflu (1). —

(1) Probablement *vos économies* : où commence l'économie, finit le nécessaire.

» Et surtout ne rendez point vaines vos aumônes par les » reproches ou les mauvais procédés, comme agit celui qui » fait des largesses par ostentation et qui ne croit point en » Dieu et au jour dernier. Il ressemble à une colline rocail- » leuse couverte d'un peu de terre : qu'une averse tombe, » et elle n'y laissera qu'un rocher. De pareils hommes » n'auront aucun profit de leurs œuvres. — Une parole » honnête, le pardon des offenses, valent mieux qu'une au- » mône qu'aura suivie la peine causée à celui qui la reçoit. » Faites-vous l'aumône au grand jour? c'est louable; la » faites-vous secrètement? cela vous profitera encore davan- » tage (variante du texte évangélique). Une telle conduite » fera effacer vos péchés. — L'aumône vous approchera de » Dieu, et vous méritera sa miséricorde. Il oubliera celui » qui l'aura oublié en ne faisant pas l'aumône. — L'argent » que vous donnez à usure pour le grossir avec le bien des » autres ne grossira pas auprès de Dieu, mais toute aumône » que vous ferez pour obtenir ses regards bienveillants » vous sera doublée. — Craignez Dieu de toutes vos forces; » écoutez, obéissez, et faites l'aumône dans votre propre in- » térêt. Celui qui se tient en garde contre son avarice sera » heureux. — Malheur à qui refuse d'acquitter l'aumône » nécessaire à celui qui la demande! »

Cette aumône, cette offrande, Mahomet l'imposait même pour que l'on pût obtenir ou un entretien particulier avec lui, ou ses prières personnelles. — « En vertu des préceptes du Koran, dit M. Kasimirski, le chef de l'État, le pontife, avait droit au cinquième du butin pris sur l'ennemi; Mahomet, après l'avoir prélevé à la suite de toute expédition heureuse, *en appliquait une grande partie à secourir des indigents, des veuves et des orphelins*; sa vie sobre et simple, une activité incessante ne l'entraînaient pas à des dépenses excessives, mais l'entretien d'un grand nombre de femmes, dont chacune occupait une maison ou un logement à part, absorbait ses ressources. » — Ni les grands-prêtres juifs ni les pontifes chrétiens ne se sont abstenus — sinon de *butin* — du moins de *dîmes*, de tributs ou d'impôts, et l'on pourrait demander, en général, si la *grande partie* de ces richesses

6

a servi à *secourir les indigents, les veuves, les orphelins?*

Quoi qu'il en soit, le fondateur de l'islam disait dans le Koran : « Que penses-tu de celui qui traite cette religion de » mensonge? C'est celui qui repousse l'orphelin, et qui ne » stimule pas les autres à nourrir le pauvre. »

Le jeûne (ou Ramadan).

Imitateur en innovant, Mahomet ne devait point négliger le jeûne, cette pratique religieuse que l'antiquité même connaissait. Sparte et Athènes invoquaient la faveur de leurs dieux en jeûnant. Numa jeûnait pour se préparer aux sacrifices qu'il faisait aux dieux comme pontife. Jules César et Auguste s'abstenaient de nourriture un jour par mois. D'autres empereurs romains, Vespasien, Marc-Aurèle, Alexandre Sévère (qui sympathisait, il est vrai, avec la morale du christianisme) s'imposaient également une abstinence périodique. Julien le soi-disant apostat, et superstitieux quoique philosophe, croyait plaire à ses dieux en condamnant plus rigoureusement encore son estomac au repos. — Les anciens Chinois, les brahmanes, avaient leurs jeûnes réglés. L'Égypte avait aussi les siens, et quelquefois elle les prolongeait pendant six semaines — mais moins sévèrement que Moïse et qu'Elie, qui paraissent n'avoir ni bu ni mangé pendant quarante jours. — Tout à leurs contemplations, les esséniens (secte juive) ne pensaient pas non plus à se nourrir, et passaient fréquemment cinq ou six jours sans prendre le moindre aliment, « s'accoutumant, dit Racine (traduisant l'historien juif Philon), à vivre comme les cigales, qui ne se nourrissent que de l'air, parce qu'elles trouvent dans leur chant un divertissement qui leur facilite cette abstinence. » — Jésus renouvela le miracle de Moïse et d'Elie (sans pouvoir calmer sa faim avec les pierres que le diable le défiait de changer en pains), et c'est son jeûne de quarante jours et de quarante nuits que consacre le carême chrétien.

Quoique sobre, Mahomet ne se soumit à aucun jeûne, et

c'est par le jeûne qu'il voulut solenniser l'avénement du Koran : « La lune de Ramadan, dans laquelle le Koran est » descendu d'en haut pour servir de direction aux hommes, » d'explication claire des préceptes, et de distinction entre » le bien et le mal, c'est le temps qu'il faut jeûner. Quicon- » que aura aperçu cette lune se disposera aussitôt à jeûner. » Celui qui sera malade ou en voyage jeûnera dans la suite » un nombre de jours égal. Dieu veut votre aise et non votre » gêne. » — Mahomet tendait toujours à faire aimer son Dieu.

Ce jeûne de l'islam ne ressemble pas au jeûne du christianisme : on prie le jour, on mange librement la nuit : « Il vous » est permis, ajoute le Koran, de manger et de boire jusqu'au » moment (le matin) où vous pourrez déjà distinguer un fil » blanc d'un fil noir. A partir de ce moment, observez stric- » tement le jeûne jusqu'à la nuit, et passez ce temps en ac- » tes de dévotion dans les mosquées. Il vous est aussi » permis de vous approcher de vos femmes dans la nuit du » jeûne. Elles sont votre vêtement, et vous êtes le leur. » Voyez-les dans le désir de recueillir les fruits qui vous » sont réservés. » — Mais le jour, l'abstinence s'étend à tout.

Le carême musulman ne fait donc que changer la nuit en jour, et n'est réellement pénible que pour le travailleur, qui doit, jusqu'au soir, endurer même la soif. — Ce carême dure depuis l'apparition jusqu'à la disparition de la lune qui lui donne son nom, et les mois des mahométans étant lunaires (le Koran défend de les changer), chaque année avance de dix jours le Ramadan sur l'année précédente, de sorte qu'après un certain temps ce jeûne mensuel a parcouru tous les mois de l'année. — Celui du Ramadan est le *mois sacré*.

Sous Charlemagne, la rupture du jeûne chrétien était punie de mort, et, huit siècles encore après Charlemagne, le 20 juillet 1629, cet abominable arrêt était rendu par le grand juge de la terre de Saint-Claude : « Nous, après avoir vu » toutes les pièces du procès, et de l'avis des docteurs en » droit, déclarons Claude Guillon, écuyer, dûment atteint et

» convaincu d'avoir, le 31 du mois de mars dernier, jour de » samedi, en carême, emporté des morceaux d'un cheval » tué dans le pré de cette ville, et d'en avoir mangé le pre» mier d'avril. Pour réparation de quoi, nous le condamnons » à être conduit sur un échafaud qui sera dressé sur la place » du marché, pour y avoir la tête tranchée (1). » — Et la tête du malheureux tombait en effet (le 28 juillet 1629)...

Que disait, au contraire, Mahomet dans le Koran : « Ceux » qui, pouvant supporter le jeûne, le rompront, donneront, » à titre d'expiation, la *nourriture d'un pauvre.* » — Où est l'humanité, la *civilisation?*

Et c'est le juge du pauvre diable supplicié pour avoir apaisé sa faim avec un lambeau de chair ramassé à la voirie, c'est ce juge — Henri Boguet, conseiller au parlement de Dôle — qui, dans un livre imprimé à Lyon en 1606 et où il se vantait fanatiquement d'avoir fait brûler sept cents *sorciers*, donnait à Mahomet cette même qualification de sorcier, et écrivait imbécilement que le prophète arabe avait « un taureau et une colombe qui étaient des diables déguisés. » — Si Mahomet n'avait point de colombe, il en était assurément une, auprès du juge cannibale de l'écuyer Claude Guillon. — Du moins, l'anthropophage ne mange pas son ennemi — ou le tigre ne dévore pas sa proie — au nom de Dieu — et surtout du Dieu mort pour moraliser ce monde!

(1) « Le célèbre cuisinier Carême, dit lady Morgan, descendait d'un fameux chef de cuisine du Vatican, qui aurait inventé, sous Léon X, une délicieuse soupe maigre pour adoucir les abstinences d'un triste carême ; cette invention lui aurait mérité le nom de *Jean de Carême.* » — Cette *délicieuse soupe maigre* assurait le paradis au pape, et un mauvais morceau de cheval conduisait l'écuyer Guillon à l'échafaud! — « Le riche papiste qui aura eu sur sa table, dit Voltaire, pour cinq cents francs de poisson sera sauvé, et le pauvre, mourant de faim, qui aura mangé pour quatre sous de petit salé, sera damné. » — De quel côté, cependant, est la gourmandise, ce *péché mortel?*

Le pèlerinage de la Mecque.

Prière, aumône, jeûne, c'est le devoir de chacun « envers Dieu. » — « Le pèlerinage de la Mecque — où la visite des » *lieux saints* (sanctifiés par Abraham) — n'est un autre de- » voir envers Dieu, dit le Koran, que pour quiconque est en » état de le faire. — Celui qui ne peut le faire doit envoyer » une offrande, et si sa position ne lui permet pas cette » offrande, il doit jeûner dix jours. — Trois mois sont indi- » qués pour ce pèlerinage, et celui qui l'entreprend doit re- » vêtir le manteau de pèlerin (l'*ihram*, vêtement grossier), » ne point se raser la tête, s'abstenir de femmes, éviter les » rixes, et se munir de provisions pour le voyage; mais *la* » *meilleure provision est la piété.* — Dieu cherchera à éprou- » ver les pèlerins en leur offrant un gibier qu'ils pourront » saisir ou que pourront frapper leurs lances. Mais la chasse » leur est interdite pendant la tenue sacrée du pèlerinage. » — Quiconque tuera un animal à la chasse, le compensera » par un animal domestique d'égale valeur, qui sera envoyé » en offrande à la Caaba (comme la législation française » envoie aux hospices le gibier saisi), ou bien l'expiation » aura lieu par la nourriture donnée aux pauvres (toujours » la sollicitude pour l'infortune) ou par le jeûne. »

La piété musulmane ne faut pas à ce pèlerinage des saints lieux, et la piété chrétienne sait à peine qu'elle a des lieux mieux sanctifiés encore par le sang d'un martyr! Qui va à Jérusalem ? de rares touristes, plus avides d'un beau ciel que de ce sépulcre, le seul qui, au jour suprême, n'aura rien à rendre, a dit un pèlerin que conduisait aux rives du Jourdain plutôt la poésie que la foi, l'auteur des *Martyrs!* — Qu'auront donc à rendre les fosses si souvent fouillées de nos cimetières ?

La guerre sainte (ou propagande religieuse).

De même que le martyr de Jérusalem apportait *l'épée, non la paix*, de même le triomphateur de la Mecque apportait la guerre : — « Combattez pour la cause de Dieu, disait-il : » Dieu vous a élus. — Si vous assistez Dieu dans sa guerre » contre les méchants (et dans le système du Koran, c'est » Dieu lui-même qui inspire ces méchants !), lui il vous » assistera aussi, et il affermira vos pas. — Si vos pères et » vos enfants, vos frères et vos femmes, vos parents, et les » biens que vous avez acquis, et le commerce dont vous » craignez la ruine, et les habitations dans lesquelles vous » vous complaisez, vous sont plus chers que Dieu, son apô- » tre et la guerre sainte, attendez-vous à voir Dieu venir ac- » complir lui-même son œuvre. — Si vous ne marchez pas » au combat, Dieu vous châtiera d'un châtiment douloureux, » il vous remplacera par un autre peuple. — Ne préférez » pas la vie de ce monde à la vie future ; les jouissances » d'ici-bas sont bien peu de chose, comparées à la vie fu- » ture. — La vie future est le vrai bien pour ceux qui crai- » gnent Dieu. La vie de ce monde n'est qu'un jeu et un » passe-temps. — On vous dit : N'allez pas à la guerre pen- » dant ces chaleurs ; — mais la chaleur du feu de la » géhenne est plus brûlante encore. — Riez un peu, un » jour vous pleurerez beaucoup ! »

Ainsi le prophète s'efforçait d'entraîner sur ses pas pour conduire ensuite à Dieu, par la force, les *égarés* : « Nous vous » appellerons à marcher contre un peuple puissant, et vous » le combattrez jusqu'à ce qu'il se fasse musulman. — » Tuez les idolâtres partout où vous les trouverez, faites-les » prisonniers, assiégez-les, et guettez-les à toute embuscade » (la sainteté du but excuse la lâcheté du moyen : c'est ce » qu'ont dit, depuis Mahomet, les jésuites Escobar et Lamy). » — Mais si les idolâtres se convertissent, s'ils observent la » prière, s'ils font l'aumône, alors laissez-les tranquilles, car

» Dieu est indulgent et miséricordieux (il semble une épi-
» gramme). » — L'injonction de l'extermination des idolâtres est répétée dans d'autres versets, « car la tentation de l'idolâtrie est pire que le carnage à la guerre. » — Tout cela est-il moins saint et plus horrible que ce langage que Moïse prêtait à Dieu : « Exterminez tous les habitants du pays de Chanaan... Que si vous ne voulez pas les tuer tous, ceux qui en seront restés vous deviendront comme des clous dans les yeux et comme des lances aux côtés, et ils vous combattront dans le pays que vous devez habiter, et je vous ferai à vous-mêmes tout le mal que j'avais résolu de leur faire. » — Et Dieu a dû être bien content quand il a vu son cher Josué *exterminer* hommes, vieillards, femmes, enfants, et passer même au *fil de l'épée,* dit sérieusement la sainte Histoire, les bœufs, les brebis, les ânes — et n'excepter, enfin, de la pieuse boucherie qu'une digne femme — une *fille publique* — qui avait trahi ses concitoyens pour ce Dieu de miséricorde et de bonté ! — N'ayons point deux balances, et si nous condamnons là, condamnons ici.

Sous l'étreinte du fanatisme — cette peste des âmes, dit Voltaire — Mahomet ne sentait plus les battements de son cœur, et il ajoutait : « Les croyants combattront dans le sentier de Dieu : *ils tueront et seront tués.* » — Et qui tue ? qui lance les flèches mortelles? c'est Dieu, toujours Dieu : « Ce n'est pas vous, dit le Koran, qui tuez vos ennemis, c'est Dieu; quand vous lancez vos traits, ce n'est pas vous qui les lancez, c'est Dieu. » — Dieu est l'assassin général ! « Je veux enivrer mes flèches de sang! je veux rassasier mon glaive de cadavres ! je veux le rassasier par le sang des égorgés et des captifs, par la tête du chef de mes ennemis ! » — Ainsi chante, dans la traduction de Herder (1), le Jéhovah de Moïse, et c'est de ce Jéhovah que Mahomet a fait son Allah !

Où est donc la religion dont l'homme de cœur n'ait pas à rougir? On ne s'avouerait pas le plus mince parent d'un

(1) *Histoire de la poésie des Hébreux,* par Herder, traduction de madame de Carlowitz.

bandit assez innocent encore, cependant, selon nos lois, pour n'avoir mérité que le bagne, et l'on se dit hautement le serviteur d'un Dieu dont l'immensité s'est baignée dans une immensité de sang! Heureusement pour la conscience humaine, qu'elle dégage Dieu des monstruosités dont l'entoure une piété qui l'outrage!

La piété de Mahomet lui dictait ces autres paroles *divines* : « O prophète! excite les croyants au combat. Vingt hommes » fermes d'entre eux terrasseront deux cents infidèles ; cent » en mettront mille en fuite, parce que les infidèles ne com» prennent rien. Cent hommes fermes d'entre les croyants » vaincront deux cents ennemis, et mille triompheront de » deux mille, par la permission de Dieu, qui est avec les » hommes fermes. — Il n'a jamais été donné à un prophète » de faire des prisonniers sans commettre de grands massa» cres sur la terre (excellente preuve que ces prophètes » sont envoyés par Dieu pour le bonheur du genre humain!) » — O croyants! serrez fort les entraves des captifs (c'est» à-dire évitez qu'ils ne s'échappent) ; vous les mettrez en » liberté ou vous les rendrez moyennant une rançon lors» que la guerre aura cessé. »

Adoucissant cette prescription, Mahomet, sans attendre la fin de la guerre que lui faisaient les Koreïchites, mit en liberté ceux d'entre eux qu'il avait gardés comme captifs, et qu'il avait traités si humainement pendant six mois de captivité, qu'il en reçut les remercîments. — Moïse n'eut pas à s'occuper des captifs de Josué, « qui défit Amalec et fit passer son peuple au fil de l'épée. » — C'est plus simple.

Entre les infidèles et les idolâtres, le Koran distingue : les idolâtres, ce sont les Arabes « qui adorent le soleil et la lune, au lieu d'en adorer l'auteur. » — Les infidèles, ce sont (sauf quelques confusions dans les textes) les juifs et les chrétiens. — Pour les idolâtres, conversion ou mort. — Pourtant, retrouvant un élan du cœur, Mahomet écrivait : « Si quelque idolâtre vous demande un asile, accordez-le» lui, afin qu'il puisse entendre la parole de Dieu; puis, » faites-le reconduire à un lieu sûr. Ceci vous est prescrit » parce que ce sont des gens qui ne savent rien. » — Elle aussi, la jeune princesse madianite, Cozbi, *ne savait rien* quand elle suivit l'Israélite Zambri dans sa tente du désert; et dans son fanatisme, cependant, le grand-prêtre Phinéès la poignarda — ainsi que l'Israélite, — et Dieu dit à Moïse : « Phinéès a détourné ma colère de dessus les enfants d'Israël, parce qu'au milieu d'eux il a été transporté de zèle pour ma gloire; c'est pourquoi je lui donne mon alliance et la paix, et le sacerdoce lui sera assuré à lui et à sa race. » — Prêtre digne d'un tel dieu! — Mahomet et son dieu ne sont-ils pas moins barbares?

Pour les infidèles, c'est la guerre — « jusqu'à ce qu'ils paient le tribut et soient humiliés. » — Des juifs s'étaient ligués avec une tribu d'Arabes idolâtres, et Mahomet ajouta à cette prescription le supplice des chefs. Peut-être excusait-il ses rigueurs en variant le mot de César sur le champ de bataille de Pharsale : « Ils m'ont forcé à les combattre, et ils m'auraient tué sans pitié s'ils eussent eu la victoire qu'ils espéraient. » — Deux ou trois fois il arrêta l'effusion du sang après une bataille gagnée, et les Mecquois, si rebelles d'abord, et soumis à son joug, le regrettèrent comme un père. — Il y avait de l'homme en Mahomet, il n'y en avait point en Moïse.

Ce n'est pas Moïse qui a écrit : « Combattez dans la voie » de Dieu contre ceux qui vous feront la guerre, mais ne » commettez point d'injustice en les attaquant les premiers, » car Dieu n'aime point les injustes. » (Koran.) — Le dieu de Moïse se souciait peu de justice, et c'est lui qui faisait *attaquer* par son peuple les Madianites, parce que les jolis yeux dont ce dieu-créateur avait doué leurs femmes, avaient séduit les sensibles fils d'Israël! et c'est lui qui, par la bouche de Moïse, ordonnait le massacre de toutes ces femmes et de leurs enfants mâles — en ajoutant : « Réservez seulement pour vous les vierges! » — O équité, ô clémence, ô pudeur de Jéhovah!

Assurément l'Allah de Mahomet inspirera plus de sympathie en disant : « Il se peut qu'un jour j'établisse entre » vous (musulmans) et vos ennemis la bienveillance réci» proque. — Je ne vous défends pas d'être bons et équita-

» bles envers ceux qui n'ont point combattu contre vous à » cause de votre religion, et qui ne vous ont point bannis » de vos foyers. » — La tolérance pour l'islam, et le respect de la propriété pourront donc amener la paix, en rendant inapplicable cette autre disposition du Koran : « Ne montrez » point de lâcheté, et n'appelez point les infidèles à la paix » quand vous êtes les plus forts et que Dieu est avec vous.» — Mais, ajoute le Koran, « Dieu vous interdit toute liaison » avec ceux qui vous ont combattus pour cause de religion, » qui vous ont chassés de vos foyers, ou qui ont aidé les » autres à le faire. »

Il y avait un moyen d'éviter tous ces conflits, et Mahomet le proposait ingénûment dans ce verset : « O gens des Écri- » tures! venez entendre un seul mot; que tout soit égal » entre nous et vous; convenons que nous n'adorerons que » le Dieu unique, et que nous ne lui associerons quoi que » ce soit, et que nous ne chercherons pas les uns parmi les » autres des seigneurs à côté de Dieu. — S'ils s'y refusent, » dis-leur : Vous êtes témoins vous-mêmes que nous nous » résignons entièrement à la volonté de Dieu. » — Ce serait trop beau si Dieu manifestait ainsi sa volonté pour une religion — par exemple pour une religion unique, vraiment *catholique*, comme celle que Voltaire définissait dans ces lignes : « La religion doit être claire, simple, universelle, à la portée de tous les esprits, parce qu'elle est faite pour tous les cœurs; sa morale ne doit point être étouffée sous le dogme, rien d'absurde ne doit la défigurer. » — Et que de sang eût été épargné si Dieu, en créant le monde, l'eût doté de cette religion sublime!... Pourquoi l'oubli? Quand Dieu mettait si bien l'harmonie dans les mondes de l'espace, pourquoi ne la mettait-il pas dans le nôtre?

Cette harmonie — qu'offrait Mahomet — en *imposant sa seule loi* — devait se briser entre ses fidèles mêmes, et il prévoyait la division et la lutte dans cet autre verset : « Les » croyants sont tous frères, et si deux nations de croyants » se font la guerre, il faut chercher à les réconcilier. Si l'une » d'elles agit avec iniquité envers l'autre, il faut combattre » celle qui a agi injustement jusqu'à ce qu'elle revienne

» aux préceptes de Dieu. Si elle reconnaît ses torts, réconciliez-la avec l'autre selon la justice, et arrangez les différends de vos frères. Soyez impartiaux, car Dieu aime ceux » qui agissent avec impartialité. »

Souvent cette fraternité religieuse était méconnue, et sous prétexte de guerre sainte, des Arabes musulmans tuaient le musulman voyageur pour le dévaliser, et disaient : « C'était un infidèle. » — Mahomet ne pouvait tolérer ces crimes, et il les frappait de réprobation et de peines : « O croyants! » lorsque vous entrez en campagne pour la guerre sainte, » informez-vous avec exactitude; ne dites pas à celui que » vous rencontrerez et qui vous adressera le salut : Tu n'es » pas un croyant. — Ne le dites pas par convoitise des biens » accidentels de ce monde : Dieu possède des richesses infinies... Mais Dieu, irrité contre celui qui aura tué volontairement un croyant, le maudira et le condamnera à un » supplice terrible : il aura l'enfer pour récompense, et y » demeurera éternellement. Et il aura dans ce monde la » *peine du talion.* » — C'est ainsi que la loi humaine se fait *athée* : oserait-elle punir si elle avait foi dans une justice divine — qui peut absoudre?

De ces points principaux sur la guerre, le Koran, complétant sa législation militaire, descend à des détails sur les exemptions (des aveugles, boiteux et infirmes), sur l'ordre d'attaque par détachement ou en masse, sur la poursuite de l'ennemi, sur les forces à réserver, etc. — Et surtout, » ô croyants! dit-il, ne fuyez pas devant l'ennemi : quiconque, au jour du combat, tournera le dos, à moins que ce » ne soit pour revenir à la charge ou pour se rallier, sera » accablé de la colère de Dieu; sa demeure sera l'enfer : » quel affreux séjour! — Préférez donc la victoire ou le » martyre. Les martyrs paraîtront au jour de la résurrection avec leurs blessures saignantes et exhalant l'odeur » du musc, et Dieu les comblera de ses bienfaits. »

Ce sont ces bienfaits espérés qui excitaient l'ardeur martiale de ces *beduyns* dont parle le sire de Joinville, compagnon de saint Louis dans une de ses fatales croisades : « Le beduyn (bédouin), dit le vieil historien, croit fermement que, s'il endure la mort pour son Seigneur (Dieu) ou pour quelque autre bonne intention, son âme va en un meilleur corps et plus parfait, et est plus à son aise dans ce corps qu'elle n'étoit auparavant. Au moyen de quoi, il ne se fait faute de s'offrir à la mort, par le commandement de ses anciens et supérieurs. »

La résurrection.

Les Arabes, au contraire, riaient de la promesse d'une autre vie, et Mahomet leur disait : « Est-ce vous qui créez » votre vertu prolifique (le Koran pose plus hardiment la » question)? Est-ce vous qui faites descendre des nuages » l'eau que vous buvez? Est-ce vous qui faites croître l'ar- » bre qui vous donne le bois que vous frottez pour en faire » jaillir le feu (deux morceaux de ce bois, même vert et » humide, s'enflammaient par le frottement)? Est-ce vous » qui faites germer la semence de vos champs? Celui qui a » créé les cieux et la terre n'est-il pas capable de faire re- » vivre les os desséchés, et de recréer des corps semblables » aux vôtres? — Oui, quand même vous seriez pierre ou » fer, ou telle autre chose de celles qui paraissent im- » possibles à votre esprit, Celui qui vous a créés une pre- » mière fois vous fera revenir à la vie : il réunira vos os et » pourra même replacer exactement les extrémités de vos » doigts. — Si Jounis (Jonas) n'eût pas célébré les louanges » de Dieu dans les entrailles du poisson, il y serait resté, et » lui-même aurait été ressuscité au jour de la rétribution. » — C'est Dieu qui envoie les vents avant-coureurs de sa » grâce (la pluie si désirée des habitants du désert); il leur » fait porter les nuages gros de pluie, et les pousse vers » le pays mort de sécheresse (1) ; il en fait descendre l'eau, » et par cette eau il fait sortir tous les fruits : c'est ainsi » qu'il fera sortir tous les morts de leurs tombeaux. O hom-

(1) On peut reconnaître quelques passages du livre de Job.

» mes! si vous doutez de la résurrection, considérez que » nous (Dieu) vous avons créés de poussière (création du » premier homme), puis d'une goutte *d'eau* (le Koran a un » mot plus énergique), qui devint un grumeau de sang, » puis un morceau de chair, tantôt informe, tantôt formé; » nous laissons demeurer dans les entrailles ce qu'il nous » plaît (garçon ou fille) jusqu'à un terme marqué, et nous » vous en faisons sortir tendres enfants. Vous atteignez » ensuite l'âge de maturité; les uns meurent, et d'autres » parviennent à la décrépitude, au point d'oublier tout ce » qu'ils savaient autrefois. Ne reconnaîtrez-vous pas notre » puissance? — N'avez-vous pas entendu parler de celui » (Ozaïr ou Esdras) qui, passant un jour près d'une ville » ruinée et affaissée (Jérusalem), s'écria : Comment Dieu » fera-t-il revivre cette ville morte? — Dieu fit mourir cet » homme, et il resta ainsi pendant cent ans, puis Dieu le res- » suscita, et lui demanda : Combien de temps as tu demeuré » ici? — Un jour ou quelques heures seulement, répondit- » il. — Non, tu es resté ici durant cent ans. Regarde ton » âne, il n'en reste que des os. Vois (par toi-même) com- » ment nous redressons les ossements et les recouvrons de » chair. — A la vue de ce prodige, cet homme s'écria : Je » reconnais que Dieu est tout-puissant! — Lorsque Abraham » dit à Dieu : Seigneur, fais-moi voir comment tu ressus- » cites les morts, Dieu lui répondit : Prends quatre oiseaux » et coupe-les en morceaux; disperse leurs membres sur » la cime des montagnes, appelle-les ensuite, et ils vien- » dront à toi, et sache que Dieu est puissant. »

Les Saint-Thomas du désert répliquaient : « Fais donc revenir à la vie nos pères, si tu dis la vérité. » — Et un d'eux même apporta au prophète des ossements humains, en le défiant de reconstituer l'être dont ils étaient les débris. Et Mahomet se bornait à redire : « Oui, Dieu vous fera revi- » vre, et il vous rassemblera au jour de la résurrection ; » il n'y a point de doute là-dessus, mais la plupart des » hommes ne le savent pas. » — Ce n'était pas très-concluant. Quant au tableau de cette résurrection, il est dessiné de main de maître. Le voici : « Un monstre épouvantable sor-

» tira de la terre et annoncera le jour redouté en criant : » En vérité, les hommes n'ont point cru fermement à nos » miracles (les miracles de Dieu). Ils vont être rassemblés, » ceux qui ont traité nos signes de mensonges, et ils seront » divisés par troupes, et la sentence sera prononcée contre » les impies, et ils ne diront pas un seul mot. — Selon la » tradition, ce monstre, nommé *el djessaça*, aura soixante » coudées de long, la tête du taureau, les yeux du porc, » les oreilles de l'éléphant, les cornes du cerf, le cou de » l'autruche, le poitrail du lion, la queue du bélier, les » pieds du chameau. — Nul n'échappera à sa poursuite. — » Il portera le bâton de Moïse et le sceau de Salomon, et » partout sur son passage il marquera les ressuscités de ce » sceau et de ce bâton. Ceux qui seront touchés du bâton » auront un visage éclatant de blancheur, ce seront les » bons, les élus du *firdous*; ceux qui recevront l'empreinte » du sceau auront le visage noir, ce seront les méchants, les » condamnés au *sakar*. — Et au cri du monstre, la nourrice » laissera tomber l'enfant qu'elle allaitera ; la femme en- » ceinte avortera; les hommes, étourdis par la crainte, pa- » raîtront ivres; les femelles des chameaux seront aban- » données, les bêtes sauvages se réuniront en troupes, et les » mers bouillonneront. — Alors retentira une première fois » la trompette au son assourdissant, et tout ce qui vivra » dans les cieux (les anges et Jésus) et sur la terre expirera ; » et la trompette retentissant une seconde fois, tous les » tombeaux seront bouleversés et s'ouvriront, tous les morts » en sortiront, semblables aux sauterelles dispersées, et ils » se dresseront et attendront, se regardant les uns les autres, » et se reconnaissant, et la terre brillera de la lumière de » son Seigneur; — puis, la terre tremblera, les montagnes » marcheront d'une marche réelle; et broyées tout à coup, » elles seront emportées dans les airs comme des flocons » de laine rouge; et tout, terre et montagnes, ne sera » bientôt plus qu'une poignée de poussière entre les mains » de Dieu, dont la droite tiendra, ployés comme un rouleau, » le soleil et les cieux, d'où seront tombées les étoiles. — » Et le Seigneur apparaîtra sur son trône, porté par huit

» anges; et tous (les ressuscités) se présenteront devant lui « rangés en ordre, et Dieu leur dira : Vous voilà venus de- » vant moi tels que je vous avais créés pour la première » fois, et vous pensiez que je ne remplirais pas mes pro- » messes! — Le livre où sont inscrites les actions de chacun » (l'*illioun* pour les bons, le *siddjin* pour les méchants) sera » mis entre ses mains, et les coupables, saisis de frayeur, » diront : Malheur à nous! »

Ce beau cauchemar est-il donc plus ridicule que le rêve apocalyptique de saint Jean?

A ce solennel et suprême jugement de Dieu, l'intercession de Mahomet — et celle de Jésus — seront admises : l'un et l'autre pourront solliciter la miséricorde du Souverain Juge pour ceux des pécheurs repentants qu'ils en croiront dignes.

Le firdous.

Le *firdous* où le *bâton de Moïse* enverra les *bons*, c'est le paradis. — « Ce paradis sera vaste comme les cieux et la » terre. — Il aura un grand fleuve, le *Kauther*, une source » de camphre (*Cafour*), qui se répandra en rigoles, où les » justes puiseront pour rafraîchir leur boisson (selon l'usage » oriental), et une source de gingembre (*zendjébil*), appelée » *Selsebil*, où les justes puiseront aussi (un autre usage de » l'Orient étant de mâcher le gingembre et de le mêler aux » boissons et aux aliments). — Aux justes on présentera un » vin exquis, cacheté de musc, et mêlé avec de l'eau de » *Tasnim*, fontaine où se désaltéreront ceux qui appro- » cheront de Dieu. — Le paradis aura, en outre, des ri- » vières dont l'eau ne se gâtera jamais, des ruisseaux de » lait dont le goût ne s'altérera jamais, des ruisseaux de » vin, délice de ceux qui en boiront, et des ruisseaux de » miel pur. — Toute autre boisson qui sera désirée, on » l'obtiendra. — Aucune boisson ne causera de maux de » tête ni d'étourdissements, et n'excitera de propos indé- » cent ni d'occasion de péché. — Les eaux couleront au bas

» de galeries, au dessous desquelles seront d'autres galeries » pour les justes. — Il y aura, en abondance, des fruits de » toutes sortes, qui auront l'apparence des fruits de la terre, » mais qui seront bien plus savoureux, et qui s'abaisse- » ront d'eux-mêmes pour être cueillis. — Les justes auront » également en abondance les viandes qu'ils désireront, et » il leur sera d'ailleurs donné tout ce qu'ils demanderont. » — Ils recevront la nourriture le matin et le soir, et tout » sera servi dans des écuelles d'or, des vases d'argent, des » gobelets d'argent grands comme des cruches, et par des » enfants d'une éternelle jeunesse, pareils à des perles » défilées ou renfermées dans leur conque. — On jouira » d'ombrages permanents, de parterres de fleurs, et les » vignes se mêleront aux jardins. — On n'éprouvera ni la » chaleur du soleil, ni le froid glacial. — La fatigue n'at- » teindra plus, et la langueur ne saisira point. — On repo- » sera commodément sur des siéges, sur des fauteuils, ou » accoudé sur des lits rangés en ordre, et les habitants de » ce séjour de paix se regarderont face à face. — Ils por- » teront des vêtements de soie, de satin vert et de brocart, » et seront parés de bracelets d'or, d'argent ou de perles. » — Ils seront honorés, et tout sera pour eux joie et dé- » lices : ils n'entendront pas le moindre bruit, et jouiront » éternellement des objets de leurs désirs. — Pour toute » invocation, ils répéteront dans ce séjour : Gloire à toi, ô » Dieu ! — Et le salut qu'ils recevront sera le mot *Paix!* — » La conclusion de leur prière sera : Louange à Dieu, Sei- » gneur de l'univers ! — Ils recevront la visite des anges, » qui leur diront : La paix soit avec vous, parce que vous » avez persévéré ; qu'il est doux, ce dernier séjour ! — Ils » n'entendront ni discours frivoles ni mensonges, et s'ap- » prochant les uns des autres, ils se diront : Nous étions » jadis pleins de sollicitude pour notre famille. Dieu a été » bienveillant envers nous, et nous a préservés du châti- » ment pestilentiel. — Ils retrouveront dans les jardins » d'Éden (le *djennet*, autre nom du fortuné séjour) leurs » pères, leurs épouses et leurs enfants, qui auront été *justes* ; » et, en compagnie de leurs épouses, ils se reposeront à

» l'ombre sur des tapis ou des coussins. — Ils auront des
» vierges au regard modeste, aux grands yeux noirs (et non
» aux yeux *bleus*, car les yeux bleus étaient pour les Arabes
» le signe caractéristique des Grecs — anciens Romains —
» leurs ennemis, et ils les avaient en aversion), et d'un
» teint semblable à la couleur des œufs d'autruche soi-
» gneusement cachés (blancheur mêlée d'une teinte paille,
» constituant la plus belle carnation). — Oui, il leur est
» réservé des filles au sein arrondi, et d'un âge égal au leur
» (de trente à trente-trois ans). »

Le Koran ajoute : « Ceux qui craignent la majesté de Dieu auront deux jardins. » — Est-ce un double jardin, dans le jardin général, pour chaque bienheureux? Est-ce un jardin particulier pour les génies (bienfaisants), et un jardin particulier pour les hommes? Les commentaires diffèrent.
— « Ces deux jardins seront ornés de bosquets; dans tous
» les deux, seront deux sources vives, et l'on y reposera
» accoudé sur des tapis doublés de brocart. Là seront de
» jeunes vierges, que n'aura touchées ni homme ni génie,
» et ressemblant à l'hyacinthe et au corail. — Il y aura
» deux autres jardins, couverts de verdure, où jailliront
» deux sources, où seront des fruits, des palmiers, des gre-
» nades, de bonnes et belles femmes, des filles vierges aux
» grands yeux noirs, et renfermées dans des pavillons;
» leurs époux se reposeront sur des coussins verts et des
» tapis magnifiques. »

Selon les commentateurs, ces deux derniers jardins seraient pour les élus d'un ordre *inférieur*, et Mahomet transporterait dans son firdous l'inégalité qu'il admettait ici-bas : la plèbe ne serait pas confondue avec la gent *supérieure*.

Le firdous aura une autre division : « Seront réunis à part
» ceux qui, les premiers sur la terre, ont pratiqué le bien
» et embrassé la vraie foi (la croyance en Dieu), et qui ont
» servi de modèles et d'exemples au genre humain : d'Adam
» à Mahomet, le nombre de ces élus exceptionnels sera
» grand, mais il sera fort petit à partir de Mahomet — le-
» quel, du reste, doit être le dernier prophète. — Ces favo-
» risés parmi les favorisés reposeront sur des trônes ornés

» d'or et de pierreries, ou sur des lits élevés, parmi des
» arbres de lotus sans épines, et des bananiers chargés de
» fruits. Ils auront des beautés aux grands yeux noirs, et
» pareilles aux perles cachées (c'est-à-dire non altérées). »

Pour tous (supérieurs ou inférieurs), les beautés paradisiaques recevront de Dieu une création particulière, et comme le bouton de rose qui ne s'épanouirait jamais et resterait inflétrissable malgré le souffle des zéphyrs, leur virginité sera éternelle malgré les voluptueux embrassements de leurs époux toujours amants.

Et de cet Éden céleste, point d'expulsion comme de l'Éden terrestre : on n'en sortira jamais, jamais on n'y mourra, et Dieu y préservera de tout tourment.

« La morale sévère de l'Évangile, prêchée par des hommes pauvres et simples, dit M. de Ségur (*Histoire du Bas-Empire*), était trop opposée à l'orgueil des grands et aux mœurs corrompues des riches (à Rome) pour être accueillie favorablement par eux. Elle ne devait être reçue avidement que par les malheureux, les esclaves, les opprimés, par tous ceux qui avaient besoin d'une autre vie pour se consoler des infortunes qu'ils éprouvaient sur la terre. » — C'est ce qu'avait compris Mahomet en créant son *firdous* — ou *djennet* (jardin de délices) : au peuple arabe qui souffrait de la chaleur, d'eaux malsaines, de privations de toutes sortes, il promettait de frais ombrages, des eaux limpides, des boissons rafraîchissantes, des fruits exquis, des aliments succulents, de luxueux vêtements, de riches parures, des femmes qui ne vieilliraient pas comme les siennes, la joie, le plaisir, le bonheur sans nuage. Aussi toute la population souffrante fut-elle la première à sourire à l'avenir révélé. Le paradis de Jésus lui avait été annoncé, sans la séduire; il lui fallait un paradis qui lui donnât les jouissances qu'elle convoitait : il lui fallait « la beauté et le repos, la santé et l'amour, la simplicité et l'innocence, » ces conditions de tout paradis rêvé par l'homme, selon le pieux Herder lui-même, et qu'est fort loin d'offrir le paradis chrétien. « Après la résurrection, a dit Jésus (selon saint Matthieu), les hommes n'auront point de femmes, ni les femmes de maris; ils seront comme les anges de Dieu dans le ciel. » — C'est un peu monotone, et s'il suffisait d'une profession de foi musulmane pour conquérir véritablement le firdous, peut-être peu de gens résisteraient ils à l'appât charmant. C'est de la sensualité, dit-on. Mais qu'est l'homme, sinon sensuel? Origène et les Valésiens (sectaires du IIIe siècl) se mutilaient pour amortir leurs sens : est-ce à la loi de Dieu et à la loi de la nature qu'ils obéissaient? Saint Benoît et saint François se roulaient nus sur les épines pour vaincre le démon de la chair : cela prouve-t-il que l'homme est un être éthéré — comme les anges?

« Souvent, dit Herder à propos de l'Éden de Mahomet, on a été injuste envers les mahométans, car on trouve chez leurs poëtes et chez leurs philosophes autant d'idées métaphysiques sur le paradis, que chez les poëtes et chez les philosophes des contrées du Nord. Il faut, en général, savoir pardonner quelque chose à l'esprit des nations orientales, surtout lorsqu'il s'agit du choix des expressions. Elles sentent et jouissent avec plus de délicatesse et de raffinement que les autres nations; il est donc bien naturel que leurs poésies sur l'amour, sur le bonheur, sur les désirs et les espérances soient empreintes d'un certain esprit de volupté épurée. »

Après tout, que faisait Mahomet que n'avaient fait avant lui tous les fondateurs de paradis? Eux aussi ne flattaient-ils pas les goûts, les instincts, les penchants de ceux qu'ils invitaient au bien par l'attrait de cette rémunération suprême? Les Champs-Élysées sont restés le type de la félicité éternelle. Aux hommes du Nord on promettait, pour paradis, une salle de festin où l'on boirait la bière et l'hydromel dans des coupes toujours pleines. A certains sauvages du Mississipi on présentait le paradis comme un pays fort giboyeux, et où la chasse (leur passion) serait facile et abondante. Pour les idolâtres de la Virginie, le paradis était une vallée protégée par des montagnes, où l'on aurait à discrétion des pipes et du tabac, et où l'on chanterait et danserait sans cesse, avec une couronne de plumes sur la tête (ce qui était le comble du bonheur pour eux). Les Hottentots sont peu soucieux de l'éternité ; mais si on leur promet le paradis, ils demandent s'ils y trouveront des vaches, des bœufs, des brebis : ils tiennent aux bêtes — comme certains Indiens, voisins de la Chine, qui font entrer dans leur paradis — avec les hommes vertueux — les animaux, les oiseaux, les insectes, les reptiles, qui auront vécu conformément à l'instinct de leur nature et à l'intention du Créateur. Avides d'amour comme les Arabes, ces mêmes Indiens placent aussi dans leur Éden, au milieu de jardins émaillés de fleurs, et à côté de tables chargées de mets délicieux et de liqueurs enivrantes, des vierges d'une beauté parfaite — moins belles encore, pourtant, que celles du paradis des Parsis ou Guèbres, lesquelles seront si belles qu'il suffira de les regarder pour jouir de toute la béatitude possible... Heureux morts!

Le sakar.

Le *sakar* que peuplera le *sceau de Salomon,* empreint sur les *méchants,* c'est l'enfer. — « Au-dessus de la tête des damnés, s'étendra une couche de feu, et une couche de feu sera » sous leurs pieds. — Les pieds et les poings seront serrés par » des chaînes de soixante-et-dix coudées; la main droite » sera attachée au cou, et la main gauche au dos; on sera » revêtu d'une tunique de goudron, et le feu enveloppera le » corps et le visage, et pour faire *goûter* éternellement le » châtiment, Dieu renouvellera éternellement la peau éternellement consumée. — De plus, on sera frappé de gourdins de fer, et de l'eau bouillante sera versée sur la tête, » et l'on boira de l'eau bouillante, comme boit un chameau » altéré de soif, et l'eau bouillante brûlera les entrailles » comme la peau. — Pour boisson, l'on aura aussi le pus » suintant de la peau corrodée des damnés, et on l'avalera à petites gorgées, mais il passera difficilement. — Pour » nourriture, on n'aura que le fruit (très-âcre) du *dari* (arbrisseau épineux), lequel ne donnera pas d'embonpoint, » et le fruit de l'arbre de *zakkoum,* qui poussera du fond de

» l'enfer, et dont les cimes ressembleront à des têtes de démons : de ce fruit, qui bouillonnera dans les entrailles » comme un métal fondu, les réprouvés s'empliront le ventre. — Ceux d'entre eux qui auront amassé l'or et l'argent, sans les dépenser dans le sentier de Dieu (en bienfaisances, en aumônes), seront flétris de marques brûlantes, qui seront imprimées avec cet or et cet argent (fondus) » sur leurs fronts, sur leurs flancs et sur leurs reins, et on » leur dira : Voilà ce que vous avez vous-mêmes amassé » pour vous : goûtez ce que vous avez amassé! — Les habitants du sakar seront au milieu d'un vent pestilentiel et » dans l'ombre d'une fumée noire, qui ne sera ni fraîche ni » agréable, et qui fourchera en trois colonnes, d'où s'échapperont des étincelles semblables à des chameaux roux. — » Ils pousseront des soupirs et des sanglots, et feront des » contorsions avec leurs lèvres, et ils diront aux gardiens de » la géhenne : Priez votre Seigneur de nous adoucir pendant » un jour au moins ce supplice. — Mais les gardiens répondront : N'avez-vous pas eu vos prophètes, qui vous ont » fait voir des preuves évidentes de leur mission? — Oui, » répondront ils. — Eh bien, appelez-les à votre secours. — » Mais le cri des infidèles se perdra sur sa route. — Ces gardiens (ou ces autres vestales du feu de la géhenne) seront » dix-neuf anges, et s'ils laissent éteindre le feu, Dieu le » rallumera. — Cette géhenne aura sept portes, à chacune » desquelles se tiendra une troupe (d'autres anges, probablement), et sous une averse de feu et d'airain fondu, tombant du ciel déchiré et rouge comme un cuir teint, les criminels, reconnus à leurs marques et saisis par la chevelure (1) et par les pieds, y seront précipités, au bruit des » brasiers qu'ils entendront rugir, et dont la force fera craindre que l'enfer ne crève de fureur. »

Telle sera la demeure des hypocrites, des orgueilleux, et de ceux qui auront désiré la vie de ce monde et ses plaisirs, et de tout infidèle endurci qui se sera opposé au bien, aura

(1) Comme le prophète Habacuc : de là la houppe capillaire laissée au sommet de la tête rasée des Arabes.

violé les lois (du Koran), aura douté, et placé à côté de Dieu d'autres dieux. — Le diffamateur et l'avare auront un lieu spécial dans cet *affreux séjour :* « Malheur, s'écrie le Koran, » malheur au diffamateur médisant, et à celui qui amasse » des richesses et les garde pour l'avenir : il s'imagine que » ses trésors le feront vivre éternellement! — Pour eux (dif» famateur et avare) s'ouvrira *al hotama!* » — Al hotama, c'est le feu de Dieu, le feu allumé qui envahira les cœurs des réprouvés, et les entourera comme une voûte appuyée sur des colonnes. — « Ah! ta Rome veut de l'or, disait Mithridate au préteur Aquilius, son captif : eh bien, voici de l'or! » Et il faisait couler ce métal fondu dans la gorge du malheureux... C'est un peu plus terrible que les supplices fantastiques du religieux rêveur de la Mecque.

Doit-on rire? Et pourquoi? Rit-on de Milton et de Dante, qui eux aussi s'abandonnaient à la poésie de leur imagination pour peindre le ciel et le chaos, l'enfer, le purgatoire et le paradis? Rit-on d'Homère, d'Hésiode, de Virgile, qui décrivaient ce qu'ils ignoraient et ce que leur génie leur inspirait? Rit-on de Jésus qui a dit : « Il y aura des pleurs et des grincements de dents? » — Pour qu'il y ait des pleurs et des grincements de dents, il faut des tourments : quels seront-ils? Jésus s'est tu, et Mahomet, qui lui empruntait, dans maint verset du Koran, sa formule menaçante, a suppléé à son silence : cette simple formule eût été sans efficacité sur les Arabes. — « Tartare (ou enfer), dit un savant, vient du phénicien *tarak* (lieu fâcheux), et ce lieu signifiait en chaldéen *præmonitum* (lieu qui avertit), parce que son idée était propre à arrêter le bras du criminel et à prévenir le crime. » — Si un bras a été arrêté, si un seul crime a été prévenu, loin de rire, applaudissons donc sérieusement — en plaignant, toutefois, avec Voltaire, ceux qui ont besoin d'un pareil secours pour être honnêtes gens. « Il faut, ajoute-t-il, que ce soient des monstres de la société, s'ils ne trouvent pas en eux-mêmes les sentiments nécessaires à cette société, et s'ils sont obligés d'emprunter d'ailleurs ce qui doit se trouver dans notre nature. » — Jusqu'à la perfection générale de cette nature, approuvons les enfers.

Ces enfers diffèrent comme les paradis, par la même synthèse : il s'agit d'aggraver le mal de ce monde, comme le paradis multiplie le bien. — Ainsi, l'Arabe, brûlé par le soleil, sera brûlé par le feu ; il a des boissons chaudes et malsaines, il aura l'eau bouillante et le pus. Le Parsi (ou Guèbre), qui souffre des insectes et redoute les reptiles, sera dévoré par les insectes et enlacé par des serpents, qui, sans l'étouffer jamais, le transformeront en Laocoon éternel. Le sauvage du Mississipi, grand amateur de la chasse, aura pour enfer un pays sans gibier. Le Floridien, qui a peur du froid et des ours, habitera, comme lieu de supplice, des montagnes glacées, peuplées d'ours. Nos ancêtres les Gaulois, qui aimaient le soleil, avaient fait de leur *ifurin* (enfer) une vallée inaccessible au soleil et toujours froide (de là même le nom d'*ifurin*). Dans leur enfer, les voluptueux Indiens du Laos (voisin de la Chine) seront privés de femmes, et les femmes auront pour maris des diables ou des vieillards hideux et dégoûtants. Les habitants de l'île de Formose, qui, plus délicats que les Romains actuels, habitués aux puanteurs, détestent l'odeur des plus immondes immondices, vivront, pour leur punition pérenne, dans un abîme de ces fanges innommables. — En un mot, l'enfer est, pour tous, ce que les Kalmoucks le faisaient pour leurs bêtes de somme : « Ah ! disaient-ils à ces bêtes, vous ne voulez pas marcher sous ces fardeaux, vous fléchissez : eh bien ! nous vous condamnons à un enfer où vous porterez éternellement des fardeaux bien autrement pesants. »

Dans l'enfer des musulmans, le fardeau des peines sera aussi éternellement porté — « à moins, dit avec une humble piété le Koran, que Dieu ne le veuille autrement, car le Seigneur fait bien ce qu'il veut. »

L'araf.

Cet enfer mahométan et le firdous seront séparés par un rempart, que le Koran nomme *el araf* : c'est une espèce de

purgatoire, très-obscurément défini : « Sur *el araf*, dit le
» Koran, se tiendront des hommes qui connaîtront chacun à
» sa marque distinctive (quels seront ces hommes ? qu'aura-
» t-on fait ou que n'aura-t-on pas fait pour être sur ce rem-
» part-purgatoire?); ils crieront aux habitants du *djennet*:
» La paix soit avec vous! — Les réprouvés n'y entreront
» pas, bien qu'ils le désirent ardemment. Et lorsque les re-
» gards de ceux qui seront sur l'araf se tourneront vers les
» habitants du feu, ils s'écrieront : O Seigneur! ne nous place
» pas avec les injustes. — Et ils crieront à ces réprouvés : A
» quoi vous ont servi vos richesses amassées et votre orgueil?
» — Les habitants du feu crieront aux habitants du jardin :
» Répandez sur nous un peu d'eau ou un peu de ces délices
» que Dieu vous a accordées. — Dieu, répondront ceux-ci, a
» interdit l'un et l'autre aux infidèles, qui ont fait de la reli-
» gion leur jouet et l'objet de leurs railleries.—Nous (Maho-
» met) leur avions cependant apporté un livre, et nous l'a-
» vions expliqué avec science afin qu'il servît de direction.
» — Ceux qui l'auront négligé s'écrieront : Les apôtres de
» Dieu nous avaient bien apporté la vérité... Ne pouvons-
» nous retourner sur la terre? Oh! nous agirions autrement
» que nous n'avons fait. — Mais ils se seront perdus sans
» retour, et les divinités qu'ils avaient inventées auront dis-
» paru. » — Rien de plus : ce n'est pas sur *el araf* que le prophète prouvait la *clarté* qu'il attribuait à son Koran.

La famille.

De l'araf, du sakar, du firdous, revenons sur la terre, et occupons-nous des institutions sociales et civiles de Mahomet : nous verrons si, comme l'a dit le systématique auteur du *Génie du Christianisme*, il a entravé — ou n'a pas servi — la civilisation.

Et d'abord ne servait-il pas et, loin d'entraver, ne faisait-il pas progresser cette civilisation, en disant (dans le Koran):

« Ils (les Arabes idolâtres) attribuent des filles (idoles) à Dieu, » et ils n'en veulent pas pour eux-mêmes. Si l'on annonce » à quelqu'un d'entre eux la naissance d'une fille, son visage » s'obscurcit, et il devient suffoqué par la douleur; il se ca- » che des siens, à cause de la désastreuse nouvelle. Doit-il » garder cette fille et en subir la honte, ou l'ensevelir dans » la poussière?... Malheur à ces hommes : ce qui leur est » réservé, c'est le feu (de l'enfer), et ils y seront précipités » les premiers, car (le jour du jugement) on demandera à la » fille enterrée vivante pour quel crime on l'a fait mourir. »

Oui, voilà l'horrible usage qu'a aboli Mahomet, et au lieu de la *honte* qui (trop souvent avec la pauvreté) faisait enterrer vivante la fille à peine née, il a inspiré l'amour paternel : « Ne tuez pas vos enfants par la crainte de la pauvreté, » ajoutait-il : Dieu leur donnera leur nourriture, ainsi qu'à » vous. Les meurtres que vous commettez sont un péché » atroce. — Les enfants sont, comme les richesses, les orne- » ments de la vie de ce monde. » — Et depuis Mahomet, les Orientaux, qui regardent la postérité, surtout la postérité mâle, comme le plus grand bienfait du ciel, appellent métaphoriquement leurs enfants *korret ol'aïn* (fraîcheur des yeux, c'est-à-dire *consolation de l'âme*). Il y a loin de là à l'infanticide.

« Et vous enfants, poursuivait Mahomet, tenez une belle » conduite envers vos père et mère, soit que l'un ait atteint » la vieillesse, soit que tous les deux y soient parvenus. » Gardez-vous de leur dire *fi!* (de faire acte de mépris), et » de leur adresser des reproches. Parlez-leur avec respect, » abaissez sur eux l'aile de votre humilité (soyez humbles et » tendres), et priez ainsi Dieu : Seigneur, aie pitié d'eux, de » même qu'ils ont eu pitié de moi en m'élevant quand j'étais tout petit. » — Quelle simplicité! mais que de cœur dans ce peu de mots!

Le Koran insiste : « Nous (Dieu) recommandons à l'homme » ses père et mère : qu'il soit reconnaissant envers nous et » envers eux. Sa mère l'a porté avec peine, l'a enfanté avec » douleur, l'a allaité jusqu'au sevrage, et a ainsi souffert » pour lui pendant trente mois. Il parvient enfin à la matu- » rité, il arrive à quarante ans, et alors il adresse à Dieu

» cette prière : Seigneur, inspire-moi de la reconnaissance
» pour les bienfaits dont tu m'as comblé ; fais que je pratique
» le bien qui te plaît, et rends-moi heureux dans mes enfants.
» O Mohammed ! (c'est Dieu qui parle) dis à mes serviteurs qui
» croient et font le bien : Je ne vous demande pour récom-
» pense de mes prédications que l'amour envers vos pa-
» rents. » — C'est admirable.

Les *proches* ne sont point oubliés : « Rends à tes proches ce qui leur est dû. »

On voit combien la famille était sacrée pour le législateur arabe.

Le mariage. — La femme.

Cette famille, Mahomet la nouait, la formait par le mariage, dont le code se réduit aux prescriptions suivantes : « L'homme
» ne peut épouser que deux, trois ou quatre femmes, et si
» sa position ne lui permet pas de les entretenir, il ne doit en
» épouser qu'une, ou une esclave. — Il lui est interdit d'é-
» pouser — les femmes qui ont été les épouses de son père
» — sa mère — ses filles — ses sœurs — ses tantes paternel-
» les et maternelles — ses nièces — *sa mère qui l'a allaité*
» (sa nourrice) — ses sœurs de lait — les mères de ses femmes
» — les filles confiées à sa tutelle et issues de femmes
» avec lesquelles il aura cohabité — les filles de ses fils — ni
» deux sœurs — ni des femmes mariées, excepté celles qui
» seraient tombées entre ses mains comme esclaves. — Celui
» qui ne sera pas assez riche pour épouser des femmes hon-
» nêtes et croyantes, prendra des esclaves croyantes, mais
» avec la permission de leurs maîtres ; ceci est établi en fa-
» veur de celui qui craint de pécher en restant célibataire :
» s'il s'abstient, il fera mieux (c'est du saint Paul). — Le ma-
» riage est encore interdit avec les femmes idolâtres : une
» esclave croyante vaux mieux qu'une femme idolâtre,
» quand même celle-ci plairait davantage. — Le croyant ne
» doit pas non plus marier ses filles aux idolâtres : un es-

» clave croyant vaut mieux qu'un incrédule libre. — On » peut épouser les femmes croyantes qui ont fui les idolâ- » tres, mais après s'être bien assuré de leur foi, et l'on peut » aussi épouser les filles honnêtes de ceux qui ont reçu les » Écritures (juifs ou chrétiens), pourvu qu'on leur donne » leur récompense (une dot). — Mariez, dit encore le Koran, » vos serviteurs probes à vos servantes. S'ils sont pauvres, » Dieu les rendra riches du trésor de sa grâce. — Que ceux » qui ne peuvent trouver un parti à cause de leur pauvreté, » vivent dans la continence jusqu'à ce que Dieu les ait en- » richis de sa faveur. »

Est-ce là de la barbarie ou de la civilisation? Le Koran va plus loin que notre code matrimonial, et ne transige pas, comme lui, par des dispenses, avec l'*inceste*: ses dispositions sont absolues et inflexibles. — Et voilà ce que Mahomet imposait à des peuplades qui s'accouplaient comme les bêtes, pour qui la polygamie était sans frein, qui épousaient, comme les Égyptiens, leurs sœurs, et qui auraient épousé, comme les Tartares, leurs filles, comme les Perses, leurs mères (1), si leurs mères et leurs filles leur avaient plu! — Cependant Mahomet n'eut pas à proscrire — comme Moïse — un accouplement plus monstrueux encore, et dont l'inhibition, dans le Lévitique, fait demander avec confusion ce qu'était le *peuple de Dieu*...

Si le législateur athénien, Solon, limitait la dot des femmes à trois robes et à quelques meubles de peu de valeur, « parce qu'il voulait que le mariage ne devînt pas un trafic et un commerce d'intérêt, mais qu'il fût regardé comme une société honorable, pour donner des sujets à l'État, pour vivre ensemble agréablement et avec douceur, et pour se témoigner une amitié et une tendresse réciproques, » le législateur arabe faisait mieux encore et ordonnait que les maris doteraient leurs femmes : « Assignez à vos femmes » leurs dots, dit le Koran, et s'il leur plaît de vous en aban-

(1) Voltaire dément ces mœurs des Tartares et des Perses, affirmées par d'autres écrivains, notamment par Montaigne et par Montesquieu.

» donner une partie, jouissez-en librement. — Donnez à celle » avec laquelle vous avez cohabité la dot promise, ceci est » obligatoire. — Dotez même équitablement l'esclave que » vous épousez. » — Quelle leçon pour notre société *chrétienne*, où la femme n'est qu'un sac d'écus, et où le mari n'est trop souvent qu'un *homme entretenu!* — Jadis, dans nos pays de *droit écrit* (opposés aux pays régis — comme Paris — par des *coutumes*), les filles pouvaient contraindre leurs pères à les doter (1). Notre législation moderne n'a pas admis ce principe, et a déclaré que les enfants n'auraient pas d'action contre leurs pères et mères pour un établissement par mariage ou autrement. C'était espérer que le cœur seul ferait le mariage. Mais que d'Élises attendraient en vain des Valères, si — comme Harpagon — les pères tenaient fermées leurs cassettes!... Au *sans dot* a succédé le *sans cœur*...

Malheureusement, en édictant le *sans dot* (des Élises), Mahomet n'a pas nécessairement réclamé le cœur des Valères, car la jeune fille, enfermée dans le gynécée de la famille, et masquée sous le voile, est épousée sans être connue, sans être appréciée, et par conséquent sans avoir inspiré cet amour qui devrait seul fonder le mariage. Mais Mahomet comptait sur Dieu : « Dieu, dit le Koran, vous donne des épouses créées de vous-mêmes, pour que vous habitiez avec elles, et *il établit entre vous l'amour et la tendresse.* »

Par ces mots *épouses créées de vous-mêmes*, le Koran (qui accepte complétement la Genèse) fait allusion à la création d'Ève, formée d'une côte d'Adam. Et par cela que la femme est issue de l'homme, par cela aussi que l'homme, sur ses biens, dote la femme, le Koran attribue la supériorité à l'homme, doué, d'ailleurs, « de qualités qui l'élèvent au dessus de la femme; » et, comme conséquence, avec saint

(1) C'était la loi romaine qui en était réduite à cette nécessité pour favoriser le mariage. Et Mahomet, lui, osait dire : « Non-seulement la femme n'apportera rien à son mari, mais le mari la dotera. » Et le célibat est la très-rare exception parmi les mahométans. — Quelle est la plus morale des deux législations?

Paul et avec notre Code civil, il recommande aux épouses d'être *obéissantes et soumises* (1).— En Égypte, en l'honneur d'Isis, et à Babylone, en l'honneur de Sémiramis, c'étaient les maris que les lois soumettaient aux femmes. — Les Sarmates (ou Sauromates) étaient les esclaves des leurs. — « Chez les peuples les plus polis, dit le Rica des *Lettres persanes,* les femmes ont toujours eu de l'autorité sur leurs maris. » —Il paraît que nous sommes moins *polis* que les vieux Sarmates de la mer Noire.

« Les épouses (musulmanes) doivent aussi conserver soi- » gneusement, pendant l'absence de leurs maris, ce que Dieu » a ordonné de conserver intact (honneur et fortune). — » Maris et femmes doivent se conduire honnêtement les uns » à l'égard des autres. — Les maris doivent être bons dans » leurs procédés envers leurs femmes. S'il y en a parmi » elles pour qui le mari ait de l'éloignement, *il se peut qu'il » ait de l'éloignement pour une chose dans laquelle Dieu a dé- » posé un bien immense* (c'est inviter au rapprochement par » un meilleur jugement sur la femme délaissée). — Cepen- » dant, malgré tous leurs désirs, les maris ne pourront » jamais traiter leurs femmes également, mais il leur est » enjoint d'éviter une préférence exclusive, qui laisserait » *comme en suspens* les femmes négligées. » — Et à ce sujet, avec la liberté de langage d'un Rabelais — ou d'un Voltaire, Mahomet disait : « Celui qui a deux femmes et qui » penche entièrement pour l'une, paraîtra au jour de la » résurrection avec des fesses inégales. »

L'inégalité de traitement que le Koran considère comme inévitable, était reprochée au prophète par quelques-unes de ses femmes, et il se faisait dire par Dieu (selon le Koran) : « Tu peux donner de l'espoir à celle que tu vou- » dras, et recevoir dans ta couche celle qui te plaira, et » celle que tu désireras de nouveau après l'avoir négligée.— » Qu'elles (tes femmes) ne soient jamais affligées, et que

(1) Dans son article *Femmes, soyez soumises à vos maris* (Mélanges, 1767), Voltaire s'est trompé en disant que la recommandation de cette soumission n'est pas dans le Koran.

» toutes soient satisfaites de ce que tu leur accordes. » — Ailleurs, trop passionné ou trop amateur de beautés différentes pour se contenter de ses *épouses*, Mahomet se faisait octroyer par Dieu le droit d'y adjoindre les esclaves qu'il acquerrait. — C'est le sérail. — Et c'est ainsi que les tempéraments des novateurs tracent les principes ! — Si Jésus, en se faisant homme, en avait moins répudié les sens, nous aurions une tout autre loi sur le mariage... Heureux encore pourtant que l'on nous permette une femme, car l'esprit du christianisme est tel, que la grande vertu, selon saint Paul, est de l'imiter par le célibat.

Le soin de Mahomet était de partager également ses nuits entre ses femmes; mais une nuit, l'une d'elles, qui devait le recevoir, l'attendit vainement : le prophète lui en avait préféré une autre; elle se fâcha, et, pour l'apaiser, il lui promit le sacrifice de la préférée; elle raconta son succès à une autre de ses rivales, et celle-ci fut indiscrète. Mahomet, mécontent, dit alors dans le Koran : « Si vous revenez à » Dieu, car vos cœurs se sont détournés de la droite voie, » Dieu vous pardonnera; mais si vous vous joignez toutes » deux contre le prophète, sachez que Dieu est son patron, » que Gabriel, les anges et tout homme juste parmi les » croyants lui prêteront assistance. *S'il vous répudie*, Dieu » peut lui donner des épouses meilleures que vous, des » femmes musulmanes et croyantes, pieuses, aimant à se » repentir, soumises, observant le jeûne. » — La menace était grave, et fut le *quos ego* qui calma la tempête. — Profane et sacré se mêlent ainsi dans tout le Koran.

Peu galant, d'ailleurs, ce Livre voit dans la femme « un être frivole, qui grandit dans les ornements et les parures, et qui dispute toujours sans raison. » — Pourtant, plus confiant envers la femme que notre loi, qui la repousse absolument comme témoin des transactions, le Koran admet deux femmes pour suppléer un homme comme témoin légal (les conventions des mahométans se réglant toujours devant témoins).

Sur la pudeur, le Koran est sévère : « Commande aux » femmes (dit Dieu au prophète) de baisser leurs yeux, et

» d'observer la continence; de ne laisser voir de leurs ornements (bijoux des mains, du cou et des jambes) que ce » qui est à l'extérieur (comme les bagues des doigts); de » couvrir leurs seins d'un voile; de ne faire voir leurs ornements (*intérieurs*) qu'à leur mari ou à leur père, ou au » père de leur mari, à leurs fils ou aux fils de leur mari, à » leurs frères ou aux fils de leurs frères, aux fils de leurs » sœurs, à leurs esclaves ou aux domestiques mâles qui » n'ont pas besoin de femmes (probablement les eunuques), » ou aux enfants qui ignorent encore la différence des sexes » (le Koran emploie des expressions plus nettes). — Que les » femmes n'agitent pas les pieds, de manière à faire voir » leurs ornements cachés (les bijoux des jambes). — Les » femmes qui n'enfantent plus et qui n'espèrent plus pouvoir se marier, peuvent ôter leurs vêtements (voiles), sans » cependant montrer leurs ornements, mais si elles s'en » abstiennent, cela leur vaudra mieux. — O prophète! » (ajoute Dieu) prescris à tes épouses, à tes filles et aux » femmes des croyants de laisser tomber leur voile jusqu'en » bas : ainsi il sera plus facile d'obtenir qu'elles ne soient » ni méconnues ni calomniées (car en Orient il n'y a que » les femmes du peuple, les villageoises et les femmes de » mœurs suspectes, qui laissent voir leur visage entièrement ou en partie : en Algérie, ces dernières femmes » jouent la pudeur en ne découvrant que leurs yeux). Les » femmes peuvent se dévoiler devant leur père, leurs enfants, leurs neveux et les femmes de ces neveux, et devant leurs esclaves. »

Aux hommes même la continence et les regards baissés sont recommandés : « ils seront plus purs. »

« Maris, reprend le Koran, vivez chastement avec vos » épouses, gardez-vous de la débauche, et n'ayez point de » maîtresse : celui qui trahira sa foi perdra le fruit de ses » bonnes œuvres, et sera dans l'autre monde au nombre » des malheureux. — Et vous, épouses, soyez chastes, évitez » la débauche, et n'ayez point d'amant. »

Le plus secret détail de la toilette revient ici, et le soin de la purification est l'objet d'une recommandation imitée du

Lévitique; et comme ce saint livre de Moïse, le Koràn éloigne le mari de l'épouse pendant l'*inconvénient* mensuel — sans infliger la peine que le même livre de Moïse applique à l'homme et à la femme dont la passion n'a point eu égard à cet inconvénient : « L'un et l'autre, dit le barbare Lévitique, seront exterminés du milieu de leur peuple. »

Sauf la restriction périodique, le droit du mari musulman est absolu : « Vos femmes sont votre champ, dit le Koran : allez à votre champ comme vous voudrez. » Le commentaire a son équipollence dans cet autre verset : « Pensez à Dieu, debout, assis ou couchés. » — Il y a bien encore dans le commentaire (latin) deux ou trois mots, mais ils sont honnêtement intraduisibles : ils varient un dicton judaïque, selon lequel il dépend de telle action de l'homme d'avoir *filium sagaciorem et ingeniosiorem.*

Cela étonne ; mais ne lit-on pas dans Plutarque que Solon, dans sa loi sur le mariage, prescrivait formellement que le mari s'acquitterait de son devoir conjugal au moins trois fois par mois. C'était une sobriété qui eût plu à cette épouse dont parle Montaigne, pour laquelle certaine reine d'Aragon rendit le plus inconcevable des arrêts, authentiquement rapporté par le président Bohier dans ses *Decisiones* du parlement de Bordeaux : l'arrêt *limita* l'accomplissement du devoir à un chiffre double de celui de la loi de Solon — non par mois — mais par jour... Arrêt et loi, tout s'explique par les temps et les lieux, et Solon — comme la reine d'Aragon même — ne seraient-ils pas, au besoin, l'excuse de Mahomet?

Bon, dans son fanatisme, et sincèrement religieux, Mahomet ajoutait : « Maris, avant *d'aller à votre champ*, faites » quelque chose en faveur de votre âme (acte de dévotion » ou de charité, prière ou aumône). Ne pensez pas seulement aux voluptés de ce monde, pensez aux tortures de » l'autre, et évitez-les; ne pensez pas seulement à votre » plaisir, pensez aux peines des autres, et soulagez-les. » — Les Moreri parlent-ils mieux?

Le Koran parle moins bien quand il dit : « Vous (maris) réprimanderez vos femmes désobéissantes, vous les reléguerez dans un *lit à part*, et vous les battrez. » — Battre une femme !

> Pour quelques malins caquetages,
> Certain époux battait sa peu chère moitié :
> Un époux en colère est toujours sans pitié.
> Un chien, j'en conviens, des plus sages,
> Vit les coups, et fut pris d'un magnanime émoi :
> « Cet homme vil, qui frappe une femme — la sienne !
> Est, dit notre animal, plus animal que moi :
> Je n'ai jamais battu de chienne. »

Et cet homme n'était point musulman. Mais logiquement, sinon légalement, était-il plus coupable? Si la femme doit être *soumise*, et si elle est rebelle, que faire? Le mari brutal tranchera la question par des *coups*. Et si la femme demande la séparation de corps pour excès et sévices (art. 231 et 306 du Code civil), que répondra le tribunal à cet argument du mari : « Ma femme devait m'obéir (art. 213 du même Code), elle m'a désobéi, et je l'ai punie : j'étais dans mon droit, car s'il n'y a pas de sanction pénale à une prescription, que devient la prescription? elle n'est plus qu'une lettre morte, un non-sens, une absurdité, et je respecte trop la loi, ajoutera sérieusement le mari, pour croire qu'elle soit vaine et absurde. Il faut donc, ou rayer l'art. 213, ou permettre aux maris ce que j'ai fait. » — En réalité donc, le Code arabe n'est pas plus *barbare* que le Code français : seulement, l'un a l'esprit, l'autre la lettre ; l'un est hypocrite, et l'autre est franc.

Et six siècles après Mahomet, sous la puissance du christianisme, cette franchise du Code arabe était transportée dans un des Codes qui régissaient la France sous le nom de *Coutumes* : « L'usage, dit en effet Beaumanoir dans ses *Coutumes du Beauvoisis*, autorise les maris à battre leurs femmes *à loisir* : seulement il leur est recommandé de ne les point tuer, estropier ou mutiler. » — N'est-ce pas un texte plus honteux encore que celui du Koran? — « Mari et femme, a dit Jésus, ne sont plus deux, mais *une seule chair*. » — Où est le chef? où est l'esclave? où est le droit de commander, de punir, de frapper?

« Dès que vos femmes vous obéissent, reprend le Koran,
» ne leur cherchez point querelle. — Et si une femme craint
» la violence de son mari ou son aversion pour elle, il n'y a
» pas de mal à s'arranger : la paix est un grand bien. — Et
» si une scission entre les deux époux est à craindre, qu'un
» arbitre de la famille du mari et un arbitre choisi dans celle
» de la femme, interviennent auprès d'eux : Dieu fera vivre
» en bonne intelligence les époux qui se réconcilieront. »

La répudiation.

« Si la réconciliation n'a pas lieu, que le mari se sépare
» de sa femme, plutôt que de se livrer envers elle à de mau-
» vais traitements : ce serait offenser Dieu. — Tout mari qui
» s'abstiendra de sa femme aura un délai de quatre mois
» pour réfléchir, afin de ne pas se séparer d'elle légèrement.
» — Le mari peut toujours répudier sa femme, il peut la
» reprendre et la répudier encore (c'est, dit Montesquieu,
» à propos d'une même disposition dans la loi des Maldives,
» se jouer également du mariage et de la répudiation). —
» Si un mari répudie sa femme trois fois, il ne lui est per-
» mis de la reprendre que lorsqu'elle aura eu un autre
» mari, et que celui-ci l'aura lui-même répudiée. — Pour
» répudier une femme, il faut attendre qu'elle ait eu trois
« fois de suite *l'inconvénient*. Avant ce temps, on ne peut ni
» la renvoyer ni la laisser partir, à moins d'un adultère
» prouvé. — Au terme prescrit, on peut la retenir avec bien-
» veillance, et sans employer la force, ou l'on doit s'en sépa-
» rer avec la même bienveillance, le tout en présence de
» témoins équitables choisis parmi les croyants : le témoi-
» gnage sera fait devant Dieu. — Le terme sera de trois mois
» pour les femmes qui n'espèrent plus l'inconvénient, ou
» pour les jeunes filles qui ne l'ont pas encore eu. — Pour

» les femmes enceintes, il faut attendre l'accouchement, » et pourvoir jusque-là à leurs besoins; si elles allaitent » l'enfant, une récompense leur sera due. — Les femmes » répudiées laisseront écouler le temps de trois inconvé» nients (le texte a une autre image) avant de se remarier. » — Les mères répudiées allaiteront leurs enfants deux ans » complets, si le père veut que ce temps soit complet. Si » les époux, d'un commun accord, préfèrent sevrer l'enfant, » cela n'implique aucun péché, et il n'y a non plus aucun » mal à mettre l'enfant en nourrice, pourvu que l'on paie » ce que l'on a promis (1). — Le père de l'enfant est tenu » de pourvoir à la nourriture et aux vêtements de la femme » d'une manière honnête; l'homme aisé donne selon son » aisance; l'homme qui n'a que le nécessaire donne en pro» portion de ce qu'il a reçu de Dieu : Dieu n'impose que des » charges proportionnées aux forces de chacun. Et *le père et » la mère ne doivent pas être lésés dans leurs intérêts à cause » de leur enfant.* — L'héritier du père est tenu des mêmes » devoirs. »

La femme répudiée emporte la dot que lui a constituée le mari : « Il n'est pas permis aux maris de s'approprier ce » qu'ils ont donné aux femmes qu'ils répudient. — Si vous » changez une femme contre une autre, et que vous lui » ayez donné cent dinars (monnaie arabe), ne lui en ôtez » rien : voudriez-vous les lui arracher par une injustice et » une iniquité évidentes? Et comment voudriez-vous l'en » priver lorsque l'un et l'autre vous avez été unis intime» ment et qu'elle a reçu vos serments solennels? »

Sans doute, la femme prise et chassée, reprise et chassée encore, cela n'est pas de la *civilisation*, mais combien le mal est corrigé par la dot perdue, par l'entretien obligé, par la charge des enfants! Il faut être exceptionnellement riche pour user de toute la latitude légale, et sans être aussi rare que dans les premiers temps de Rome, la répudiation est parmi les mahométans moins commune qu'on ne le sup-

(1) Nous citons ces textes et d'autres du même genre pour faire juger de la puérilité de certains détails.

pose. Ce n'en est pas moins un fâcheux reflet des lois *païenne* et juive. Solon permettait également la répudiation, mais, plus généreux et plus juste que le législateur arabe, il l'accordait à la fois à la femme. — Romulus (selon Plutarque, et Numa, selon d'autres historiens) autorisait le mari à répudier sa femme coupable, ou d'adultère, ou d'empoisonnement de leurs enfants, ou de *falsification des clefs* du cellier où le mari enfermait le vin : ce qui veut dire que si la femme buvait du vin, c'était un motif de répudiation; le vin lui était interdit parce que, dans la pensée du législateur romain, l'amour de cette liqueur menait à l'ivrognerie, et l'ivrognerie à l'adultère (1) ; et cette interdiction était si sérieuse que l'usage du mari et des parents (qui formaient avec lui le *tribunal domestique* chargé de juger l'épouse coupable) était d'embrasser la femme sur la bouche pour vérifier constamment qu'elle n'avait pas de *fausses clefs* du cellier qui était pour elle le fameux cabinet de Barbe-Bleue (2). — Innocente de tous ces crimes, la femme pouvait encore être répudiée; mais alors la loi ordonnait que la moitié des biens de son mari lui serait dévolue, que l'autre moitié serait consacrée à Cérès, et que le mari lui-même serait dévoué aux dieux infernaux. Ce fut longtemps un frein suffisant, et la première répudiation n'eut lieu que cinq siècles après la date de cette loi. L'histoire a conservé le

(1) Montaigne raconte ce fait, dont nous modifions quelques termes—et un peu l'orthographe, pour une lecture plus facile : « Près de Bordeaux, vers Castres, une femme de village, veuve, de chaste réputation, sentant des premiers ombrages de grossesse, disoit à ses voisines qu'elle penseroit être enceinte si elle avoit un mari ; mais, du jour à la journée, croissant l'occasion de ce soupçon, et enfin jusqu'à l'évidence, elle en vint là de faire déclarer au prône de son église, que qui seroit consent (l'auteur) de ce fait, en l'avouant, elle promettoit de le lui pardonner, et, s'il le trouvoit bon, de l'épouser. Un sien jeune valet de labourage, enhardi de cette proclamation, déclara l'avoir trouvée un jour de fête, ayant bien largement pris son vin, endormie si profondément près de son foyer, et si indécemment, qu'il avoit pu........ ne pas la réveiller. » — Et, ajoute Montaigne, ils vivent encore mariés ensemble.

(2) Une correction proposée au texte de Plutarque changerait ce *crime* en celui d'une supposition d'enfant.

nom du mari qui, le premier, à Rome usa de ce droit : c'était un Spurius Carvilius Ruga; son motif était la stérilité de sa femme, et bien que le peuple romain, comme toutes les nations qui se forment, prisât fort la paternité, Ruga fut puni de son *audace* par le mépris de ce peuple. Mais bientôt le peuple prenait part au relâchement des mœurs, et les imitateurs de Ruga passaient inaperçus. Paul Emile lui-même répudiait sa femme — sans cause connue, dit Plutarque; et à ses amis qui s'en étonnaient en vantant cette femme, il répondait : « Regardez, vous n'apercevez aucun défaut à ma chaussure, moi seul sais où elle me blesse (1). » — Seul aussi, notre roi Philippe-Auguste savait « où sa chaussure le blessait, » quand il répudiait (pareillement sans cause connue), après la première nuit du mariage, Ingelburge, sa jeune épouse de dix-sept ans. — « Amnon, fils de David, dit la sainte Écriture, conçut une passion violente pour Thamar, sa *sœur*, qui était très-belle; cette passion devint si excessive qu'il en fut malade : il maigrissait de jour en jour... Il se mit au lit, et appela sa sœur..... Elle vint, et il se saisit d'elle. — Non, non, mon frère, s'écria-t-elle, ne me faites pas violence. — Mais, plus fort, il triompha..... et aussitôt il éprouva pour elle une telle aversion, qu'il la chassa. — L'outrage que vous me faites maintenant, lui dit la jeune fille, est encore plus grand que celui que vous venez de me faire. — Il ne l'écouta pas, et la fit mettre à la porte par un serviteur. » — « C'est un effet digne de considération, dit Montaigne d'après Ovide, que les maîtres du *métier* ordonnent pour remède aux passions amoureuses l'entière vue du corps que l'on recherche; et que, pour refroidir l'amour, il ne faille que voir en toute liberté ce qu'on aime. »

(1) Ce mot est prêté par Plutarque (*Vie de Paul Emile*) à un autre Romain; mais, dit le commentateur de Plutarque, il paraît être dans le caractère de Paul Emile, et d'autres historiens le lui attribuent.

Le divorce.

Les peuples qui connaissent ces secrètes et insurmontables répulsions, et qui veulent, comme Solon, que le mariage soit une pépinière d'enfants, doivent donc admettre une répudiation qui permet la réparation de l'erreur. Et Mahomet, qui tendait à fortifier sa nation naissante, ne pouvait hésiter entre la loi juive et la loi chrétienne : « Des pharisiens vinrent à Jésus et lui dirent : Est-il permis à un homme de renvoyer sa femme pour quelque chose que ce soit? — Non, répondit Jésus : Celui qui a créé au commencement un homme et une femme a dit que l'homme quitterait son père et sa mère pour s'attacher à sa femme, et qu'ils ne seraient qu'une seule chair; que l'homme donc ne sépare pas ce que Dieu a joint. — Mais, dirent les pharisiens, pourquoi Moïse a-t-il autorisé le mari à donner à sa femme un acte de divorce et à la renvoyer? — C'est, dit Jésus, à cause de la dureté de votre cœur que Moïse vous a permis de renvoyer vos femmes, mais cela n'a pas été ainsi dès le commencement. Aussi je vous déclare que quiconque quitte sa femme pour toujours, *si ce n'est en cas d'adultère*, ou en épouse une autre, est coupable d'adultère, et que celui qui épouse celle qui a été répudiée, devient pareillement adultère. » — C'est cette loi que ne pouvait accueillir Mahomet, et qui est devenue la nôtre... aggravée encore, car en abolissant le divorce, le cagot législateur de 1816 n'a même pas admis l'exception de Jésus, qui entendait évidemment le divorce, et non notre bâtarde séparation de corps, pour *le cas d'adultère* — si bien que cette loi du 8 mai 1816 se fait plus chrétienne que le Christ!

Quand réparera-t-on cette mauvaise œuvre jésuitique d'une époque néfaste? Certes, il serait difficile d'entourer de plus de garanties le caractère sérieux du divorce, et, l'on peut dire même, de mieux l'entraver — en l'accordant — que ne le faisait le Code de 1803 : il fallait des motifs graves et prouvés par une enquête; le juge interrogeait, examinait, conseillait, et devenait *l'arbitre* du Koran pour la réconciliation; si la réconciliation n'était pas possible, demande et défense, tout était apprécié par le tribunal, qui jugeait, parfaitement édifié sur les faits et sur la moralité de la cause. L'époux contre lequel le divorce était prononcé, perdait les libéralités de son conjoint, et à celui-ci étaient confiés les enfants. La femme ne pouvait se remarier qu'après dix mois (comme dans l'état de veuvage). — Il y avait aussi le divorce *par consentement mutuel* : il fallait deux ans au moins de mariage; après vingt ans de mariage, ce divorce n'était plus permis; le mari devait avoir plus de vingt-cinq ans, et la femme plus de vingt-et-un, et moins de quarante-cinq : « C'est toujours un grand malheur pour la femme, dit Montesquieu, d'être contrainte d'aller chercher un second mari, lorsqu'elle a perdu la plupart de ses agréments auprès d'un autre. » — L'adhésion des pères et mères ou des aïeux des époux était nécessaire. On se présentait devant le juge, qui faisait ses remontrances et donnait ses conseils. Si l'on persistait, deux notaires dressaient l'acte de la déclaration. Cette déclaration était renouvelée trois fois, de trois en trois mois; et trois fois aussi devait être renouvelée l'adhésion des parents. Après une année de ces vaines épreuves, le divorce était prononcé, et ni l'un ni l'autre des époux ne pouvait se remarier avant trois nouvelles années. La moitié des biens de chacun d'eux était dès lors acquise à leurs enfants, sauf l'usufruit qu'ils en gardaient jusqu'à la majorité de ceux-ci. — Dans les deux systèmes de divorce, les époux ne pouvaient plus se réunir — sans encourir toutefois, comme au Mexique, la peine de mort, s'ils *redormaient* ensemble : mais ce n'était plus le mariage, c'était la liaison illégitime.

A toute cette netteté, à toute cette franchise du Code de 1803, qu'a substitué le jésuitisme de 1816? L'hypocrisie d'une séparation qui ne rompt pas le lien du mariage : il n'y a plus d'union, et l'on reste enchaîné; on est libre... et à l'attache : on est tout ensemble le loup et le chien de la fable. Si cette antilogie était dans le Koran, que de sarcasmes siffleraient les Moreri! — Loin de consacrer une pareille anomalie, le Code de Mahomet, plus net encore que le Code de Napoléon, autorise purement et simplement la séparation volontaire, le divorce, en ajoutant : « *Dieu* est assez riche pour compenser à l'un et à l'autre des époux leur séparation (en donnant à chacun d'eux un conjoint plus sympathique). » — Pour Mahomet, Dieu *permet*; pour le législateur français de 1816, Dieu *défend*. Qui dit vrai?

Rappelons quelques faits. — Nos premiers empereurs ou rois — chrétiens — répudiaient librement leurs femmes, et se remariaient, et plusieurs papes approuvèrent. — Charlemagne répudiait Himiltrude pour épouser Théodora; puis il répudiait Théodora pour épouser Hildegarde, et, à Rome, le pape Adrien le fêtait et le bénissait. — « Dans ces temps, dit l'abbé Velly, le divorce n'était point une affaire, et rien de plus relâché que la morale du concile de Verberie (752) sur une matière si importante : on y voit des maximes et des décisions qui donnent de mortelles atteintes à l'indissolubilité de l'union la plus sacrée dans les idées de la politique et de la religion. » — Après ce concile, un synode d'*évêques* déclarait que le roi de Lorraine, Lothaire (petit-fils de Charlemagne) pouvait rompre son mariage avec Theutberge et prendre une autre épouse, et pour cette épouse *l'archevêque* de Cologne, Gonthier, lui envoyait sa nièce, dont le roi divorcé abusait et qu'il renvoyait au prélat pour épouser une maîtresse! — Saint Louis, par un édit, autorisait la femme à se remarier lorsqu'elle avait été sept ans sans voir son mari ou sans recevoir de ses nouvelles : c'était le divorce, et ce pouvait être le divorce par *consentement mutuel.* — Il n'y a donc pas seulement, selon le mot de Pascal, la vérité d'ici et la vérité de là-bas, il y a encore la vérité d'hier et la vérité d'aujourd'hui. — Ne peut-on revenir à la vérité d'hier? ce serait un bienfait social.

L'éternel honneur de Mahomet sera d'avoir laissé franchement l'homme dans le prophète, et l'homme a humanisé la morale du prophète. — Il permettait quatre épouses, mais Louis XIV disait : « Les liens du mariage ne sont pas des crampons de fer; » et le dévot révocateur de l'édit de Nantes, — chrétiennement marié, — accumulait les concubines, les maîtresses! — Et un de ses amés et féaux, le duc de Guiche, s'écriait, à propos de l'amour de madame d'Olonne pour son mari, et au milieu d'un cercle de gentilshommes et de hautes dames, qui l'applaudissaient : « Un amour conjugal? mais c'est une femme déshonorée! » Où est le scandale?

Mahomet créait le sérail, en le légitimant, et Louis XV créait le *Parc-aux-cerfs*, en insultant à la religion et aux lois. — Où est le scandale?

« Après le sac de la ville de Capoue, dit l'historien italien Guicciardini, César Borgia apprit que des *religieuses* s'étaient réfugiées dans une tour; il les fit venir devant lui, les examina soigneusement, et choisit les *quarante* plus belles pour son *sérail* de Rome. » — Et César Borgia avait été *cardinal* et était le bâtard d'un *pape* (le trop fameux Alexandre VI), et peut-être son sérail était-il dans le Vatican même! — Où est le scandale?

« Charles-Quint, dit Voltaire, avait-il couché avec sa sœur Marguerite, gouvernante des Pays-Bas? En avait-il eu don Juan d'Autriche, frère intrépide du prudent Philippe II? nous n'avons pas plus de preuve que nous n'en avons des secrets du lit de Charlemagne, qui, coucha, dit-on, avec toutes ses filles (1). Si la sainte Écriture ne m'assurait pas que les filles de Lot eurent des enfants de leur propre père, et Thamar, de son beau-père, j'hésiterais beaucoup à les en accuser. » — Et Mahomet défendait, lui, et ne commit jamais de pareils incestes. — Où est le scandale? où est l'infamie?

On lit dans Plutarque : « Lycurgue flétrit le célibat : les célibataires était exclus des combats gymniques des jeunes filles (qui se livraient à ces jeux dans une nudité complète), et les magistrats les obligeaient, pendant l'hiver, de faire le tour de la place tout nus, en chantant une chanson faite con-

(1) Après la mort de Charlemagne, leur frère Louis-le-Débonnaire les expulsa de son palais, et ordonna l'exil ou fit crever les yeux de leurs amants (elles n'étaient pas mariées). — Quelles mœurs!

tre eux, et qui disait qu'ils étaient punis avec justice pour avoir désobéi aux lois. » — Cléarque, disciple d'Aristote, ajoute, selon le commentateur, qu'il y avait à Sparte une fête où les femmes faisaient faire à ces hommes le tour d'un autel, en les battant avec des verges, afin que la honte les portât à se marier.

Et l'empereur Auguste disait aux chevaliers romains : « Ce n'est point pour vivre seuls que vous restez dans le célibat : chacun de vous a des compagnes de sa table et de son lit, et vous ne cherchez que la paix dans vos dérèglements... J'ai augmenté les peines de ceux qui n'ont point obéi (en restant célibataires), et à l'égard des récompenses (pour ceux qui se mariaient), elles sont telles que je ne sache pas que la vertu en ait encore eu de plus grandes : il y en a de moindres qui portent mille gens à exposer leur vie ; et celles-ci ne vous engageraient pas à prendre une femme et à nourrir des enfants ! »

Mahomet n'avait besoin ni d'injonctions, ni de peines, ni de récompenses, pour propager le mariage. Est-ce la condamnation de sa loi ? — On se plaint aussi du grand nombre de célibataires en France : le remède ne serait-il pas dans un emprunt habile à cette loi du prophète-homme qui, en prêchant l'amour, le prouvait, et qui se fût indigné si un Métellus Numidicus lui eût dit, comme aux Romains : « S'il était possible de n'avoir point de femme, nous nous délivrerions de ce mal ; mais, comme la nature a établi que l'on ne peut guère vivre heureux avec elles, ni subsister sans elles, il faut avoir plus d'égard à notre conservation qu'à des satisfactions passagères. » — Hélas ! ce Métellus Numidicus était le précurseur de saint Paul. Mahomet ne vaut-il pas mieux ?

L'adultère.

« Mon ami, disait un étranger à un Spartiate, quelle peine inflige-t-on chez vous aux adultères ? — Il n'y a point chez nous d'adultère, répondit le Spartiate. — Mais s'il y en avait? reprit l'étranger. — Il serait condamné à payer un taureau assez grand pour boire du haut du Taygète (la plus haute des montagnes de la Laconie) dans l'Eurotas. — Mais comment trouver un taureau si grand? répliqua l'étranger. — Et comment, repartit le Spartiate, trouver à Sparte un adultère? »

Non, il n'y avait plus de Pâris et d'Hélène dans la ville de Ménélas, par cette concluante raison que le vieux mari amenait lui-même dans la couche de sa jeune épouse le beau garçon qui devait *le rendre père*, et que le mari père prêtait complaisamment sa femme féconde au mari d'une femme stérile pour qu'il connût aussi le bonheur de la paternité. — C'était l'application des principes de Lycurgue que nous avons cités d'après Plutarque. — En guerre avec les Messéniens, et liés par le serment qu'ils avaient fait de ne rentrer à Sparte qu'après les avoir vaincus, les guerriers spartiates envoyaient auprès de leurs épouses les jeunes soldats arrivés récemment au camp, pour que la population ne souffrît pas de leur absence prolongée. — Il n'y avait pas là d'*adultère*.

Il n'y avait pas non plus d'adultère dans le fait de la femme athénienne qui, unie à un mari impuissant, le quittait pour habiter avec un *parent* de ce mari : c'était la loi de Solon. La même loi autorisait tous les citoyens à tuer le coupable d'adultère surpris : ils vengeaient la morale publique outragée. — En France, et dans le même cas du flagrant délit (commis dans la maison conjugale), la vengeance sanglante est accordée au mari par un euphémisme : la loi *excuse* le meurtre.

A Rome, la peine contre le même coupable surpris était cruellement originale : on introduisait dans ses entrailles par une ouverture autre que la bouche, un muge ou mugil, petit poisson très-vorace :

Et cet affreux mugil lui dévore les flancs,

dit M. Jules Lacroix dans sa poétique traduction de Juvénal.

Ce n'était pas, toutefois, dans la loi *Julia* d'Auguste que cette peine était écrite : la loi Julia prononçait seulement la relégation, et Auguste l'appliqua à sa fille Julie, mariée à Tibère, en la bannissant, ainsi qu'aux complices de ses désordres, et parmi lesquels était Ovide, qui souffrit, chanta et mourut, exilé sur les bords glacés du Borysthène !

Partout l'usage ou la loi était d'une rigueur extrême contre l'adultère. Au Tonquin, on livrait les coupables aux éléphants, qui les broyaient sous leurs pieds. — Les Locriens crevaient les yeux, et l'on raconte que leur roi-législateur Zaleucus, ayant à juger pour ce crime son fils, en faveur duquel s'élevait la commisération publique, ne lui fit crever qu'un œil, et se creva lui-même l'un de ses yeux pour que la loi eût les deux yeux qu'elle exigeait. C'est le sublime dans le ridicule, préférable, du moins, au sublime dans l'horreur des Junius Brutus et des Manlius Torquatus. — En Espagne, on mutilait, ce qui empêchait la récidive. — Les anciens Saxons brûlaient la femme, et dressaient sur ses cendres un gibet où l'amant *heureux* était étranglé. — En Angleterre, la femme avait les cheveux rasés, et après l'avoir exposée nue, on la flagellait jusqu'à ce que « l'âme sortît du corps. » En 1329, à Londres, René de Mortemer, complice de la reine adultère, fut promené sur un bahut, puis attaché à une *échelle*, où l'on tailla sa chair, et, tout saignant, on l'écartela, et ses membres furent envoyés aux quatre villes principales du royaume. — En France, sous Clovis, la femme infidèle était étouffée dans la boue, et plus tard (encore au XIIIe siècle), vêtue seulement d'une chemise, elle portait, dans cette chemise, d'une paroisse à l'autre, deux grosses pierres enchaînées, qu'on gardait, pour cet usage, dans chaque tribunal ; et derrière elle marchait son complice tout à fait nu, qui lui était lié par une corde, nouée à un certain endroit qui ne peut être mieux indiqué que par le silence... En 1314, en vertu d'un arrêt du Parlement, les frères Philippe et Gauthier de Launoi, gentilshommes normands, coupables d'adultère avec les belles-filles du roi Philippe le Bel, furent écorchés vifs, traînés ensuite sur l'herbe nouvellement fauchée de la prairie de Maubuisson, puis pendus... « Oh ! combien je préfère les amours faciles et commodes! » s'écriait Horace, esquissant plus dramatiquement que M. Scribe, les *malheurs des amants heureux*...

Pour Moïse, l'adultère était aussi un crime digne du dernier châtiment : « Si un homme, dit le Lévitique, commet un adultère avec l'épouse de son prochain, que l'homme adultère et la femme adultère soient punis de mort. » — Et cette mort, c'était la lapidation. — Et Jésus disait, lui : « Allez, femme, et ne péchez plus. »

Mahomet s'est placé entre Moïse et Jésus, entre l'extrême rigueur et l'extrême clémence : « Si vos femmes, dit le Koran, » commettent l'action infâme (l'adultère), appelez quatre té» moins. Si leurs témoignages se réunissent contre elles, » enfermez-les dans des maisons jusqu'à ce que la mort les » enlève, ou que Dieu leur procure quelque moyen de salut. » — Si vous avez épousé une esclave, et qu'elle commette » l'adultère, vous lui infligerez la moitié de la peine. — O » femmes du prophète! si une d'entre vous se rend coupa» pable de la turpitude (l'adultère), Dieu portera sa peine au » double. » — Ces textes rapprochés font comprendre qu'il ne s'agit pas de la mort : il n'y a pas de *demi*-mort ni de *double* mort. Quelle peut-être la moitié ou le double d'un emprisonnement *perpétuel?* c'est ce qu'il faut laisser aux docteurs de l'islam le soin d'expliquer. Ce qui est hors de doute, c'est que la peine de mort n'est ni dans la lettre ni dans l'esprit du Koran. Cependant ces cruels zélateurs que rencontrent toutes les religions, et qui en sont l'opprobre et le malheur, osèrent interpréter différemment le texte, et on vit d'abord appliquer aux musulmanes coupables la peine dont la Rome de Numa et la Rome républicaine vengeaient l'impureté d'une vestale : on les murait et on les laissait mourir de faim. — Puis, comme les juifs, on lapida. — Au contact de la civilisation, juifs et musulmans ont apaisé leurs fureurs, et en Algérie c'est la loi française qui prévaut.

Ce qui achève de démontrer que le Koran ne veut pas la mort, c'est qu'il ajoute : « Vous infligerez à l'homme et à la » femme adultères cent coups de fouet à chacun. — Une

» femme adultère ne doit épouser qu'un homme adultère ou » un idolâtre. » — Il est assez difficile de se remarier lorsqu'on est mort. Mahomet a supposé que la femme pouvait être *providentiellement* délivrée de sa prison, et la prévision d'un nouveau mariage se conçoit. On conçoit de même cent coups de fouet précédant un emprisonnement, même perpétuel; on ne les conçoit plus comme prélude d'une mort horrible par la faim : pourquoi le coup d'épingle avant le coup de poignard?

Ces cent coups de fouet, c'est encore la barbarie du cœur et de l'esprit, et le Koran, qui ne croit pas, pourtant, à cette barbarie générale du cœur, défend que l'on s'apitoie : « Que » la compassion, dit-il, ne vous arrête pas dans l'accomplis» sement de ce commandement de Dieu, si vous croyez en » Dieu et au jour dernier. » — *Si vous croyez en Dieu et à son jugement*, frappez, soyez impitoyables! — Tuez, pour plaire à Dieu, disait Moïse. — Brûlez, pour mériter les bontés de Dieu, disait la sainte Inquisition. — Mahomet est un peu moins sauvage. — La pudeur que sauvegarde si bien le Koran, est méprisée ici, et la flagellation doit avoir lieu en présence d'un certain nombre de croyants.

Si la femme adultère ne doit épouser qu'un homme adultère ou un idolâtre, l'homme adultère ne doit lui-même épouser qu'une adultère ou une idolâtre : « Les femmes im» pudiques sont faites pour les hommes impudiques; les » hommes impudiques sont faits pour les femmes impudi» ques; les femmes vertueuses pour les hommes vertueux, » et les hommes vertueux pour les femmes vertueuses. » — Mahomet l'emporte encore ici sur la civilisation moderne : la véritable harmonie du mariage, ce n'est plus la vertu, c'est la fortune. Si l'on bafouait à Sparte les célibataires, on y punissait ceux qui, pour se marier, recherchaient plutôt la richesse que la vertu. Lysandre, tué dans une bataille, mourut pauvre; et, sa pauvreté connue, les deux fiancés de ses filles refusèrent de les épouser. La République indignée condamna ces amoureux... de la dot à une forte amende, et la contemption publique couronna la peine. — Aujourd'hui notre société charmante les approuverait du plus gracieux de ses sourires, et l'ombre de Mahomet frémirait, indignée comme la République de Sparte. — A tout prendre, le vrai civilisateur ne serait-il pas ce prophète douze fois séculaire?

Lui-même, quel bel exemple, quel exemple spartiate n'a-t-il pas donné à tous nos maris! Dans une de ses expéditions, Aïcha, l'une de ses femmes, l'avait suivi. Descendue de son chameau, elle s'était écartée, et la caravane, qui n'avait pas remarqué son absence, avait poursuivi sa route. Aïcha crut qu'étonné de cette absence, on la chercherait et on reviendrait vers elle; elle attendit, et elle attendit si paisiblement et si longtemps qu'elle s'endormit. Un jeune Arabe, monté sur un chameau, passa, et la vit dormant : il s'éloigna un peu en disant : « Nous sommes à Dieu, et nous retournerons à Dieu; » ce qui signifiait : « Gardons la vertu, pour n'être pas jugé sévèrement par Dieu. » — A la courte distance qui le séparait de la dormeuse, il lui parla et la réveilla; il lui offrit son chameau, elle l'accepta, et le lendemain elle regagnait la caravane. — On sourit, on jasa, on accusa, et les rumeurs malveillantes arrivèrent à l'oreille de Mahomet. — César, le *grand* César avait, pour bien moins, répudié Pompéia (la fille de Pompée), sa femme : c'était la fête de la déesse des femmes, la Bonne Déesse; les femmes seules y étaient admises, et cette fois la fête se célébrait chez César, qui avait dû quitter sa maison, aucun mari même ne pouvant être initié aux mystères de ces dames, si discrètes (le seraient-elles autant aujourd'hui?) qu'elles surent cacher jusqu'au nom de cette déesse. Épris de Pompéia, un jeune patricien s'introduisit, sous un habillement de ménétrière, dans la maison devenue sacrée; mais, interrogé, il dut répondre, et sa voix — comme celle du loup-berger — le trahit. Il fut chassé, la cérémonie profanée fut interrompue; et appelé à déposer contre le coupable, poursuivi pour sacrilége, César déclara qu'il ne savait rien. — Mais, lui dit l'accusateur, vous avez répudié votre femme. — Ma femme, répondit le futur dictateur, ne doit pas même être soupçonnée. — Et lui, il enlevait Posthumia à Sulpicius, Lollia à Gabinius, Tertullia à Crassus, Mucia à Pompée, et, comme dit Montaigne, il se soûlait de débauches (1) — comme de sang! C'est le grand homme qu'on fait admirer dans les colléges! — Mari plus digne, Mahomet écrivait dans le Koran :

« Ceux qui ont avancé un mensonge sont en assez grand » nombre parmi vous. — Pourquoi n'ont-ils pas produit qua- » tre témoins? Et s'ils n'ont pu les produire, ils sont men- » teurs devant Dieu. N'était la grâce inépuisable de Dieu et » sa miséricorde dans cette vie comme dans l'autre, un châ- » timent terrible vous aurait déjà atteints en punition des » bruits que vous avez propagés : vous prononciez de vos lè- » vres ce dont vous n'aviez aucune connaissance, et vous re- » gardiez comme une chose légère ce qui est grave devant » Dieu. C'était une calomnie atroce. — Dieu vous a avertis » de vous tenir à l'avenir en garde contre de pareilles impu- » tations, si vous êtes croyants. Ceux qui se plaisent à répan- » dre des propos calomnieux sur le compte des croyants » éprouveront un châtiment pénible. — O croyants, ne sui- » vez pas les traces de Satan! »

N'est-ce pas mieux que César? — « Le grand prophète, dit le caustique Voltaire, essuya la disgrâce commune à tant de maris; il n'y a personne, après cela, qui puisse se plaindre; mais Mahomet se comporta avec plus de hauteur que César. » — Voltaire juge peut-être Aïcha comme il eût jugé une Parisienne, mais il conclut bien.

Parmi les Voltaire que frappaient les foudres du Koran, se trouvait un parent du père d'Aïcha, et qui en recevait des secours; les secours lui furent supprimés, et Mahomet, qui le sut, dicta ce verset : « Que les riches et les puissants d'en- » tre vous ne jurent point de ne plus faire de largesses à » leurs parents, aux pauvres, et à ceux qui s'étaient expa- » triés (de la Mecque avec le prophète) pour la cause de Dieu;

(1) A son retour des Gaules, en accompagnant le char de triomphe qui le portait au Capitole, ses soldats chantaient : « Romains, cachez vos femmes : nous vous ramenons ce chauve voluptueux qui a conquis toutes les dames gauloises avec l'or de leurs maris. » — Et plus tard l'indigne sénat aurait délibéré sur un projet de loi qui devait livrer à ce voluptueux brutal la pudeur de toutes les dames romaines... Le troupeau d'esclaves eut peur de l'abjection.

» qu'ils leur pardonnent plutôt leurs fautes, et qu'ils passent » outre. Ne voudriez-vous pas aussi que Dieu vous pardon» nât? » — Quoi de mieux? Pardon et charité, c'est tout le cœur de l'apôtre de l'islam.

Là, comme partout, quoi qu'il en soit, et comme tous les législateurs, Mahomet ne s'en rapportait pas à Dieu du soin de punir, et il ordonnait que ceux qui accuseraient des femmes honnêtes sans pouvoir produire quatre témoins, recevraient quatre-vingts coups de fouet. — Il réglait à la fois la procédure, fort simple, de l'accusation d'adultère, à défaut de témoins du fait : « Ceux qui accuseront leurs femmes, et » qui n'auront d'autres témoins à produire qu'eux-mêmes » (*sic*), jureront quatre fois devant Dieu qu'ils disent la vé» rité, et une cinquième fois pour invoquer la malédiction de » Dieu sur eux s'ils mentent. — On n'infligera aucune peine » à la femme si elle jure quatre fois devant Dieu que son » mari ment, et une cinquième fois en invoquant sur elle la » colère de Dieu si l'affirmation de son mari est vraie. » — Ici, par exception, la femme l'emporte sur l'homme, et cela revient à dire que le mari ne peut accuser sans preuve. Rien de plus juste.

On ne voit pas que Mahomet ait autorisé, comme le législateur français, le meurtre de la femme adultère dans le cas du flagrant délit. Le Barbare serait-il moins barbare que le civilisé? — Le meurtre! et pourquoi? Parce qu'un mari, brusque, indifférent, méchant peut-être, n'a pas su se faire aimer! — Et le meurtre, par qui? Peut-être par un mari comme celui de cette *Portugaise* (lisez *Parisienne*) que Voltaire fait ainsi parler : « Lorsque mon mari m'a fait vingt infidélités, je n'ai point demandé aux juges qu'on le fît raser (raser la tête), qu'on l'enfermât chez des moines, et qu'on me donnât son bien. Et moi, pour l'avoir imité une seule fois, pour avoir fait avec le plus beau jeune homme de *Lisbonne* (Paris) ce qu'il fait tous les jours impunément avec les plus sottes guenons de la cour et de la ville, il faut que je réponde sur la sellette... que l'huissier me coupe à l'audience mes cheveux, qui sont les plus beaux du monde, qu'on m'enferme chez des religieuses qui n'ont pas le sens commun, qu'on me prive de ma dot et de mes conventions matrimoniales, qu'on donne tout mon bien à mon fat de mari pour l'aider à séduire d'autres femmes et à commettre de nouveaux adultères. Je demande si la chose est juste, et s'il n'est pas évident que ce sont les c.... (Voltaire écrit librement le mot) qui ont fait les lois... Lorsque la pauvre femme adultère fut présentée par ses accusateurs au maître de l'ancienne et de la nouvelle loi, il ne la fit point lapider, au contraire il leur reprocha leur injustice, il se moqua d'eux en écrivant sur la terre avec le doigt : il cita l'ancien proverbe hébraïque : *Que celui de vous qui est sans péché jette la première pierre.* Alors ils se retirèrent tous, les plus vieux fuyant les premiers, parce que, plus ils avaient d'âge, plus ils avaient commis d'adultères. — Je pars de là, et je dis à mon mari : Si vous êtes sans péché, rasez-moi, enfermez-moi, prenez mon bien ; mais si vous avez fait plus de péchés que moi, c'est à moi de vous raser, de vous faire enfermer, et de m'emparer de votre fortune. En fait de justice, les choses doivent être égales. »

C'est parfait, et pour cette égalité, il faut accorder aussi à l'épouse outragée le droit de tuer son mari si elle le surprend dans le domicile conjugal — ou il faut — et c'est le mieux — retirer au mari cet affreux droit de meurtre. Ou si l'on maintient ce droit sauvage de vengeance, il faut au moins ordonner que la conduite antérieure du meurtrier sera soumise à un examen sévère, et que, s'il est prouvé qu'il a fait ce qu'il a puni, il subira la loi du talion... Que de bras prêts à frapper seraient arrêtés par la crainte de cette enquête !... Quant à l'amant, que le mari le tue, c'est son droit — comme c'est son droit de tuer le voleur qui entrerait chez lui pour crocheter sa caisse.

Un autre tort de notre loi, c'est de n'accorder à la femme le droit de demander la séparation que si le mari profane le sanctuaire conjugal par l'introduction d'une concubine. C'est ici que le plaidoyer de Voltaire doit se faire entendre : l'adultère est partout, et partout la femme devrait être admise à le rechercher — comme le mari le recherche partout — même dans une voiture aux stores baissés, qui roule... Le serment du mari est-il moins sacré que celui de la femme? Alors, qu'on ait la franchise du Koran, et qu'on dise : Le mari peut avoir des maîtresses. — « Ceux qui n'ont de commerce qu'avec leurs femmes *et les esclaves qu'ils ont acquises*, dit en effet le Koran, n'encourent aucun blâme. » — Toujours l'hypocrisie pour nous! toujours la sincérité pour la loi mahométane! — Qu'est-ce qu'une loi sévère qu'on ne respecte pas? — En définitive, le cynisme de Diogène n'est-il pas encore préférable à la papelardise de Tartufe?

Complétant la pénalité de l'adultère, le Koran prive la femme de sa dot, don du mari, à qui elle la restitue, — comme notre Code retire à l'épouse coupable ses avantages matrimoniaux.

Veuvage. — Testaments. — Donations. — Successions.

Restées épouses et devenues veuves, les femmes musulmanes ne peuvent se remarier qu'après quatre mois et dix jours; et pendant une année, elles ont droit à l'habitation dans la maison du mari. — Il est recommandé aux maris de leur faire un legs d'entretien pour le même espace d'une année. — La veuve française n'a droit à l'habitation et à la nourriture que pendant quatre mois et dix jours (coïncidence bizarre avec le délai de viduité des musulmanes). — Ici, déjà, la veuve musulmane est mieux traitée que la veuve française, et si elle est débarrassée d'un mauvais mari, elle n'est pas obligée d'attendre — comme celle-ci — dix mois pour en choisir un meilleur — ou qu'elle croira meilleur. —Naïve illusion des veuves... « O veuves! dit saint Paul, je vous déclare qu'il est plus parfait pour vous de demeurer en cet état. »

Aux veuves musulmanes est, en outre, dévolu le quart des biens du mari (dégagés des dettes et des legs), si le mari n'a pas d'enfant, et s'il laisse une progéniture, le huitième. — Notre Code, lui, met tout bonnement à la porte la pauvre veuve, sans lui rien octroyer sur les biens de son mari... Nous nous trompons, ce généreux Code lui alloue son deuil!... Il est vrai qu'au défaut de stipulation contraire, il crée cette communauté de biens qui remonte à nos ancêtres les Gaulois et qui étonnait César; mais si la fortune est venue du mari, et si le ménage a absorbé les revenus de cette fortune, sans aucune économie, la fameuse communauté se réduit à *zéro*, et l'épouse riche de la richesse du mari devient une misérable veuve, heureuse encore d'avoir des enfants à qui elle pourra demander une pension alimentaire, car si le mari a pour héritiers ses parents, ses parents ne doivent rien à sa veuve!... La fortune du mari ne lui échoit que si celui-ci ne laisse pas de parent au douzième degré. — Un parent au douzième degré, que peut-être on n'a jamais vu ni connu, est bien plus cher qu'une épouse avec laquelle on a passé tant de jours — et tant de nuits! — Voilà le Code français pour les veuves!

Pour les *veufs*, c'est la même chose : pauvre époux d'une femme riche, on redevient après sa mort Gros-Jean comme devant, et les enfants ou les parents mangent la fortune de madame, et monsieur meurt à l'hôpital — si ses enfants dissipateurs ne peuvent le nourrir. — Le Koran donne encore ici une leçon au Code français : « Le mari, dit-il, a la moitié des biens de ses épouses (après distraction des dettes et des legs par elles faits), si elles n'ont pas d'enfant, et si elles en ont, le quart. » — Les père et mère musulmans ne sont pas, du moins, comme les père et mère français, à la merci de leurs enfants, ou évincés par des parents dont le cœur ne s'ouvre qu'avec la main qui recueille! Sans doute, on peut remédier au mal par des donations; mais la donation, ce n'est pas le droit immuable, c'est le caprice qui flotte; et puis, on vit bien, on est heureux, on ne pense pas à la mort... et la mort frappe sans laisser le temps d'écrire!

Le Koran est plus généreux encore : en France, les père et mère sont exclus de la succession de leurs enfants par les enfants de ceux-ci; dans le mahométisme, les père et mère ont *chacun* le sixième de la fortune de leur fils, mourant père lui-même. — Cette loi de Mahomet a plus d'égards pour la paternité — et la maternité — que la loi *de Napoléon*.

Peu de lois ont, comme le Koran, résisté à l'influence du temps. Solon autorisait la révision des siennes après cent ans. Espérons qu'un jour aussi on revisera notre loi civile, si obscure dans sa clarté concise, qu'elle surcharge de procès nos tribunaux. Alors, peut-être, le législateur comprendra que l'intérêt des père et mère ou des époux doit dominer l'intérêt des enfants ou des parents, et il accordera au *conjoint survivant* l'usufruit viager de toute la fortune du *prédécédé*, sous les garanties actuelles de la jouissance usufructuaire. Tous les droits seront ainsi réglés selon l'équité, selon le cœur, et le mari qui aura perdu sa femme, ou la femme qui aura perdu son mari, ne perdra pas encore une fortune devenue le besoin de la vie, — et le pauvre père de famille qui aura sué sang et eau pour amasser quelque bien, ne verra pas la moitié du fruit de ses peines, utile peut-être à sa vieillesse, passer aux mains d'un fils ingrat ou prodigue, ou d'un parent plus avide qu'affectueux. — « La subordination de l'enfant au père, dans la république, dit Montesquieu, y pourrait demander que le père restât *pendant sa vie* le maître des biens de ses enfants, comme il fut réglé à Rome. Mais cela n'est pas de l'esprit de la monarchie. » Tant pis pour les citoyens des monarchies! — Gardons-nous, disait un orateur — républicain encore — Tronchet (dans la discussion du futur Code Napoléon), gardons-nous d'armer les enfants contre les pères. La dureté des pères envers les enfants est un cas rare, et en quelque sorte une exception à l'ordre naturel des choses. » — Est-ce donc la *dureté* des enfants envers les pères qu'il faut favoriser? Et est-ce l'avidité d'un parent qu'il faut protéger au détriment de l'époux? — Famille et mariage sont-ils suffisamment respectés par le Code qui nous régit?

Comme ce Code, le Code musulman autorise la femme à tester, et il interdit au mari toute pression dans son intérêt particulier : « O croyants! dit-il, il ne vous est pas permis de vous constituer héritiers de vos femmes contre leur gré. »

Les testaments sont nuncupatifs et se transmettent par la bouche de ceux qui en ont entendu la dictée : « O croyants!

» dit le Koran, lorsqu'un de vous, à l'article de la mort, » voudra tester, vous prendrez deux personnes droites » parmi vous, vous les renfermerez après la prière, et si » vous doutez encore d'elles, vous leur ferez prêter le ser- » ment suivant : Nous ne vendrons pas notre témoignage » pour quelque prix que ce soit, pas même à nos parents, » et nous ne cacherons pas notre témoignage, car nous se- » rions criminels. » — Si, cependant, ils *témoignent* fausse- ment, le Koran admet deux parents du testateur, « et du nombre de ceux qui ont découvert le parjure, » à rectifier leur témoignage, en jurant devant Dieu qu'eux seuls disent vrai. — C'est un conflit de serments. — « Celui qui, après avoir entendu les dispositions du testateur, les altère, com- met un crime : Dieu voit et entend tout. » — C'est tout ce que dit le Koran, qui renvoie à Dieu la punition du crime, peut-être incertain de fixer la vérité ici ou là, et reculant devant le danger de condamner l'innocent pour le coupa- ble : — louable prudence, que n'ont pas toujours nos lois pénales. — « Mais, ajoute-t-il, à ceux qui ne portent pas de faux témoignages et qui sont inébranlables dans la vérité, le *djennet* est assuré. »

Une grave disposition était inspirée au prophète-législa- teur par son esprit de justice : « Celui qui, craignant une » erreur ou une injustice de la part du testateur, aura réglé » comme il convient les droits des héritiers, n'est pas cou- » pable. » — En d'autres termes (on ne peut, du moins, ce semble, interpréter différemment), il est permis à l'*équité* des témoins de fausser le testament dicté, s'il est entaché d'une criante injustice, par exemple (peut-on supposer en- core) s'il n'obéit pas à cette prescription du Koran : « Lors- » qu'un de vous est près de mourir, il doit laisser par testa- » ment quelque bien à ses père et mère et à ses proches, » d'une manière généreuse. C'est un devoir pour ceux qui » craignent Dieu. » — La piété filiale de Mahomet et sa sol- licitude pour la famille se manifestent constamment. — Sous la loi française, le testament le plus inique, le plus odieux, au point de vue de la famille sacrifiée, est respecté — s'il n'est pas l'œuvre d'une insanité d'esprit — bien justifiée. —

Colère ou haine, rien ne pouvait le vicier, selon le *projet* du Code civil. On a éliminé du texte définitif cette disposition, sans la remplacer par une disposition contraire, et doctrine et jurisprudence disputent pour savoir si la colère et la haine, poussées à tel ou tel degré, constituent ou non l'*insanité d'esprit*. La disposition du Koran coupe court à l'incertitude : en tout l'équité prononce.

Donations et successions semblent ensuite se confondre dans une rédaction dont la clarté n'est pas précisément le mérite : « Les hommes doivent avoir une portion des biens » laissés par leurs père et mère et leurs proches, les femmes » doivent aussi avoir une portion de ce que laissent leurs » père et mère et leurs proches. Que l'héritage soit considé» rable ou de peu de valeur, une portion déterminée leur » est due... Dieu vous commande, dans le partage de vos » biens entre vos enfants, de donner au garçon la portion » de deux filles (soit! ce n'est pas, du moins, l'indigne exclu» sion des filles comme sous les lois de notre ancien ré» gime); s'il n'y a que des filles et qu'elles soient plus de » deux (peut-être le traducteur eût-il mieux dit : *et qu'elles* » *soient deux ou plus*), elles auront les deux tiers de ce que » le père laisse; s'il n'y en a qu'une, elle recevra la moitié » (c'est dans ce cas d'enfant, que chacun des père et mère » du *défunt* a le sixième). Si le défunt n'a pas d'enfant, sa » mère aura un tiers (elle a la moitié, d'après le Code fran» çais, si elle est seule dans la ligne ascendante, et si elle » hérite avec son mari, elle n'a que le quart); et s'il (le dé» funt) laisse des frères, elle n'a qu'un sixième (sous notre » loi, elle a le quart). — Si un homme meurt sans enfant, » et s'il a une sœur, celle-ci aura la moitié de ce qu'il lais» sera; lui aussi sera son héritier si elle n'a pas d'enfant. » S'il y a deux sœurs, elles auront les deux tiers, et s'il y a » des frères et des sœurs, le fils (le *frère,* plus exactement » sans doute?) aura la portion de deux filles (deux *sœurs* : » c'est-à-dire, probablement, que, dans la succession colla» térale comme dans la succession directe, l'homme, en » concours avec des femmes, a double part.)—Si un homme » hérite d'un parent éloigné ou d'une parente éloignée, et

» qu'il ait un frère ou une sœur, il doit à chacun des deux » un sixième de la succession; s'ils sont plusieurs, ils con- » courront au tiers de la succession. » — Sous notre législation, un *homme* n'hérite pas sans que ses frères et ses sœurs participent, au même titre que lui, à l'héritage. Dans la pensée du législateur arabe, s'agit-il d'un droit d'*hérédité* (mot impropre alors) *par testament?* Dans ce cas, c'est une leçon d'équité qu'il donne au législateur français : en France, un parent peut circonvenir un parent (sans aller jusqu'à la captation qui vicierait l'acte testamentaire), et se faire attribuer une fortune dont il n'aura rien à remettre à ses frères et sœurs, dépouillés par sa ruse : c'est à cela que remédie le Koran, dans une limite équitable, si son texte est bien compris.

Il ne suffisait pas au cœur comme à la raison de Mahomet de déterminer les droits; il voulait encore que la générosité ou la charité accompagnât le partage des biens : « Lorsque les parents, les orphelins et les pauvres sont présents au partage, dit le Koran, faites-leur en avoir quelque chose. » — Où est la portion du malheur et de l'indigence dans nos partages?

La tutelle.

Les orphelins avaient surtout la sollicitude de Mahomet : beaucoup de versets du Koran font un appel aux sentiments d'humanité en leur faveur. Et pour ceux qui ont quelque bien, le Koran établit, avec le laconisme habituel de ses dispositions civiles, ces règles de tutelle :

« Ne consumez pas l'héritage des orphelins en le confon- » dant avec le vôtre, c'est un crime énorme. — N'y touchez » pas, à moins que ce ne soit d'une manière louable, pour » le faire accroître. — Celui (le tuteur) qui est pauvre ne » doit en user qu'avec discrétion. » — C'est le système de charité, base de l'islam, qui prévaut : le pupille qui a, doit secourir le tuteur — son second père — qui n'a pas.

— Notre loi française ne donne rien au tuteur pauvre : il doit rendre intégralement capital et intérêts, et paiera même les intérêts s'il n'a pas placé l'argent. — « Ne remettez pas, » poursuit le Koran, aux ineptes (aux pupilles incapables » d'administrer eux-mêmes leur fortune, ou *capables* de la » dissiper) les biens que Dieu a confiés à vos soins comme » un fonds, mais, en les gérant vous-mêmes, fournissez-leur » (aux pupilles) sur ce fonds, la nourriture et les vêtements, » et tenez-leur toujours un langage doux et honnête (Mahomet » voulait former de bons cœurs — comme le sien : — » *Plus fait douceur que violence*). — Éprouvez les facultés in- » tellectuelles des orphelins jusqu'à l'âge où ils pourront se » marier, et si vous leur trouvez un jugement sain, alors » remettez-leur leur fortune. » — Ce dernier point n'est-il pas plus sage que notre majorité uniforme, qui livre souvent à un fou une fortune que suivra la misère? Dans un intérêt de famille, dans l'intérêt même de la société, qui doit autant que possible empêcher les ruines, c'est un comité des parents du pupille qui devrait prononcer son affranchissement, *sa majorité*, comme c'est, d'ailleurs, aujourd'hui un même comité (le *conseil de famille*) qui reconnaît ou non la nécessité d'une interdiction ou d'un conseil judiciaire. — Pourquoi une aptitude générale quand les facultés diffèrent tant? — Chez les Franks, nos ancêtres, lorsque l'homme n'était que soldat, la majorité se déclarait pour *chaque individu*, dès qu'on avait la force de porter les armes. Maintenant que l'homme est *citoyen*, la majorité devrait suivre son idonéité à porter ce titre. — Chez les Goths, dit l'auteur de l'*Esprit des lois*, c'était la *vertu* qui faisait la majorité. — Ne pourrions-nous revenir au système gothique?

Dans le mahométisme, si le tuteur retarde la restitution des biens du pupille, malgré son âge de puberté et sa réelle aptitude, le *cadi* ou *midjelès* (tribunal supérieur) prononce. — La restitution et la reddition de compte doivent avoir lieu devant témoins. — « Ceux qui dévorent iniquement le pa- » trimoine des orphelins, dit encore le Koran, introduisent » le feu dans leurs entrailles, et seront un jour consumés » par la flamme ardente (de l'enfer). » — Notre hypothèque légale au profit des pupilles paraît leur offrir une garantie plus solide, plus efficace.

Nantissements. — Engagements. — Dépôts.

L'hypothèque semble, du reste, inconnue à l'islam : on n'en voit pas trace dans le Koran. La seule garantie qu'il règle, c'est le nantissement, et deux mots lui suffisent : « Si l'un confie à l'autre un objet, que celui à qui le gage est confié le restitue intact. » — Quelques lignes suffisent aussi au Koran pour la forme des engagements : « O vous » qui croyez! lorsque vous contractez une dette payable » à une époque fixée, mettez-le par écrit, ou que le débi- » teur dicte à un écrivain, sans ôter la moindre chose. Si » le débiteur ne jouit pas de ses facultés, s'il est des faibles » de ce monde, ou s'il n'est pas en état de dicter lui-même, » que son patron ou son ami dicte fidèlement pour lui. » Appelez deux témoins choisis parmi vous; si vous ne » trouvez pas deux hommes, appelez un homme et deux » femmes parmi les personnes habiles à témoigner, afin » que si l'une oublie, l'autre puisse rappeler le fait. — Les » témoins ne doivent pas refuser de faire leurs dépositions » toutes les fois qu'ils en seront requis. — Mettre par écrit » une dette petite ou grande, c'est un procédé juste devant » Dieu, à moins que la marchandise ne soit là devant vous, et » que vous ne vous la passiez de main en main : alors il ne » saurait y avoir de péché si vous ne mettez pas la transac- » tion par écrit. — Appelez des témoins dans vos transac- » tions, et ne faites violence ni à l'écrivain, ni aux té- » moins : si vous le faites, vous commettrez un crime. » Craignez Dieu! »

Dieu recommande aussi de rendre le dépôt à qui il appartient, et le *djennet* est promis à ceux qui gardent fidèlement les dépôts confiés — comme à ceux qui remplissent fidèlement leurs engagements.

L'usure.

L'usure est énergiquement défendue : « Ceux qui *avalent* » le produit de l'usure se lèveront au jour de la résurrection » comme celui que Satan a souillé de son contact. Et cela » parce qu'ils disent : *L'usure est la même chose que la vente* » (cette idée prédomine aujourd'hui *légalement* en Algérie). » — Non, Dieu a permis la vente, il a interdit l'usure (le » christianisme le dit aussi). Celui à qui parviendra cet aver- » tissement du Seigneur et qui mettra un terme à cette ini- » quité, obtiendra le pardon du passé. Ceux qui retourne- » ront à l'usure seront livrés au feu de l'enfer. » — A en juger par un autre verset du Koran, la *marchandise-argent* était fort rare du temps du prophète, car il disait : « O croyants ! ne vous livrez pas à l'usure en portant la somme *au double et toujours au double.* » — C'est l'usure romaine qui dépouillait, au profit du patricien riche, le plébéien pauvre, emportant sa misère révoltée sur le Mont-Sacré. Et Mahomet apportait au mal le même remède, non par la loi, mais par la prière : « O croyants ! ajoutait-il, craignez Dieu, » et abandonnez ce qui vous reste dû de l'usure ; si votre » débiteur éprouve de la gêne, attendez (pour exiger le » paiement du capital) qu'il soit à son aise, et si vous lui » remettez sa dette, ce sera plus méritoire pour vous. Dieu » vous rétribuera selon vos œuvres. » — Toujours l'invitation au bien, au nom de Dieu.

Préceptes de morale.

Dans l'analyse déjà faite, on a pu reconnaître d'excellents préceptes de morale. Nous allons en extraire d'autres du Koran.

Et d'abord, nous pouvons résumer la morale générale de l'islam par ces conditions que Mahomet exigeait pour l'admission au *jardin de délices* : « Les hommes et les femmes » qui craignent Dieu et s'abandonnent entièrement à lui, » les hommes et les femmes qui croient, les personnes pieu- » ses des deux sexes, les personnes justes des deux sexes, » les personnes des deux sexes qui maîtrisent leurs colères » et supportent tout avec patience, les humbles des deux » sexes, les hommes et les femmes qui font l'aumône dans » l'aisance comme dans la gêne, qui agissent avec bonté et » pardonnent les offenses; les personnes des deux sexes » qui observent le jeûne, les personnes chastes des deux » sexes, les hommes et les femmes qui se souviennent de » Dieu à tout moment, lui demandent pardon de leurs pé- » chés et n'y persévèrent point, tous obtiendront la misé- » ricorde de Dieu, et auront des habitations charmantes dans » les jardins d'Éden. » — Est-il une meilleure règle de conduite? — Et relevons en passant le soin de Mahomet de désigner nommément la femme — à côté de l'homme — pour un sort commun dans l'éternité, sans doute afin d'éviter une question comme celle qui, dans le siècle antérieur à son apostolat, avait agité le christianisme, et qu'un concile de Mâcon avait résolue en décidant « que la femme se confond dans l'homme et partage son sort, conformément à ces termes formels de l'Écriture : *Dieu créa l'homme mâle et femelle.* » — Voilà ce qui faillit produire un schisme! Que de stupidités dans les annales chrétiennes du passé!

Ceux qui dédaigneront les devoirs prescrits n'entreront au jardin de délices, ajoute le Koran, que *lorsqu'un chameau passera par le trou d'une aiguille.* — Mahomet, empruntant cette figure orientale à l'Évangile, reprenait son bien où il le trouvait.

La morale de l'islam est encore dans ce serment que Mahomet recevait des femmes en les admettant dans sa religion : « Je jure fidélité à Dieu, et m'engage à ne point lui » associer de divinités, à ne point dérober, à ne point com- » mettre d'adultère, à ne point tuer mes enfants (ô mœurs! » on ne peut trop redire que ce sont ces mœurs que Mahomet » réformait), à ne point tenir de propos calomnieux, et à ne » désobéir au prophète *en rien de ce qui est bon.* » — Qui devait décider du mauvais? — Cette fin rappelle le serment que Trajan demandait à un préfet du prétoire, en lui remettant le glaive, marque de sa dignité : « Jurez d'employer ce glaive que je vous confie, pour moi si je me conduis bien, contre moi si je me conduis mal. » — Depuis Trajan, les souverains n'ont plus demandé que des serments d'esclaves... Pauvre humanité!

Dans le détail des préceptes de morale, toute l'animadversion du Koran tombe sur le faux témoignage, et cela se conçoit, car le témoignage, qui dans notre législation civile joue un rôle extrêmement infime, a une grande importance dans l'islam : les témoins, pour ainsi dire, consacrent et authentiquent tout. « Soyez donc, dit le Koran, stricts observateurs de la justice quand vous témoignez devant Dieu, » dussiez-vous témoigner contre vous-mêmes, contre vos » parents, contre vos proches, vis-à-vis du riche ou du pauvre. Ne suivez point vos passions, de peur de dévier, et » que la haine ne vous écarte point du droit chemin. Soyez » justes : la justice tient de près à la piété. » — Croirait-on que c'est du fond d'un désert, quand la barbarie inondait le monde, que sortait ce magnifique langage? Ombre de Chateaubriand! celui qui parlait ainsi enrayait-il la civilisation? Enrayait-il encore la civilisation en disant : « Soyez fidèles » à vos engagements. — Ne violez pas les serments que » vous avez faits solennellement : vous avez pris Dieu pour » caution (Mahomet devinait Platon), et Dieu connaît vos actions. — Ne faites point entre vous de serments perfides, » parce qu'une troupe de vous est plus nombreuse qu'une » autre (allusion à la mauvaise foi des Arabes, qui ne regardaient les traités comme obligatoires que lorsqu'ils étaient » les plus faibles). — Ne vous servez point de vos serments » comme d'un moyen de fraude. — Dieu vous châtiera si » vous violez vos engagements, et (dans ce monde) l'expiation d'une telle violation sera la nourriture de dix pauvres, » ou leur habillement, ou l'affranchissement d'un esclave » (sans vouloir jouer sur le mot, est-ce là de la *Barbarie?*). » Celui qui ne pourra satisfaire à ces prescriptions, jeûnera » trois jours. » — Toutefois, « Dieu ne punira pas pour une méprise dans le serment, mais il punira pour l'œuvre du cœur. » C'est un peu le principe de *l'erreur* emprunté par notre législation au droit romain, et qui rend l'engagement rescindable. Dans son style mystique, Mahomet devançait notre Code.

Fidèle à sa maxime que Dieu veut le bien et non le mal, il autorisait à rétracter le serment « lorsqu'on croyait *faire mieux* en ne l'exécutant pas. » Et s'il s'agissait d'un serment trop rigoureux, il invoquait Job. — Job, le patient Job, avait eu cependant un accès d'impatience contre Lia, sa femme, et il avait juré de lui infliger cent coups de fouet dès qu'il serait guéri. — Guéri, il regretta sa menace : « Dieu dit à Job (selon le Koran) : Prends un faisceau, *frappes-en*, et ne viole pas ton serment. » — *Frappes-en* : Dieu ne dit pas *quoi*. — Job prit un faisceau d'herbes et de joncs, et frappa. Et sans battre sa femme, il tint, auprès de Dieu, sa parole. — C'est subtil (1), mais c'est bon. — La tradition musulmane accorde donc le droit d'imiter Job pour se dégager d'un serment dont la rigueur blesse le cœur calmé.

Le serment, l'engagement, tout se solennise par une pression de main : c'est le contrat mahométan (2). — Et quant à ceux qui profanent le serment en le prodiguant ou en le prêtant pour des choses frivoles, le Koran ne leur épargne ni le reproche ni le mépris. — Sommes-nous aussi dignement sévères pour les prodigues de serments?

Le Koran ne trace point de forme pour les jugements, mais

(1) Cette subtilité eût été du goût du pape d'Avignon, Jean XXII. Pour se faire élire, il avait promis de reporter le saint-siége à Rome, en jurant de ne monter ni cheval ni mule avant son entrée dans cette ville, et élu, il maintint le siége apostolique à Avignon, mais en s'y rendant en bateau ou à pied, et non à cheval ou à mule, *pour respecter son serment.*

(2) « Si nous nous faisons tuer pour toi, demandaient à Mahomet des idolâtres de Yathrib (Médine), quelle sera notre récompense? — Le paradis! répondait le prophète. — Et tu ne nous quitteras pas pour retourner à la Mecque? — Jamais! je vivrai et je mourrai avec vous. » — Et en signe de serment, d'engagement mutuel, on se serra la main. — C'est ce signe qui s'est perpétué et généralisé parmi les musulmans.

il dit : « Dieu aime ceux qui jugent avec équité. Que les diffé-
» rends de nos semblables soient donc jugés avec équité.
» C'est une belle action que Dieu nous recommande. » — Et joignant l'exemple au précepte, Mahomet, invité à prononcer entre un israélite et un musulman, donna équitablement raison à l'israélite. Le musulman ne se soumit pas, et la contestation durant encore sous le calife Omar, celui-ci trancha la difficulté en faisant trancher la tête du récalcitrant *mouslim*. — Mahomet ne peut pas plus être responsable des abominations de ses successeurs, que Jésus de celles de ses prétendus vicaires ou ministres. A chacun ses œuvres.

« Du ciel, dit ailleurs le Koran, est descendue la *balance*
» apportée par l'ange Gabriel, afin que les hommes observent
» l'équité. — Malheur donc à ceux qui faussent le poids ou
» la mesure, qui, en achetant, exigent une mesure pleine, et
» qui, lorsqu'ils mesurent ou pèsent aux autres, les trom-
» pent ! » — Le loyal Alphonse Karr, dont l'esprit flagelle l'iniquité commerciale, dit-il mieux ?

La tromperie en toutes choses révoltait Mahomet, et il prêtait à Dieu cette apostrophe : « Si les hypocrites, les hommes
» dont le cœur est atteint d'une maladie, et les propagateurs
» de fausses nouvelles, ne cessent leurs méfaits, nous t'ex-
» citerons contre eux pour les châtier, et, maudits en quel-
» que lieu qu'ils soient, ils seront saisis et tués dans un car-
» nage terrible. » — Le législateur moderne savait-il qu'il copiait le Koran en condamnant la *propagation des fausses nouvelles*?

« Les hypocrites, ajoute le Koran, sont des impies. — Et
» toi, dit-il à l'orgueilleux, ne marche pas fastueusement sur
» la terre : tu ne saurais la fendre en deux ni égaler la hau-
» teur des montagnes. Tout cela est mauvais et abominable
» devant Dieu. »

Avec les avares — qu'il envoie dans l'*hotama* du *sakar* — le Koran réprouve les prodigues : « Ne te lie pas la main au
» cou, dit-il, et ne l'ouvre pas non plus entièrement (ne sois
» ni avare ni prodigue), de peur d'encourir le blâme ou de
» devenir pauvre. »

Trop souvent les Arabes abusaient de l'hospitalité qu'ils

donnaient, et, pour mieux dévaliser le voyageur, le tuaient, et le Koran, dans plusieurs de ses versets, invite à la bonté envers les voyageurs.

En tout, du reste, il convie au bien : « Comportez-vous » honnêtement dans ce monde. — Ne lésez personne, et vous » ne serez point lésés. — Le mal et le bien ne sauraient mar- » cher de pair : rendez le bien pour le mal, et vous verrez » votre ennemi se changer en protecteur et en ami. — N'ayez » pour tous que des paroles de bonté, et soyez pour tous » doux et honnêtes. — Que les hommes ne se moquent pas » des hommes ; ceux que l'on raille valent peut-être mieux » que leurs railleurs. Que les femmes ne se moquent pas des » femmes : peut-être celles-ci valent mieux que celles-là. — » Ne vous diffamez pas entre vous, ne vous donnez point de » sobriquets. — Que ce mot *méchanceté* vient mal après la » foi que vous professez ! — Ceux qui ne se repentent pas, » ceux-là sont véritablement méchants. — Évitez le soup- » çon, il y a des soupçons qui sont des péchés ; ne cherchez » point à épier les pas des autres ; ne médisez point les uns » des autres : *qui de vous voudrait manger la chair de son* » *frère mort?* Cela vous répugne. Craignez donc Dieu ! — O » croyants ! lorsque vous conversez ensemble, que le péché, » l'inimitié, la désobéissance aux ordres du prophète, ne » soient point le sujet de vos discours ; parlez entre vous jus- » tice et crainte de Dieu. » — C'est mieux que notre conver- sation *civilisée*, toujours niaise, oiseuse, frivole ou méchante. « Si l'on faisoit, a écrit La Bruyère, une sérieuse attention à tout ce qui se dit de froid, de vain et de puéril, dans les en- tretiens ordinaires, l'on auroit honte de parler ou d'écouter. »

Le jeu. — Le vin.

Pour achever de moraliser les Arabes, que contribuaient à abrutir la passion du jeu et l'ivrognerie, Mahomet défendait expressément le jeu et le vin : « O croyants ! le vin et les » jeux de hasard sont — comme les statues (les idoles) — une

» abomination inventée par Satan : abstenez-vous-en, et vous » serez heureux. — Dans le vin et dans le jeu, il y a du mal » et des avantages pour les hommes, mais le mal l'emporte » sur les avantages. — Satan désire exciter la haine et l'ini» mitié entre vous par le vin et le jeu, et vous éloigner du » souvenir de Dieu et de la prière. Prenez garde ! » — Et dociles au précepte, les musulmans excluent les jeux — moins le jeu d'échecs, qui n'est point un *jeu de hasard* (1). — Et à Avignon, les papes légitimaient le jeu, en le soumettant à un impôt qui augmentait leurs subsides, et à Rome même, aujourd'hui, on voit les rues envahies par les appâts trompeurs de la loterie, cet immonde *jeu de hasard* qui grossit de son revenu le *patrimoine de saint Pierre !*... De quel côté (du côté du prophète de l'islam, ou du côté des pontifes chrétiens) est l'action moralisatrice? — « Pour vaincre au moins quelquefois, dit caustiquement Suétone, Auguste joue toujours aux dés. » — Et nous, les civilisés, pour être vaincus par les barbares du désert, nous jouons toujours aux cartes — ce jeu qu'ils réprouvent, et que nous devons à la folie d'un roi qu'il fallait amuser... amusement digne, en effet, de la démence !... Quel Mahomet nous rendra sur ce point la raison — en préservant nos familles des suites épouvantables de la passion du jeu?

Et quel Mahomet supprimera aussi parmi nous ces ignobles Antonio qui disent : « Boire sans soif, il n'y a que ça qui nous distingue des autres bêtes ? » — Boire sans soif les six pintes de sa coupe d'Hercule, c'était là ce qui distinguait de ses capitaines le grand Alexandre ! — Boire sans soif, plus que n'avaient pu boire ses camarades, c'était là ce qui valait à un de ces capitaines d'Alexandre, Promachus, un prix d'ivrognerie proposé par l'illustre ivrogne (2) ! — Boire sans

(1) Mahomet ayant défendu toute représentation de figures d'hommes et d'animaux, les musulmans prennent d'autres formes pour les pièces, généralement grossières, de leurs jeux d'échecs. — De même, dans les ornements et les décorations d'architecture, ils n'admettent que des imitations de plantes et de feuillages : c'est ce que nous nommons *arabesques* (du nom des premiers musulmans, les Arabes).

(2) Promachus mourut au bout de trois jours, et quarante-et-un

soif, mieux que ne pouvait le faire son frère Artaxerce, c'était là ce dont se prévalait un autre héros, Cyrus, pour lui disputer le trône de Perse! — Boire sans soif, à un seul repas, devant Tibère, une *amphora* (vingt-sept litres) de vin, c'était là ce qui méritait à un courtisan de cet empereur (Tibère lui-même avait des courtisans!) la préfecture de Rome!

Et précisément ce fut sous ce Tibère, dit Pline, que s'établit à Rome l'usage de boire à jeun et de prendre du vin avant le repas : « Nous devons, ajoute-t-il, cette méthode moderne aux étrangers et aux médecins qui cherchaient à se signaler par quelque nouveauté... Comme si la nature ne nous avait pas offert la boisson la plus salutaire en nous donnant l'eau!... On achète au prix de tant de sueurs, de travaux et de dépenses, de quoi troubler la raison et inspirer la fureur. Mille forfaits en sont les suites. »

C'est là ce que corrigeait Mahomet, en même temps qu'il protégeait la santé : « Dans les pays chauds, dit Montesquieu, la partie aqueuse du sang se dissipe beaucoup par la transpiration, il y faut donc substituer un liquide pareil. L'eau y est d'un usage excellent, les liqueurs fortes y coaguleraient les globules de sang qui restent après la dissipation de la partie aqueuse. La loi de Mahomet, qui défend de boire du vin, est donc une loi du climat d'Arabie. » — Par le même motif, une loi de Carthage proscrivait aussi le vin. Et ce motif vaut mieux que celui que la secte chrétienne des sévériens (XIIe siècle) invoquait pour interdire la même boisson : « L'homme, disait-elle, ne doit pas boire de vin, parce que c'est le serpent, issu du démon, qui a produit la vigne. » — Mais tous les prélats, tous les chanoines, tous les curés, protestèrent, et firent rejeter l'hérétique doctrine qui allait briser dans leurs mains la dive bouteille du curé de Meudon, lequel disait si bien : « Que le service du vin ne soit pas plus troublé que le service divin! » — Que de bons prêtres répé-

des convives qu'il avait vaincus (noble victoire!) furent également victimes de leur débauche. — On sait qu'Alexandre lui-même mourut — à trente-deux ans — des suites de ses orgies... Le grand homme!

tent encore aujourd'hui la paronomase de Rabelais, — peu soucieux de ressembler à saint Jean-Baptiste, dont l'ange annonciateur de sa naissance avait dit : « Il sera grand devant le Seigneur, et ne boira pas de vin, ni rien de ce qui peut enivrer. »

Mais que de puissance il fallait à Mahomet pour réaliser le contraire du miracle des noces de Cana!... N'est-ce pas là le plus grand prodige dont le monde ait été témoin?... Que Dieu lui-même essaie donc de fermer en France les cabarets, ces antichambres des geôles — et des bagnes!

Les aliments.

Par un autre soin hygiénique, Mahomet défendait la chair de porc : « La chair de porc, dit encore Montesquieu, se transpire peu, et cette nourriture empêche même beaucoup la transpiration des autres aliments. Le défaut de transpiration forme ou aigrit les maladies de la peau : la nourriture du cochon doit donc être défendue dans les climats où l'on est sujet à ces maladies, comme celui de la Palestine, de l'Arabie, de l'Égypte et de la Libye. » — Ainsi s'explique la mesure de Moïse et de Mahomet à l'endroit de l'animal immonde.

Le Koran défend en outre « les animaux morts, suffoqués, » assommés, tués par quelque chute ou d'un coup de corne, » ceux qui ont été entamés par une bête féroce, à moins » qu'on ne les ait purifiés par une saignée, — et surtout — » toutes choses sur lesquelles n'a pas été prononcé le nom » de Dieu. » — Cependant il absout celui qui, cédant à la nécessité de la faim, et sans dessein de mal faire, a transgressé cette disposition. — Et de même que saint Paul dit : « Le royaume de Dieu ne consiste point dans le boire et dans le manger, mais dans la justice, dans la paix et dans la joie que donne le Saint-Esprit; » de même le Koran ajoute : « Ceux qui croiront à Dieu et auront fait le bien ne seront pas regardés comme coupables à cause de ce qu'ils mangent. » — *Mangez un veau et soyez chrétien*, disait, à propos d'un scrupule de carême, au duc Philippe d'Orléans (frère de Louis XIV), le chanoine de ce vers de Boileau :

> Et laissez à Feuillet réformer l'univers.

Comme les juifs, les Arabes idolâtres s'étaient interdit certains aliments, et Mahomet les en raillait : « Est-ce le mâle, » ou la femelle, ou le fruit de la femelle que Dieu vous a dé- » fendu? Étiez-vous présents quand Dieu vous a fait cette » défense? *Le plus grand nombre des hommes égarent les autres » par leurs passions, et sans avoir aucune connaissance à l'ap- » pui de ce qu'ils font.* » — Curieuse naïveté du prophète qui annonçait tout au nom de Dieu!... Ou bien ne serait-ce pas la preuve de son extrême bonne foi dans cette intuitive mission de Dieu? — Et pour la conversion des idolâtres et des juifs, il faisait valoir cette considération, qu'en adoptant le Koran, ils pourraient se nourrir de ces excellentes chairs que leurs religions condamnaient. — Si c'est un appel à sa foi par la *gourmandise*, l'appel à la foi du Christ par la même séduction n'est-il pas dans l'Évangile, qui lève les prohibitions de Moïse? « Toutes les choses sont pures, disait saint Paul, et mangez de tout pour plaire à Dieu... »

Mais, ajoutait Mahomet, « mangez et buvez sans excès, car Dieu n'aime point ceux qui font des excès, et il appesantira sur eux sa colère. » — Et la sobriété est la règle générale des mahométans (1).

Voilà les mœurs que formait Mahomet. Était-ce de l'*incivilisation?*

(1) La tempérance, dit un proverbe arabe, est un arbre qui a pour racine le contentement de peu, et pour fruit la santé et le calme.

Devoirs de politesse. — Convenances)sociales, etc.

Pour mieux polir ces mœurs, Mahomet réglait les devoirs de politesse, les convenances sociales, et jusqu'à la démarche, jusqu'au son de la voix : « O croyants! n'entrez pas » dans une maison étrangère sans en demander la permis- » sion. Si vous n'y trouvez personne, n'entrez pas, à moins » que vous n'en ayez eu la permission. Si l'on vous dit : — » *Retirez-vous*, — retirez-vous aussitôt. — Que vos esclaves, » ainsi que les enfants qui n'ont pas atteint l'âge de puberté, » n'entrent pas chez vous, sans votre permission, à ces trois » moments : avant la prière de l'aurore, lorsque vous » quittez vos habits (à midi), et après la prière du soir : » ces trois moments doivent être respectés par décence. — » Il n'y aura aucun mal ni pour vous ni pour eux s'ils en- » trent à d'autres heures sans permission. — Lorsque vos » enfants auront atteint l'âge de puberté, ils devront, à » toute heure, demander la permission d'entrer. — Quand » vous entrez dans une maison, saluez, et soyez salués par » ceux qui vous reçoivent, et souhaitez-vous réciproque- » ment de par Dieu une bonne et heureuse santé. — Ne » faites point de contorsions avec la bouche par dédain » pour les hommes. — Modérez votre pas (ne marchez ni » trop vite ni trop lentement), et baissez, en parlant, votre » voix, car la plus désagréable des voix est bien celle de » l'âne. — Évitez toute parole déshonnête. »

Cette douceur, cette honnêteté, Mahomet se les faisait recommander à lui-même par Dieu : « Appelle les hommes » dans le sentier droit par la sagesse et par des admonitions » douces, et si tu entres en discussion avec eux, fais-le de » la manière la plus honnête. » — N'y aurait-il pas là d'utiles instructions pour beaucoup de nos prédicateurs — ou zélateurs chrétiens?

Honnête et poli pour les autres, Mahomet voulait qu'on le fût pour lui, et il indiquait les égards qui lui étaient dus — en concluant ainsi : « Dieu et les anges honorent le pro-

» phète. Croyants! adressez sur son nom des paroles de vé» nération, et prononcez son nom avec salutation. » — Dociles à cette recommandation, les musulmans ne prononcent ni n'écrivent jamais le nom de Mahomet sans l'addition de ces mots : *Salla allahou aleïhi oua sallama* (que Dieu lui soit propice et le conserve)! — Au lieu du salut habituel : *es-selam aleïka* (paix sur toi), les infidèles disaient : *es-sam aleïka* (malheur sur toi)! et Mahomet prêtait à Dieu cette réprobation : « *Ils* te saluent avec des paroles autres que » celles par lesquelles Dieu te salue, et se demandent pour» quoi Dieu ne les punit pas : qu'ils patientent! ils auront » la géhenne, et ils seront chauffés à son feu. » — C'est de la bénignité dans l'imprécation. — Pour avoir — non pas salué outrageusement — mais négligé de saluer le symbole du christianisme, le jeune chevalier de La Barre (il avait dix-neuf ans!) mourait, il y a moins de cent ans, à Abbeville, par la main du bourreau!

Descendant même aux soins de toilette, le Koran dit aux croyants : « Mettez un terme à la négligence par rapport » à votre extérieur, et revêtez vos plus beaux habits toutes » les fois que vous vous rendez au lieu de la prière (la » mosquée). » — Saint Paul, lui, se borne à recommander la tête nue pour l'homme, et le voile pour la femme dans le lieu de la prière chrétienne : « L'homme, dit-il, ne doit point se couvrir la tête, parce qu'il est l'image et la gloire de Dieu, tandis que la femme est la gloire de l'homme, car l'homme n'a point été tiré de la femme, mais la femme a été tirée de l'homme. Aussi l'homme n'a-t-il pas été créé pour la femme, mais la femme pour l'homme. » — C'est l'esprit, c'est la lettre du Koran.

L'esclavage.

Malheureusement, si saint Paul disait : « Que tous ceux qui sont sous le joug de la servitude sachent qu'ils sont obligés de rendre toute sorte d'honneurs à leurs maîtres, de peur que l'on ne blasphème contre le nom et la doctrine de Dieu; » — Mahomet disait aussi : « Dieu élève les hommes » les uns au-dessus des autres, en sorte que les uns pren» nent les autres pour serviteurs. » — C'était la *servitude* qu'il tolérait avec saint Paul. Mais son cœur répugnait à cette sujétion de l'homme par l'homme, et il ajoutait : « Dieu » vous a favorisés les uns plus que les autres dans la dis» tribution de ses dons, mais ceux qui ont été favorisés » font-ils participer à leurs biens leurs esclaves?... Donnez» leur un peu de ces biens que vous tenez de Dieu, et si » quelqu'un d'eux vous demande son affranchissement, » accordez-le lui, si vous l'en jugez digne. » — Et lui-même il signalait par des affranchissements ses solennités religieuses : soixante-trois esclaves lui durent la liberté le jour de son pèlerinage à la Mecque, après le succès de ses prédications. — Et dans le Koran il édictait le rachat de certaines peines par un affranchissement ou une rédemption d'esclave, et il réservait une partie des aumônes pour le même bienfait. C'était prouver qu'il cédait à regret aux mœurs de son temps en maintenant l'esclavage, comme l'apôtre chrétien avait lui-même subi celles de son époque. Saint Paul transigeait avec le double dogme d'égalité et de liberté que prêchait l'*Homme* son maître, et qui, du reste, n'était point un enseignement nouveau : « Les esséniens, dit Racine (traduisant Philon), n'ont point d'esclaves, et ils croient que c'est entièrement agir contre l'ordre de la nature que de se faire servir par des valets, car les hommes, disent-ils, naissent tous également libres, n'étoit que l'injustice et l'ambition de ceux qui ont voulu semer dans le monde cette malheureuse inégalité qui est la source de tous les maux, ont mis entre les mains des puissants la domination qu'ils ont usurpée sur les faibles (1). »

(1) Les esséniens avaient l'intuition du christianisme, et l'on s'étonne de lire dans l'histoire que nos moines avaient des esclaves. Le savant Alcuin reçut de Charlemagne plusieurs abbayes qui le rendaient maître de vingt mille esclaves. C'était scandaleusement fouler aux pieds la doctrine évangélique.

C'était cet état de choses que sanctionnait Mahomet, et que, dans notre Algérie, par exemple, le christianisme, pusillanimement complice de l'islam, n'avait pas changé depuis dix-huit années que la Croix avait reparu sur ces côtes, portée par le vieil aumônier de la flotte conquérante. Et sans doute la liberté chrétienne serait encore dans l'Afrique française le vain rêve d'un divin idéologue, si la politique n'avait eu plus de force que la religion. Mais un gouvernement est venu qui a noblement dit : « Considérant que l'esclavage est un attentat contre la dignité humaine; qu'en détruisant le libre-arbitre de l'homme, il supprime le principe naturel du droit et du devoir; qu'il est une violation flagrante du dogme républicain : *liberté*, *égalité*, *fraternité*, — l'esclavage est aboli dans les colonies françaises — nommément en Algérie, — et le principe que le *sol de la France affranchit l'esclave qui le touche*, est appliqué aux colonies et possessions de la République. » — Honneur à la République de 1848!

Et quelle différence entre ce texte et le texte de la loi romaine : « Celui qui blessera un esclave ou un animal (osait dire cette loi) tiendra compte de la diminution de la valeur. » — L'homme-esclave n'était plus qu'un animal domestique!... Et pourtant, disait l'esclave Dave à son maître Horace (en se faisant servir par celui-ci dans les fêtes des saturnales, qui intervertissaient les rôles), lequel de nous deux mérite le mieux d'être pendu?

L'oppression. — La contrainte.

Si Mahomet légitimait l'esclavage, il condamnait l'oppression : « Un châtiment douloureux, dit le Koran, attend » ceux qui oppriment les autres, et qui agissent avec vio- » lence et contre toute justice. — On ne pourra s'en pren- » dre à l'homme qui venge une injustice qu'il aura éprou- » vée. » — Ce sont les maximes de notre Constitution mort-née de 1793 : « Tout homme contre lequel on veut exécuter un acte arbitraire et tyrannique a le droit de le repousser par la force... La résistance à l'oppression est la conséquence des autres droits de l'homme. » — Mais le plus beau passage du Koran est peut-être celui-ci : « *Point de contrainte en religion*. La vraie route se distingue assez de l'erreur. » — C'est du Trajan, c'est du Marc-Aurèle, c'est du Julien — c'est d'un philosophe — c'est du Voltaire! — Seulement, et malgré le texte du Koran, il faut demander où est la *vraie route*, où est *l'erreur?* Qui répondra, puisque la vérité *une* s'est réfugiée dans le sein de Dieu, lequel paraît disposé à ne la révéler qu'au *jour dernier* (1)? Qu'on laisse donc à chacun le droit de chercher lui-même la route où il espère la rencontrer, et si l'on ose prétendre qu'il se trompe, qu'on le plaigne, mais qu'on ne le punisse pas! — Selon la tradition, Mahomet aurait mis en pratique son précepte en défendant à ses adeptes de *contraindre* leurs enfants, restés idolâtres, à embrasser l'islam. Ce n'était qu'une exception, car, sans la force, eût-il triomphé des Koreïchites, par exemple? — Toutefois, il est juste de dire qu'il n'usa généralement de cette force que contre les idolâtres (pour les convertir au Dieu qu'ils méconnaissaient : ce devait être l'excuse de sa conscience), et que juifs et chrétiens vaincus par le conquérant ne subirent point la *contrainte* du prophète, et gardèrent leur culte en payant le tribut de soumission.

Sa tolérance n'était pas partagée, et la contrainte qu'il condamnait, il la redoutait pour les siens, et la prévoyait dans ce verset : « Quiconque, après avoir *cru*, redevient » *infidèle*, s'il y est contraint par la force, et si son cœur » persévère dans la foi (de l'islam), n'est point coupable. » Mais la colère de Dieu frappera celui qui ouvre son cœur » à l'infidélité, et un châtiment terrible l'attend. » — Bien! que Dieu juge l'apostasie : elle est de son seul ressort. — « Mon fils, disait le savant Casaubon, protestant, à un de ses enfants qui s'était fait catholique — et capucin — et qui,

(1) Ce n'est point ici le pays de la vérité : elle est inconnue parmi les hommes. (Pascal.)

au moment de prononcer ses vœux, demandait la bénédiction paternelle, je ne vous condamne point, faites de même pour moi. *Notre seul juge est là-haut.* » — Belle parole, et bel exemple!... Que faisait, elle, l'Inquisition catholique?

Crimes et peines.

Première condition de la morale, et première loi de la civilisation, le respect de la propriété ne pouvait être omis dans des enseignements dont le but était de moraliser et de civiliser, et c'est par une sanction rigoureusement pénale que Mahomet visait à inspirer ce respect. « A un voleur et » à une voleuse, dit le Koran, on coupera les mains comme » rétribution de l'œuvre de leurs mains. » — C'est d'une logique cruelle qui dispense le Koran de prévoir la récidive. — Saint Louis, dans ses célèbres *Établissements*, avait la cruauté sans la logique : pour un premier larcin de menue chose (une robe, une écharpe, un soc de charrue, quelques deniers), il faisait couper une *oreille*, et pour un second larcin un *pied*. Au troisième larcin, on pendait. — « Le crime, disait cette loi quatre cents ans avant Racine, a ses degrés, ainsi que la vertu : on ne vient pas du gros au petit, mais du petit au grand. »

> Quelques crimes toujours précèdent les grands crimes...
> Et jamais on n'a vu la timide innocence
> Passer subitement à l'extrême licence...

« Rarement, disait la même loi du saint monarque, un chef de famille est en garde contre ceux qui sont *à son pain et à son vin* : c'est une manière de trahison. » Et le larron domestique était pendable. — La potence punissait également les voleurs de grands chemins; ce ne fut que sous François Ier qu'on les roua. — L'assassin, l'homicide, le traître, l'incendiaire, et ceux qui *embloient* (volaient) cheval ou jument, mouraient aussi par le gibet. — Pour le vol sacrilége dans les églises, on arrachait les yeux, et l'on brûlait l'hérétique.

Le Koran n'a pas ce luxe et cette clarté de détails : « Voici, » dit-il, quelle sera la récompense de ceux qui font la » guerre à Dieu et à son envoyé, et de ceux qui emploient » leurs forces à commettre des désordres sur la terre : vous » les mettrez à mort, ou vous leur ferez subir le supplice de » la croix ; vous leur couperez les mains et les pieds alternés » (main droite et pied gauche) ; ils seront chassés de leur » pays; l'ignominie les couvrira dans ce monde, et un châ- » timent cruel les attend dans l'autre. » — Il fallait une explication à un pareil texte : la mort et le bannissement pour le même coupable se concilient peu, et la *sonna* (tradition) a ainsi réglé les peines : pour le meurtre, la mort ; pour le meurtre avec vol ou brigandage, le supplice de la croix ; pour le brigandage sans le meurtre, main droite et pied gauche coupés; pour l'attaque contre les voyageurs, le bannissement. — De plus, la *sonna* a expliqué que l'on ne couperait la main (le poignet) pour le vol, que si la valeur de l'objet volé dépassait quatre dinars (environ cinquante francs). — Remarquons que, comme dans la loi de Numa, le *parricide* n'est pas prévu : comme le cœur du législateur romain, le cœur du législateur arabe n'a pu croire à un tel crime : Rome, dit Plutarque, fut six cents ans sans voir se commettre un forfait de ce genre. On frémit en lisant dans notre Code pénal : « Le *coupable de parricide* sera puni de mort... » — Il y a donc, parmi nous, les chrétiens, les civilisés du dix-neuvième siècle, de pareils coupables? Est-ce l'éloge de notre constitution de la famille, de notre éducation sociale? « Dieux puissants! s'écriait Horace dans son *Poëme séculaire*, donnez des mœurs pures à la docile jeunesse ! » — Où sont les « dieux qui donnent ces mœurs ? »

Heureux d'effacer ses rigueurs par un trait de bonté, Mahomet s'empressait de dire : « Vous ne punirez pas ceux qui se seront repentis avant que vous les ayez en votre pouvoir, car sachez que Dieu est indulgent et miséricordieux. » — Voilà comment, jusque dans sa sévérité, Mahomet faisait aimer Dieu. Nos lois pénales pensent-elles à Dieu, et font-elles la part du repentir, cette douleur de la conscience éclairée, cette peine de l'âme ramenée au bien?

Mais Mahomet revenait au Pentateuque (trop souvent consulté par lui), et y lisait : « Quand un homme aura causé quelque difformité à son prochain, on lui fera le mal qu'il aura fait : fracture pour fracture, œil pour œil, dent pour dent. » Et il répétait ce *saint* précepte pour appuyer cette pénalité du Koran : « Les blessures seront punies par la loi du talion. » — Cependant il avait lu aussi cette exhortation de Jésus : « Vous avez appris qu'il a été dit : œil pour œil, et dent pour dent, — et moi je vous dis de ne point résister aux mauvais traitements ; mais si quelqu'un vous frappe sur la joue droite, présentez-lui encore la joue gauche. » — Et touché de cette morale si surhumainement belle (et, partant, si peu obéie!) il disait à son tour : « Quand vous » exercerez des représailles, qu'elles soient pareilles aux » offenses que vous avez reçues, mais si vous préférez de les » supporter avec patience, cela vous profitera mieux. — » Rendez pour le mal un mal égal, mais celui qui par» donne et se réconcilie avec son adversaire, Dieu lui devra » une récompense. C'est la sagesse de la vie que de sup» porter avec patience et de pardonner. » — En contredisant un peu quelques-uns de ses préceptes de morale, Mahomet tenait compte de l'humanité, dédaignée par Jésus : il ne disait pas absolument : « Rendez le mal pour le mal ; » il disait : « *Si* vous pardonnez, *vous ferez mieux*. » Le pardon, et non la joue offerte pour un second soufflet, c'est le conseil de Mahomet : c'est le conseil de l'homme de cœur... Où est le pape qui a humblement courbé le front sous une main quelconque? — Qui trop exige, n'obtient rien.

Toujours homme, Mahomet disait encore : « O croyants! » la peine du talion vous est prescrite pour le meurtre : un » homme libre pour un homme libre, un esclave pour un » esclave, une femme pour une femme. « Et selon l'interprétation de la *sonna*, la même peine est infligée à l'homme meurtrier d'une femme, et dans l'application générale on a égard à la religion du coupable : l'esclave *croyant* n'est pas puni de mort pour le meurtre d'un homme libre, mais *infidèle*. — Mahomet ajoutait : « Dans la loi du talion est votre vie. » — Car, dans sa pensée, on contenait les hommes et on les éloignait du meurtre par la crainte de la mort. Avait-il absolument raison? Montesquieu approuve la peine de mort, qu'il appelle le remède de la société malade. Mais combien de bons esprits la combattent. Le prophète de la Mecque semblait reculer lui-même devant cette peine, car, en l'édictant, il conviait implicitement à ce qu'on la remît au coupable : « Celui à qui une remise de la peine du talion » est faite, dit le Koran, doit être traité avec humanité, et » il doit à son tour s'acquitter généreusement envers celui » qui lui fait une remise. C'est un adoucissement de la part » de votre Seigneur, et une faveur de sa miséricorde. » — Et toujours préoccupé du soin de soulager la misère, Mahomet invitait à convertir en aumônes le prix du rachat de la peine.

Le suicide.

Pénétré du caractère de sa religion (la résignation stoïque aux décrets de Dieu), le musulman ne peut se tuer, et le suicide est, en effet, fort rare parmi les peuples mahométans. Selon quelques commentateurs du Koran, Mahomet le défendait en disant : « O croyants! ne tuez pas vos personnes, car Dieu est miséricordieux envers vous. » — Selon d'autres commentateurs, le prophète n'entendait défendre que les luttes intestines, les guerres entre musulmans. — Cette dernière explication paraît la plus exacte : la résignation implique la vie; mourir volontairement, ce n'est plus être *mouslim*. La pensée de Mahomet n'a donc pas dû se porter sur le suicide, et il en a laissé la prévision au culte chrétien. Ce culte refusait la sépulture, mais une bulle du pape Benoît XIV, déclarant le suicide un *acte de folie*, avait autorisé l'inhumation religieuse — qu'une autre jurisprudence canonique n'a plus permise. — Ce n'est donc pas le musulman Usbek, c'est le chrétien Montesquieu lui-même qui, dans les *Lettres persanes*, a écrit : « Quand je suis accablé de douleur, de misère, de mépris, pourquoi veut-on m'empêcher de mettre fin à mes peines, et me priver cruellement d'un remède qui est en mes mains?... La vie m'a été donnée comme une faveur; je puis donc la rendre lorsqu'elle ne l'est plus : la cause cesse, l'effet doit donc cesser aussi. » — L'auteur a changé Usbek en Sénèque, lequel a dit : « La mort est la condition de la vie : quand on nous donne l'une, on nous permet l'autre. » — Sur ce point, Marseille — avant d'être la Massilia des Romains, et étant encore colonie phocéenne et République indépendante — avait une loi singulièrement philosophique : désireux de la mort, on s'adressait au sénat, on expliquait les raisons qui faisaient haïr la vie, le sénat délibérait, et s'il admettait les raisons exposées, il autorisait la livraison du poison que là République tenait en réserve pour ces morts volontaires (1). — Si le sénat repoussait les motifs allégués, il fallait vivre — ou le suicide était le déshonneur — comme il était le déshonneur dans le cas de faiblesse d'âme, pour Platon, qui condamnait alors à une sépulture ignominieuse. — A Rome, au contraire, la faiblesse d'âme, la mort par dégoût, par lassitude, par ennui, c'était l'honneur du suicide. Rome ne flétrissait que la mémoire du lâche qui n'avait pas su supporter le remords ou subir la peine d'un crime, et Platon accordait à ce criminel se dérobant au châtiment ou au remords, une sépulture honorable. — Tant il est vrai, comme l'a dit Pascal en plagiant Montaigne, qu'il n'est rien de juste ou d'injuste qui ne change de qualité en changeant de climat : un méridien décide de l'honneur et de la vertu. — Sous le méridien de la Mecque, l'honneur et la vertu, c'est

(1) Pline disait en Romain : « La terre est toujours en travail pour l'homme. Eh! peut-être les poisons eux-mêmes sont-ils un don de sa pitié... Oui, sa compassion a préparé un breuvage qui, facile à prendre, pût éteindre une vie devenue odieuse, sans endommager notre corps, sans nous ôter une goutte de sang, sans effort, sans autre symptôme qu'une apparence de soif... »

de vivre, « accablé même de douleur, de misère ou de mépris : » Dieu le veut!

Conclusion.

Tel est, dans sa substance essentielle, le Livre que ses premiers auditeurs traitaient de *contes des anciens*. Mais à ceux-là, disait originalement Mahomet dans ce Livre même, Dieu imprimera une *marque sur le nez*.

Bien examiné, impartialement pesé dans son bon comme dans son mauvais, le Koran mérite beaucoup plus d'éloges que de blâme, beaucoup plus d'estime que de mépris. S'il nie la divinité de Jésus, en revanche il lui prodigue le respect; et ce respect, il le pousse même jusqu'à démentir le supplice de la croix, qui eût paru honteux aux Arabes. « O mon Père! disait Jésus près d'être livré à ses bourreaux, *détournez de moi ce calice!* » — C'est ce qu'a fait Mahomet dans sa générosité respectueuse. — En revanche aussi, le Koran a, pour la Mère-Vierge, pour les prophètes, pour les apôtres, un culte de dulie. Il admet les miracles, les anges, Satan (*Eblis*), l'immortalité de l'âme, la résurrection des corps, la fin du monde et le jugement de Dieu, le paradis, l'enfer et une espèce de purgatoire. C'est le christianisme sous une autre forme. — Comme le christianisme, il donne à Dieu l'omnipotence, et la direction absolue du monde. — Sans doute, il ne dit pas avec l'évangéliste saint Jean : « Si l'homme ne *renaît de l'eau* (par le baptême), il ne peut entrer dans le royaume de Dieu; » mais il dit avec le philosophe Thalès : « *L'eau est le principe de toutes choses.* » — L'eau, ajoute-t-il, féconde le brin d'herbe et le palmier... De l'eau naissent tous les animaux... Et la descendance de l'homme, que Dieu, d'abord, forma d'argile (Adam), dérive d'une vile goutte d'eau. »

Et quant aux préceptes de morale — prêchés à des peuplades sans morale — quelle civilisation peut aujourd'hui se vanter d'en pratiquer de meilleurs (1)? — Commander le bien en tout, comme le fait le Koran, c'est suffisamment dire avec l'Écriture : « Ne fais point à autrui ce que tu ne veux point qui te soit fait; » ou mieux : « Fais aux hommes tout ce que tu désires qu'ils te fassent. » — Mais le Koran n'a point, il est vrai, ces maximes du Peutateuque et de l'Évangile : «Aimez-vous les uns les autres — aimez même vos ennemis. » — C'est sublime ! — Par malheur, qu'ont toujours été ces maximes? que sont-elles encore?—Mahomet n'a pas voulu de *lettre-morte* dans son Koran... Il n'en faut pas moins déplorer ses instructions pour la *guerre sainte* — comme il faut déplorer ces paroles de Jésus : « Allez dire partout que le royaume des cieux est proche... Le frère livrera son frère à la mort, et le père son fils; les enfants se soulèveront contre leurs pères et leurs mères, et les feront mourir... Et vous serez haïs de tout le monde, à cause de mon nom... Car je suis venu séparer le fils d'avec son père, la fille d'avec sa mère, la belle-fille d'avec sa belle-mère, et l'homme aura

(1) Que signifie ce cri de Pascal : « Quel mystère Mahomet a-t-il enseigné selon sa tradition même? Quelle *morale* et quelle félicité ? » — Tant pis pour Pascal s'il n'a pas su rendre justice à la morale du Koran. Pensons plutôt qu'il n'avait pas lu — ou *fait lire* ce Livre — comme il faisait lire ceux qu'il citait, selon son aveu même. — Quant à la *félicité*, non, Mahomet ne l'a pas enseignée comme le cacochyme Pascal la définit dans ces lignes : « La maladie est l'état naturel des » chrétiens, parce qu'on est par là, comme on devroit toujours être, » dans la souffrance des maux, dans la privation de tous les biens et » de tous les plaisirs des sens, exempt de toutes les passions qui tra- » vaillent pendant tout le cours de la vie, sans ambition, sans avarice, » dans l'attente continuelle de la mort. N'est-ce pas ainsi que les » chrétiens doivent passer la vie? Et n'est-ce pas un *grand bonheur* » quand on se trouve par nécessité dans l'état où l'on est obligé d'ê- » tre, et qu'on n'a autre chose à faire qu'à se soumettre humblement » et paisiblement? C'est pourquoi je ne demande autre chose que » Dieu me fasse cette grâce. » — C'est plus que de l'islamisme : le musulman ne demande pas à Dieu la *maladie* comme une *grâce*, et la maladie n'est pas pour lui le *bonheur*. Il souffre patiemment, et ne dit pas non plus comme Pascal : « Je vis *avec joie* dans les maux que Dieu m'envoie. » Le chrétien Pascal exagérait le caractère mahométan. — Et quant au *mystère* absent du dogme de l'islam, la raison de l'homme approuve en dépit de Pascal.

pour ennemis ceux de sa propre maison... » — O charité de l'Évangile — comme du Koran!... Pour le salut incertain de l'âme (1), que de victimes, que de malheurs dans ce monde!

Illettré comme Jésus, et d'un esprit plus superstitieux que philosophe, Mahomet ne pouvait être le Confucius qu'encense Voltaire : « Confucius, dit-il, fut le premier des mortels qui n'ont pas reçu de révélation : il n'employait que la raison, et non le mensonge et l'épée. Vice-roi d'une grande province (en Chine), il y faisait fleurir la morale et les lois : disgracié et pauvre, il les enseignait, il les pratiquait dans la grandeur et dans l'abaissement; il rendait la vertu aimable. Six cent cinquante ans avant notre ère, il recommandait le bien en disant : *Traite autrui comme tu veux qu'on te traite.* » — Oui, mais, ajoute Voltaire, « il avait pour disciple *le plus sage* des peuples. » — Ce n'était pas ce peuple qu'avait à convaincre Mahomet, et les Grecs mêmes de Pythagore voulaient sa *cuisse d'or* pour accepter sa parole!

Le Pythagore plus humain de l'Arabie ne montrait point de cuisse d'or pour persuader qu'il était *Apollon, fils de Jupiter*, mais il montrait son Koran, *remis par l'ange Gabriel.* — Valait-il mieux qu'il se fît inspirer ou conseiller par une nymphe comme Numa, par un aigle comme Pythagore, par une biche comme Sertorius? Le bon abbé Moreri n'a pas manqué de lui donner un *pigeon :* » Pour tromper les peuples, dit l'historien tonsuré, et comme il tomboit du mal caduc (petite méchante invention du béat écrivain), le *faux-prophète* avoit un pigeon familier qui, dans ce temps-là, lui venoit becqueter l'oreille, et il faisoit accroire à ses disciples que c'étoit l'ange Gabriel envoyé de Dieu, qui lui donnoit les ordres qu'il devoit suivre : » — Serait-ce, par hasard, la colombe chrétienne qui aurait suggéré à l'ingénieux abbé cette idée du pigeon musulman? — Quant à l'ange Gabriel, ne serait-il pas expliqué comme la nymphe Égérie l'est dans ces lignes

(1) Pascal regarde le monde entier comme un assemblage de méchants et de malheureux, créés pour être damnés, parmi lesquels cependant Dieu a choisi de toute éternité quelques âmes, c'est-à-dire *une sur cinq ou six millions*, pour être sauvées. (Voltaire.)

de Denys d'Halicarnasse : « Numa feignit d'avoir des entretiens avec Égérie, afin que ses sujets s'attachassent à lui de plus en plus par la crainte des dieux, et qu'ils reçussent plus volontiers ses lois, comme émanées de la divinité même. » — Et si Numa est loué comme *politique*, comment Mahomet peut-il être blâmé comme *fourbe?*

Jésus n'écrivit et ne dicta rien, et si Mahomet n'écrivit pas non plus, il dicta tout : cinq secrétaires recueillaient ses paroles. Mais à sa mort, le Koran, distribué par fragments, ne formait point d'ensemble, et ce fut son successeur, le premier calife Abou-Bekr (le *père de la vierge,* Aïcha, unie au prophète), qui coordonna le livre, et le forma tel qu'on le possède aujourd'hui.

C'est dans son texte arabe même qu'il faudrait pouvoir le lire : les *eùlama* en exaltent le charme poétique. Aussi les adversaires du prophète lui reprochaient-ils de n'être qu'un *poëte :* « Ils disent (c'est ce Livre qui le répète) : Le Koran n'est qu'un amas de rêves ; c'est lui (Mahomet) qui l'a inventé, c'est un poëte... Renoncerons-nous à nos dieux pour un fou de poëte? — Non, répondait-il, le Koran n'est point la parole d'un poëte : c'est la révélation du maître de l'univers. » — Et par ce maître de l'univers, il faisait dire : « Nous n'avons pas enseigné à Mohammed la poésie, elle ne lui sied pas. » — Et pour mieux rompre avec les poëtes — qu'il n'aimait pas (plusieurs poëtes arabes ayant écrit contre lui) — plus tard, devenu fort, il supprimait un concours de poésie (arabe) qui avait lieu annuellement dans une Olympie du désert. Mais, faible encore, et irrité contre les poëtes qui l'attaquaient, il disait à un Horace converti à sa foi : « Combats-les avec tes satires, car j'en jure par Celui qui tient mon âme dans ses mains, les satires font plus de mal que les flèches. » — C'est ce que pensait, avec Mahomet, un général-courtisan de Ptolémée Philadelphe, qui ayant saisi à Caune, en Carie, un poëte satirique, du nom de Stade, auteur de vers mordants sur le mariage de ce roi d'Égypte avec Arsinoé, sa propre sœur, le fit emmaillotter de plomb et précipiter dans la mer (1). — Plus digne, l'empereur Vespasien se bornait à

(1) Dans ses savantes remarques sur Horace, Dacier cite cette dis-

punir les satires contre lui par des épigrammes. — Plus digne encore, son fils Titus dédaignait les libelles, et disait : « Pourquoi redouterais-je des écrits que tout le monde trouvera calomnieux si je ne fais rien qui puisse être blâmé? » — Pour cette grandeur d'âme, il faut être Titus, c'est-à-dire un souverain malheureux d'une journée passée sans un bienfait. — Le ciel ne donne plus de ces souverains-là...

VII. — MAHOMET CONQUÉRANT.

LA TRAGÉDIE DE VOLTAIRE.

Pour les Moreris, Mahomet ne fut qu'ambitieux, et son pouvoir spirituel était le degré qui devait l'élever au pouvoir temporel. — On peut, ce semble, en dire autant de Moïse, qui, certes, s'il eût passé le Jourdain, n'eût pas abandonné la suprématie à Josué. — Et d'ailleurs est-ce sur la lèvre ou sous la plume des thuriféraires des papes, qu'est bien placé ce reproche d'ambition et d'alliance des deux pouvoirs? — Est-ce pour Mahomet que Jésus a dit : « Mon royaume n'est pas de ce monde... Si l'on demande votre manteau, aban-

position de la loi des Douze-Tables : « Si quelqu'un a dit ou écrit de méchants vers contre la réputation et contre l'honneur d'un autre, qu'il soit *puni de mort.* » — Auguste renouvela cette disposition légale, que le Trebatius d'une des satires d'Horace lui rappelle. — « Oui, mais, répond le poëte en jouant sur le mot *méchants,* la loi ne punit pas les *bons* vers. » — Voltaire eût applaudi à une pareille disposition dans les lois françaises : on peut lire son *Mémoire sur la satire* dans ses *Mélanges* de 1739.

donnez encore votre robe? » — Est-ce pour Mahomet que Pierre enseignait le renoncement aux biens de la terre, et frappait de mort Ananie et sa femme qui, au lieu de gratifier le *communisme* chrétien de tout le prix de la vente de leur bien, en avaient retenu une portion, *à l'instigation de Satan*, disent les *Actes des apôtres?* — Est-ce pour Mahomet que Tertullien écrivait : « *Rien n'est plus étranger à un chrétien que l'envie de gouverner; notre cœur est fermé à l'amour de la gloire humaine et des honneurs?* » Est-ce Mahomet qui a démenti ces paroles? Est-ce lui qui prêchait un Dieu humble et pauvre? — Et lui, du moins, pour conquérir son royaume terrestre, il offrait sa poitrine à l'ennemi, tandis que, pour gagner l'exarchat de Ravenne, le pape Etienne III faisait battre Pépin contre les Lombards! — Et de quel prix le pape Etienne III payait-il cette concession? Il absolvait Pépin, qui avait usurpé le trône en reléguant dans un monastère son seigneur et roi Childéric III, — comme un autre pape, Adrien Ier, obtenait de Charlemagne la confirmation de la concession, en bénissant sur son front la double couronne d'Austrasie et de Lombardie qu'il avait enlevée aux fils de son frère mort et à son beau-père vaincu!... S'il y a honte et candale, de quel côté sont le scandale et la honte : du côté du prophète Mahomet? ou du côté des papes Etienne et Adrien? — « C'est, dit Voltaire (1), une chose monstrueuse

(1) Dans une discussion récente sur le pouvoir temporel des papes, le nom de Voltaire a été étrangement invoqué par un évêque. On pourrait citer cinquante passages de l'œuvre du grand écrivain contre ce pouvoir. Bornons-nous à celui-ci : « Les papes n'ont pas un pouce de terre en souveraineté qui n'ait été acquis par des *troubles* ou par des *fraudes*. » Voltaire, homme de cœur, pouvait-il approuver ce qui a une pareille origine? — Il va même plus loin : « L'impératrice de Russie, dit-il (au mot *Puissance* du *Dictionnaire philosophique*), est maîtresse absolue de son clergé dans l'empire le plus vaste qui soit sur la terre. L'idée qu'il peut exister deux puissances opposées l'une à l'autre dans un même État, y est regardée par le clergé même comme une chimère aussi *absurde* que *pernicieuse.* » — Voltaire applaudit-il au pouvoir SPIRITUEL *opposé* en France au pouvoir souverain? — Dans la même discussion le même évêque a invoqué aussi Chateaubriand. Mais dans une des préfaces de ses

dans les principes de notre religion, comme dans ceux de la politique et dans ceux de la raison, qu'un prêtre ait des souverainetés. Ou il faut absolument renoncer au christianisme, ou il faut l'observer. On ne voit pas que l'Évangile ait donné au pape le domaine de Rome, de la Sabine, de l'Ombrie, de l'Émilie, de Ravenne, etc., à moins que l'Évangile ne ressemble à la règle des théatins, dans laquelle il fut dit qu'ils seraient vêtus de blanc, et on mit en marge : *c'est-à-dire de noir.* » — Pour Voltaire, les papes ont voulu ressembler aux califes, successeurs de Mahomet, qui réunissaient les droits du trône et de l'autel. Et les Moreris blâment ce que leurs fétiches ont imité!

Et, comme conquérant, en définitive, Mahomet est-il plus coupable que tous les voleurs de provinces, depuis les demi-dieux de l'antique fable jusqu'aux héros de l'histoire moderne — sans oublier — ni le pape Clément VIII, qui alliait la force à l'excommunication pour dépouiller de Ferrare, César d'Est; — ni le pape Jules II qui s'emparait, par les armes, de Pérouse et de Bologne; — ni l'empoisonneur et incestueux pape Alexandre VI, qui guerroyait et rapinait par l'épée de l'ex-cardinal César Borgia, son digne bâtard?

Et si Mahomet enseignait son Dieu le sabre au poing, est-

Études historiques, cet écrivain s'exprime ainsi : « Le christianisme devint politique au moyen-âge par une nécessité rigoureuse : quand les nations eurent perdu leurs droits, la religion qui seule alors étoit éclairée et puissante, en devint le dépositaire. Aujourd'hui que les peuples les reprennent, ces droits, la papauté *abdiquera naturellement les fonctions temporelles,* résignera la tutelle de son grand pupille arrivé à l'âge de majorité. Déposant l'autorité politique dont il fut justement investi dans les jours d'oppression et de barbarie, le clergé *rentrera dans les voies de la primitive Église*, etc. »— L'article est fort long, et de son mysticisme se dégage une pensée évidemment contraire au pouvoir temporel. Chateaubriand demande même un *génie supérieur* pour *l'ère nouvelle* du christianisme. — Plus heureux, Pie IX, s'il savait être ce génie supérieur, et dépouiller la papauté de son manteau royal, devenu une robe de Nessus! et plus digne serait la religion de Celui au nom de qui saint Pierre disait : « Dieu résiste aux superbes, et donne sa grâce aux humbles. »

(L'auteur a envoyé les textes de Voltaire et de Chateaubriand à un journal, qu'il remercie de sa note bienveillante.)

ce encore à un *abbé* Moreri à le lui reprocher? Comment enseignait-on le Christ de Rome aux albigeois et aux huguenots? — « Je veux, écrivait à un évêque de Cagliari le pape Grégoire, surnommé *le Grand*, comme dit Voltaire, je veux qu'on *force* tous les païens de la Sardaigne à se convertir. » — Où est la différence avec Mahomet? Peut-être dans l'instrument qui vengeait la résistance. Mais le bûcher n'est-il pas encore plus cruel que le sabre? Mahomet ne tuait pas en bourreau, il tuait en soldat qui se défend. Quel courage avaient les Torquemada qui brûlaient? — « Et moi, disait Tertullien, qui refusait l'hommage à la divinité, je ne veux pas que Jupiter me soit propice : de quoi vous mêlez-vous? Que Janus se fâche, qu'il me regarde de quel visage il voudra, que vous importe! » — Si les chrétiens se moquaient de ce langage de leur apologiste (1), était-ce à Mahomet à l'accepter pour règle de sa conduite — en s'abstenant de *sauver* les Arabes malgré eux?

Ses sectaires, ajoute l'historien jésuite, étoient un ramas de *méchants* et de *voleurs, qui ne connoissoient ni Dieu ni justice*, et avec lesquels il soumit un grand nombre de peuples à son *infâme* loi. — C'est du Tacite : « Le cri public, disait » cet historien romain à propos de l'incendie de Rome, accu» sait Néron d'avoir ordonné ce désastre. Pour apaiser les » rumeurs, il offrit d'autres coupables, et fit souffrir les tor» tures les plus raffinées à une classe d'hommes *détestés pour* » *leurs abominations* et que le vulgaire appelait *chrétiens*. Ce » nom leur vient de Christ, qui, sous Tibère, fut livré au sup» plice par le procurateur Pontius Pilatus (Ponce-Pilate). » Réprimée un instant, cette *exécrable superstition* se débor» dait de nouveau, non-seulement dans la Judée, où elle avait » sa source, mais dans Rome même, où tout ce que le monde

(1) Qu'on lise dans Pascal sa *Comparaison des anciens chrétiens avec ceux d'aujourd'hui*, et l'on verra comment il entendait « l'entrée dans l'Église des saints. » — « On en use aujourd'hui, disait-il (à propos du baptême dès l'enfance), d'une façon si contraire à l'intention de l'Église, qu'on ne peut y penser sans horreur. » — A plus forte raison ne peut-on penser sans horreur à la *force* employée pour convertir.

» enferme d'*infamies et d'horreurs afflue et trouve des partisans*. On saisit d'abord ceux qui avouaient leur secte, et, » sur leurs révélations, une infinité d'autres, qui furent bien » moins convaincus d'incendie que de *haine pour le genre humain*. On fit de leurs supplices un divertissement : les uns, » couverts de peaux de bêtes, périssaient dévorés par des » chiens; d'autres mouraient sur des croix, ou bien ils étaient » enduits de matières inflammables, et quand le jour cessait de luire, on les brûlait et ils tenaient lieu de flambeaux. » Néron prêtait ses jardins pour ce spectacle, et donnait en » même temps des jeux au Cirque. Aussi, quoique ces hommes fussent *coupables* et eussent *mérité les dernières rigueurs*, les cœurs s'ouvraient à la compassion en pensant » que ce n'était pas au *bien public*, mais à la cruauté d'un » seul qu'ils étaient immolés. » — Voilà comment, de part et d'autre, le fanatisme écrit l'histoire ! Quand donc reconnaîtra-t-on que c'est surtout en fait de religion que l'indulgence est nécessaire?

J'eusse été près du Gange esclave des faux dieux,
Chrétienne dans Paris, musulmane en ces lieux...

Qu'on insulte donc aux Zaïre nées près du Gange ou sur les rives du Bosphore ! — Élevé à Stamboul, le fanatique Moreri eût bavé son fiel sur la divinité de Jésus-Christ !

Il est vrai que, comme ce Dieu du christianisme, le prophète de l'islam s'adressa d'abord aux déshérités de la fortune, mais, plus influent que Jésus, ou mieux secondé par *l'auteur de tout*, il ne tarda pas à se faire entendre de personnages importants, qui hâtèrent son succès, et en mourant il laissait des provinces conquises et une armée de cent mille hommes (1).

(1) « Mahomet s'est établi en tuant, Jésus-Christ en faisant tuer les siens... Mahomet a pris la voie de réussir humainement, Jésus-Christ a pris celle de périr humainement. Et au lieu de conclure que, puisque Mahomet a réussi, Jésus-Christ a bien pu réussir, il faut dire que, puisque Mahomet a réussi, le christianisme devoit périr, s'il

C'est ce guerrier, c'est ce conquérant que Voltaire a pris pour le héros de sa tragédie du *Fanatisme*, en faussant ou hyperbolisant l'histoire, et sans souci du rôle civilisateur du prophète. Faire reconnaître et adorer Dieu, soumettre à une morale des peuples brutaux qui n'avaient que des instincts, interdire la polygamie sans limite, défendre l'inceste, empêcher l'infanticide, arrêter l'ivrognerie, supprimer le jeu, n'était-ce rien? Était-ce à dédaigner dans la peinture d'un caractère? Mais, selon l'expression familière d'un poëte moderne, Voltaire n'a pris Mahomet que comme un clou pour y attacher un tableau. Et ce tableau, ce n'est ni le prophète arabe, ni son fils adoptif Zeïd (Séide), ni le néophyte Omar, ni l'islam.

Tu connais quel oracle et quel bruit populaire
Ont promis *l'univers* à l'envoyé d'un dieu,
Qui, reçu dans *la Mecque*, et vainqueur en tout lieu,
Entrerait dans ces murs en écartant la guerre :
Je viens mettre à profit les *erreurs de la terre*...

Jamais il n'avait été dit aux Arabes que « l'envoyé d'un dieu dût être reçu à *la Mecque,* » et ils l'attendaient si peu — surtout *en écartant la guerre* — qu'il fallut le sabre pour les convertir. — Ce qui est vrai, c'est que les juifs réfugiés en Arabie parlaient d'un dieu qui détrônerait le prétendu dieu auquel rendaient hommage les chrétiens dissidents, réfugiés comme eux; mais c'était là une compétition de divinités inintelligible pour les Arabes, et étrangère à leur sabéisme. Seul, Mahomet, en s'appliquant le texte des Écritures, s'annonça

n'eût été soutenu par une force toute divine. » — Ce beau cliquetis de mots est de Pascal. Le janséniste de Port-Royal aurait bien dû dire pourquoi cette *force divine* avait exigé tant de sang pour le succès du christianisme. « Homme infime! s'écrie un des amis de Job, prétendez-vous sonder les secrets de Dieu et connaître le Tout-Puissant? Il est plus élevé que le ciel, plus profond que l'enfer, et s'étend au delà de la longueur de la terre et de la largeur de la mer... Cependant l'homme insensé se dresse d'orgueil, et il se croit né libre comme le petit de l'âne sauvage! » — Taisons-nous donc.

comme l'*envoyé de Dieu*, ce qui fut d'abord une énigme, les prêtres des idoles n'ayant pas, comme les prophètes pour le Messie, prédit sa venue.—L'allusion du poëte est donc transparente, et il la complète par beaucoup d'autres vers; on peut notamment citer ceux-ci :

— Mahomet citoyen ne parut à vos yeux
Qu'un novateur obscur, un vil séditieux...
. . . . Une troupe égarée
De ses miracles faux soutient l'illusion...
. . . . Servez à genoux
L'idole dont le poids va vous écraser tous !...
— A ce coupable heureux on dresse des autels !...
— Promettez, menacez ; que la vérité règne ;
Qu'on adore mon Dieu, mais surtout qu'on le craigne !
— Ton nom seul parmi nous divise les familles,
Les époux, les parents, les mères et les filles...
La discorde civile est partout sur ta trace...
Tyran de ton pays, est-ce ainsi qu'en ce lieu
Tu viens donner la paix et m'annoncer un Dieu ?...
Tu veux, en apportant le carnage et l'effroi,
Commander aux humains de penser comme toi...
Par quels flambeaux affreux veux-tu nous éclairer ?
— La persécution fit toujours ma grandeur...
. . . . . . Crois-tu que son jeune courage,
Nourri du fanatisme, en ait toute la rage ?
— J'ai mis un fer sacré dans sa main parricide,
Et la religion le remplit de fureur...
— Quiconque ose penser n'est pas né pour me croire :
Obéir en silence est votre seule gloire...
— Obéissez, frappez : teint du sang d'un impie,
Méritez par sa mort une éternelle vie...
— Ton esprit, fasciné par les lois d'un tyran,
Pense que tout est crime — *h*ors d'être musulman...
— Je ne me sens point fait pour être un assassin ;
Mais, quoi ! Dieu me l'ordonne.........
— O ciel ! tu l'as voulu ! peux-tu vouloir un crime ?...
— Tout téméraire à mes yeux doit trembler...
. . . . . . Je punirai les erreurs insensées,
Les révoltes du cœur et les moindres pensées...

Je dois régir en dieu l'univers prévenu;
Mon empire est détruit si l'homme est reconnu...

Or, Mahomet n'eut point *d'autels*, et toujours il s'est avoué *homme comme tous les hommes* (1). Voltaire ne l'ignorait pas, puisqu'il avait lu ou parcouru le Koran, auquel il a consacré un article dans sa *Raison par alphabet* (Dictionnaire philosophique). Ses traits passaient donc par dessus la tête de Mahomet, et son Séide, qui tue Zopire, n'était plus le fanatique musulman, c'était le fanatique chrétien, c'était Jacques Clément, c'était Ravaillac. Un *Avis* qui accompagne sa pièce le dit assez nettement. Prendre pour héros ces pieux scélérats, ou, plus hardiment encore, les monstres cafards de la Saint-Barthélemy, c'était une œuvre réservée à des temps plus libres : il fallait la Révolution, un peu fille de Voltaire, pour que Marie-Joseph Chénier pût chausser du cothurne les Séides plus réels des fanatiques plus atroces, éternel opprobre de nos annales, Charles IX et sa mère. Voltaire tourna la difficulté, et pour peindre ce Fanatisme qui *immolerait le monde à son Dieu, qu'il ne connaît pas* (2), il s'empara du nom de Mahomet, en imaginant une fable dramatiquement abominable. C'était habile, mais c'était fâcheux, car il n'est permis ni de travestir ni de diffamer les personnages historiques : on doit leur laisser leur caractère vrai, sous peine de passer soi-même pour un *imposteur*. Respectueux envers Jésus-Christ, Mahomet veut surtout le respect du chrétien. Mais Voltaire n'était pas chrétien :

Je ne suis pas chrétien, mais c'est pour t'aimer mieux,

disait-il à Dieu dans sa poésie *Le Pour et le Contre*.

(1) Tout homme peut faire ce qu'a fait Mahomet : car *il n'a point fait de miracles;* il n'a point été prédit, etc. Nul homme ne peut faire ce qu'a fait Jésus-Christ. (Pascal.)
(2) Ode de Voltaire sur le fanatisme.

Selon l'histoire, Mahomet avait marié à Zeïd, son fils adoptif et un de ses secrétaires, Zeïneb (Zénobie), fille d'Omar, et sans l'avoir vue. Un jour qu'il était allé chez Zeïd, il fut reçu par Zeïneb, et frappé de sa beauté, il s'écria : « Gloire à Dieu, qui tourne le cœur des hommes comme il veut! » — C'était exprimer une passion subite, et Zeïd, informé par sa femme, la répudia pour que Mahomet pût l'épouser : il sacrifiait son amour conjugal à sa tendresse filiale, comme Mécène, le favori d'Auguste, sacrifiait son affection pour son épouse Terentia à son dévoûment pour l'empereur, à qui il l'abandonnait. Seulement le Mahomet romain se moquait indignement de la loi sévère qu'il avait faite contre l'adultère, et l'Auguste arabe créait pour lui la légalité en insérant dans son Code une disposition qui autorisait le mariage avec les femmes répudiées par les fils adoptifs. — L'un et l'autre, après tout, valaient mieux que le roi très-chrétien Louis XIV, qui mettait à la Bastille et reléguait ensuite en Guyenne, dit le duc de Saint-Simon, le marquis de Montespan pour lui prendre sa femme et l'en séparer. — Et certes ces trois grands adultères étaient encore moins coupables que le saint roi David, qui, épris de Betsabée, mariée à Urie Héthéen, envoyait Urie Héthéen au siége de Rabba, en écrivant au général Joab : « Engagez Urie dans une action à l'endroit où le combat sera le plus rude, et qu'on l'y laisse, *afin qu'il périsse.* » — Ce à quoi le non moins saint général répondait : « Urie Héthéen, votre serviteur (*votre serviteur* est charmant), *a été tué.* » — Rien de plus simple. Et le saint roi David épousait librement la veuve de son serviteur Urie Héthéen. — Est-ce l'histoire sainte qui l'emporte en moralité?

Du Mahomet qui obtenait la belle Zeïneb par un acte gracieux et spontané du mari (et dont il avait d'abord refusé le bénéfice), Voltaire a fait un amant terrible et jaloux, qui se débarrasse de son rival à la façon du roi David. — Zeïneb, sous le nom de Palmire, est, pour le poëte, la sœur de Séide (Zeïd), mais tous deux, captifs depuis leur enfance et élevés dans le camp de Mahomet, s'ignorent comme frère et sœur, et s'aiment comme amants. Leur père est Zopire, idolâtre, chef ou prince des Mecquois, ennemi implacable du prophète. Il croit ses enfants morts, et ne les reconnaît pas lorsqu'il les a auprès de lui, Séide, comme otage, et Palmire, comme *prisonnière de guerre*, prise au camp de Mahomet. Eux-mêmes ne reconnaissent pas leur père en Zopire :

> Les cris du sang, sa force et ses impressions,
> Des cœurs toujours trompés sont les illusions.
> La nature, à mes yeux, n'est rien que l'habitude...

L'amour de Palmire pour Séide irrite la jalousie de Mahomet, qui peut l'éteindre d'un mot en révélant la fraternité, qu'il connaît : mais le drame, alors, n'existe plus ; il existe encore moins si, pour éviter un affreux parricide, le prophète choisit un autre bras que celui de Séide pour tuer Zopire. Mahomet se tait donc, et Séide, qu'excite Palmire, fanatisée comme lui, immole le vieillard ; mais il apprend que c'est son père qu'il a frappé, et révolté du crime, qui soulève aussi le peuple, il le rejette sur Mahomet, qui l'a ordonné, dit-il, et qui nie :

> . . . Que Dieu soit juge entre Séide et moi :
> De nous deux, à l'instant, que le coupable expire !

Et soudain Séide chancelle, tombe et meurt. — Aux vengeances des cieux, reprend Mahomet, reconnaissez mes droits :

> La nature et la mort ont entendu ma voix...
> Fuyez, courez au temple apaiser ma colère...

Arrêtez ! s'écrie Palmire (pour qui le voile de sa naissance s'est aussi levé), le barbare empoisonna mon frère ! — Mais le prophète ordonne que l'on se saisisse d'elle, et elle se poignarde en jetant cette imprécation :

> Je cesse de te voir, imposteur exécrable !
> Je me flatte, en mourant, qu'un Dieu plus équitable

Réserve un avenir pour les cœurs innocents.
Tu dois régner : *le monde est fait pour les tyrans !*

Et le prophète amoureux soupire :

Elle m'est enlevée... Ah ! trop chère victime !
Je me vois arracher le seul prix de mon crime.
De ses jours pleins d'appas détestable ennemi,
Vainqueur et tout-puissant, c'est moi qui suis puni !

Et voilà justement comme on écrit l'histoire !... c'est Voltaire lui-même qui l'a dit dans sa *pièce dramatique* de *Charlot*. — Tous ses personnages sont faux : Zopire est de pure invention : Zeïd avait été pris par des Arabes et mis en vente. Mahomet (avant son apostolat) l'avait acheté, et traité comme un fils. Le père de Zeïd (Haretha), après de longues recherches, avait découvert son sort et offert de le racheter, et le futur prophète avait généreusement répondu que, si Zeïd voulait retourner auprès de son père, il le renverrait *sans rançon* ; mais le jeune homme, lié par la reconnaissance et l'affection, avait préféré de rester avec Mahomet, qui, l'ayant affranchi déjà, l'adopta. Où reconnait-on là le Zopire, le *Séide* et le Mahomet de la tragédie (1) ? — Zeïd demeura fidèlement attaché au prophète ; et ce fut un amour non moins fidèle que Zeïneb (Palmire) lui voua jusqu'à sa mort. — Mais s'il n'eût pas défiguré l'histoire, comment Voltaire eût-il pu écrire à M. de Pont de Veyle : « Le moment où Mahomet se justifie aux yeux du peuple par le faux miracle de la mort de Séide (empoisonné par son ordre secret), et cet art étonnant de conserver sa réputation par un crime, *est* à mon gré une si belle horreur que je vais tout sacrifier pour peindre ce sujet de Rembrandt de ses couleurs véritables. « — La *vérité* — en *sacrifiant tout* — même l'histoire !

(1) C'est donc dans cette tragédie, et non dans l'histoire, que nous avons pris le nom de *Séide* pour en faire un substantif (que n'a pas encore admis l'Académie).

Oui, Voltaire fermait l'histoire, et ne consultait que son imagination... et celle des autres : « J'ai esquissé le cinquième acte, écrivait-il au comte d'Argental; mandez-moi comment vous trouvez cette première ébauche de *l'admirable idée que vous m'avez suggérée...* Je commence à entrevoir que *Mahomet* sera, sans aucune comparaison, ce que j'aurai fait de mieux (naïve illusion d'auteur!), et *ce sera à vous que je le devrai.* » — Quoi de surprenant qu'il ait fait également d'Omar, le confident et le lieutenant du Mahomet théâtral, un portrait de fantaisie selon le goût de ses *anges* (M. et madame d'Argental). Cet autre Narcisse d'un Néron d'invention n'est vrai que par son nom et sa hardiesse farouche. Omar avait surpris sa sœur lisant des feuillets du Koran, et s'était emporté contre elle; sa sœur l'avait invité à lire aussi, il avait lu, et séduit par cette lecture, il s'était rendu auprès du prophète, et avait fait entre ses mains la profession de foi musulmane. Voilà l'Omar historique, et à coup sûr sa conversion par l'esprit et par le cœur vaut bien la conversion de Saül (saint Paul) par la fantasmagorie qui l'éblouit sur le chemin de Damas. Est-ce cet Omar, ainsi converti, qui se serait rallié à un prophète avouant, dans ses confidences vraiment cyniques, qu'il est *en proie aux fureurs de l'ambition,* qu'il *trompe les humains*, que son triomphe est *fondé sur l'erreur*, etc?. — Et citer ce langage du prophète de la scène, n'est-ce pas suffisamment prouver que le poëte s'est joué du caractère? Le fanatique qui veut amener à soi un fanatique opposé (comme le Zopire idolâtre de la tragédie), lui dit-il :

Il faut un nouveau culte, il faut de nouveaux *fers,*
Il faut un nouveau dieu pour l'*aveugle* univers...
. . . . Mon culte épuré
De ma *grandeur naissante* est le *premier degré...*
Ne me reproche point de *tromper* ma patrie...
. . . Je connais ton peuple, il a besoin *d'erreur...*
Ou véritable ou *faux,* mon culte est nécessaire...

Combien Molière est plus habile et plus vrai dans l'*Imposteur* qu'il peignait aussi : Tartufe ne s'accuse nulle part d'abuser, de tromper, de feindre la dévotion pour mieux atteindre son but.

> Laurent, serrez ma haire avec ma discipline...

Voilà tout Tartufe. — Si, dans ses patelinages amoureux, il est entraîné à dire à Elmire :

> Ah ! pour être dévot, je n'en suis pas moins homme...
> Mais, madame, après tout, je ne suis point un ange...
> Vous considérerez, en regardant votre air,
> Que l'on n'est point aveugle, et qu'un homme est de chair...

comme il se *relève*, et comme il rentre dans sa nature, lorsque, dénoncé par Damis, qui l'a entendu, il psalmodie sur le ton d'un Jérémie calomnié :

> Oui, mon frère, je suis un méchant, un coupable,
> Un malheureux pécheur tout plein d'iniquité,
> Le plus grand scélérat qui jamais ait été.
> Chaque instant de ma vie est chargé de souillures;
> Elle n'est qu'un amas de crimes et d'ordures;
> Et je vois que le ciel, pour ma punition,
> Me veut mortifier en cette occasion.
> De quelque grand forfait qu'on me puisse reprendre,
> Je n'ai garde d'avoir l'orgueil de m'en défendre.
> Croyez ce qu'on vous dit, armez votre courroux,
> Et comme un criminel chassez-moi de chez vous.
> Je ne saurois avoir tant de honte en partage,
> Que je n'en aie encor mérité davantage.

C'est là le sublime de l'art : le perfide en impose par la vérité même. Qu'il y a loin de là à ce cri brutal de Mahomet :

> . . . . . Il faut m'aider à *tromper* l'univers.

Mais ce vers — qui eut un si grand retentissement, et que

l'on fit changer en ce non-sens : Il faut m'aider à *dompter* l'univers, — ce vers rappelle ce que voulait Voltaire. — Et pourtant il osa dédier son *Fanatisme* à un successeur de Grégoire XIII (qui avait applaudi par des *larmes de joie* à la Saint-Barthélemy) — au pape Benoît XIV : « Très-saint père, lui disait-il, Votre Sainteté voudra bien pardonner la liberté que prend un des plus humbles, mais l'un des plus grands admirateurs de la vertu, de consacrer au chef de la *véritable* religion un écrit contre le fondateur d'une religion *fausse* et *barbare*. A qui pourrais-je plus convenablement adresser la satire de la *cruauté* et des *erreurs* d'un *faux* prophète (1) qu'au vicaire et à l'imitateur d'un Dieu de *paix* et de *vérité?* Que Votre Sainteté daigne permettre que je mette à ses pieds et le livre et l'auteur. J'ose lui demander sa protection pour l'un et sa *bénédiction* pour l'autre. C'est avec ces sentiments d'une profonde vénération que je me prosterne et que je *baise vos pieds sacrés.* » — Quelle comédie! Voltaire baisant la *mule* du pape — cette mule dont il plaisantait si bien dans un de ses contes en vers :

Que s'il advient que ces petits vers-ci
Tombent ès mains de quelque galant homme,
C'est bien raison qu'il ait quelque souci
De les cacher, s'il fait voyage à Rome.

Et Voltaire parlant de la *vérité* de la religion chrétienne, lui l'auteur de tant de thèses contre le christianisme, lui l'éditeur apologétique du testament du curé Meslier (2), et surtout de l'*Examen important de milord Bolingbroke* ou le *Tom-*

(1) Voltaire, qui rit de Pascal, lui a cependant fait l'honneur de lui prendre ce titre de *faux prophète*, et voici comment l'auteur des *Pensées* motive sa qualification : « L'Alcoran dit que saint Matthieu étoit homme de bien ; donc Mahomet étoit faux prophète, ou en appelant gens de bien des méchants, ou en ne les croyant pas sur ce qu'ils ont dit de Jésus-Christ. » — Le raisonnement n'est pas toujours la raison.

(2) Cela est écrit du style d'un cheval de carrosse, disait Voltaire dans une lettre à Helvétius, mais qu'il rue bien à propos!

beau du fanatisme, cette œuvre si hardie, que, dans notre étrange époque de liberté, on hésite même à la citer, et dont deux lignes transcrites suffiraient pour conduire où la Vérité conduisait Galilée : que de fois cette Vérité a pleuré ses *erreurs* sous les verrous!... Voltaire s'amusait donc du bon pape, qui, après quelques semaines de réflexion, répondait « qu'il avait lu avec un très-grand plaisir l'admirable tragédie de *Mahomet.* » — Ainsi le saint-père n'admettait pas le titre que l'auteur avait justement choisi pour faire clairement entendre qu'il traitait, non point un sujet particulier d'histoire, mais un sujet général de haute moralité (le fanatisme). — En conséquence, la bénédiction apostolique lui était octroyée...

Et de leur vain projet les chanoines punis,
S'en retournent chez eux éperdus et bénis!...

C'est dans cette tragédie du *Fanatisme* que Voltaire, si fécond en sentences, a placé celle-ci :

Les mortels sont égaux : ce n'est point la naissance,
C'est la seule vertu qui fait leur différence.

Belle théorie, qui attend toujours qu'une société la mette en pratique. — Et c'est aussi dans le *Fanatisme* que Voltaire empruntait, en le variant, le mot de la maréchale d'Ancre :

— Quel droit as-tu reçu d'enseigner, de prédire?
— Le droit qu'un esprit vaste et ferme en ses desseins
A sur l'esprit grossier des vulgaires humains.

Confirmant l'éloge, Voltaire disait dans ses *Remarques* (de 1763) : « Mahomet fut certainement un *très-grand homme*, et forma de grands hommes. » — Et ailleurs, débarrassé de sa préoccupation de fanatisme, Voltaire reconnaissait la *simplicité* du dogme mahométan, et qualifiait de *sublime* le commencement du Koran (1). — Mais ailleurs aussi, aux reproches d'ambition et de cruauté de sa tragédie, il joignait le reproche de cupidité, par allusion au butin que s'attribuait le prophète-conquérant : « Lorsque vous aurez fait un butin (sur l'ennemi), dit le Koran, la cinquième part en revient à Dieu, au prophète, aux parents, aux orphelins, aux pauvres et aux voyageurs. » — Les distributions faites aux voyageurs, aux pauvres, aux orphelins, aux parents, que restait-il pour *Dieu* et le prophète? Y avait-il là ces *sommes immenses* que Voltaire lui-même reprochait aux pontifes chrétiens de prélever sur les clergés, sur les peuples? Où est l'homme de Dieu qui a édifié par son désintéressement? — Mais, disent encore les loyaux biographes de Mahomet, tout ce qu'il possédait à sa mort fit retour à la nation arabe (unifiée par sa loi), conformément au principe de dévolution qu'il avait établi, sans exception pour sa famille, sans réserve même pour ses femmes — qui, devenues veuves, reçurent de modiques pensions sur le Trésor public. — Que de papes, eux, n'ont point quitté ce monde sans avoir enrichi leurs familles, au risque de les faire entrer « dans le royaume du ciel plus difficilement qu'un chameau ne passerait par le trou d'une aiguille! »

A l'égard du reproche de cruauté, il peut être fondé sur des faits que leur rareté ne rend pas moins déplorables (nous ne parlons pas de la *guerre*, cette cruauté qu'absout notre civilisation même). — Hélas! non, Mahomet ne fut point un Louis XII pardonnant les injures faites au duc d'Orléans, ni un empereur Adrien disant à un adversaire haï : « Je règne, vous êtes sauvé. » — Et dans deux circonstances, le souverain victorieux vengea le prophète outragé. Une première fois, après une défaite des Koreïchites, il livra inexorablement au supplice, parmi les prisonniers qu'il fit, ceux qui avaient le plus aigrement bafoué lui et sa mission. Et plus tard, maître de la Mecque, il lui fallut dix-sept victimes pour

(1) On peut lire d'autres éloges dans l'*Essai sur les mœurs*, dans la *Lettre civile et honnête* (Mélanges, 1760), et dans le *Dictionnaire philosophique* aux mots *Arot et Marot, Religion, Tolérance*, etc.

apaiser le ressentiment des offenses passées. — Mais comment l'homme pouvait-il être absolument meilleur que le Dieu qu'il prêchait? Quand Dieu se venge parfois, comment l'homme pardonnerait-il toujours? Combien l'on a tort d'enseigner la vengeance et la colère de Dieu! N'est-ce pas excuser, sinon autoriser, la colère et la vengeance de l'homme?

Cette vengeance, cette colère, Mahomet sut quelquefois, cependant, les réprimer. Ainsi, trahi par un nommé Hateb *ben* (fils de) Abi Baltaa, qui avait instruit les Koreïchites d'un projet d'expédition contre eux, il accueillit le repentir du coupable, et pardonna. — La Mecque lui résistait encore, la disette y sévissait, et les tribus voisines, converties, refusaient d'approvisionner la ville affamée; Mahomet donna un ordre contraire, et, comme Henri IV, il nourrit ses ennemis. — La Mecque prise, un des plus acharnés de ces ennemis fut amené devant lui, il garda le silence, et le rompit pour accorder le pardon: J'attendais, dit-il à ses compagnons, qu'un de vous se levât et tuât cet homme. — Et nous attendions, nous, répondit l'un d'eux, un signe de toi, prophète! — Il ne sied pas au prophète, répliqua-t-il, de faire des signes d'intelligence qui seraient une trahison.

Dans une autre circonstance, il s'abstint des mêmes signes, mais peut-être fut-il compris par son gendre Ali. — Un idolâtre l'avait invité à un repas, et avait dû se convertir à l'islam pour faire accepter l'invitation. — « Qui? moi! disait l'auteur du *Lutrin*, invité à un grand repas chez deux juifs opulents, aller manger chez des coquins qui ont crucifié Notre-Seigneur! » — Mais l'amphitryon arabe, raillé sur sa conversion, abjura, et pour bien prouver sa rupture avec le prophète, il lui cracha publiquement au visage (Mahomet devait donc partager cette insulte avec Jésus). — L'insulteur disparut, et, tombé au pouvoir du prophète, il fut tué par Ali. — « Les mahométans, dit Voltaire, se sont souillés des mêmes inhumanités que les juifs et les chrétiens, mais rarement; et lorsqu'on leur a demandé *amman*, miséricorde, et qu'on leur a offert le tribut, ils ont pardonné. »

Un autre tort impardonnable de Voltaire dans sa tragédie, c'est d'avoir obstinément mis le mot *erreur* dans la bouche de Mahomet. Non, Mahomet ne pensait pas qu'il prêchait l'erreur; sa conviction était franche et profonde, et ce n'est pas lui qui aurait dit comme Voltaire : « Il est difficile de croire à un Dieu, il est absurde de n'y pas croire (1). » — Pour lui, pour le prophète historique, il était impossible de ne pas avoir cette croyance. Là, était sa bonne foi; c'était bien la *vérité* qu'il proclamait selon la clarté de son esprit, et dans la persuasion de son âme. Et s'il se préoccupait de l'erreur, c'était de l'erreur des autres : « Donnez-moi de l'encre et du papier, disait-il sur son lit de mort, je vais vous laisser un écrit qui vous préservera à jamais de l'*erreur*. » C'est le dernier trait qui peint le prophète naturel, l'apôtre inspiré, l'homme convaincu de la vérité qu'il a fait luire, et sur laquelle il craint qu'un nuage ne passe. Mais Omar lui ayant répondu que le Koran suffisait, il adopta l'avis, et recommanda de suivre le Koran « comme un guide *infaillible* au milieu des épreuves qui attendaient les musulmans. » Est-ce là l'homme qui trompe avec la conscience de sa tromperie? Non, l'âme de Tartufe n'était point dans le corps de Mahomet. Et si du ciel, où il s'est attribué une place, il peut lire la tragédie de Voltaire, il ne doit pas regretter d'avoir écrit dans le Koran (ch. XXVI) : « Savez-vous quels sont les » hommes qu'inspirent les démons? Ce sont les *poëtes*, que » les hommes égarés suivent à leur tour... Ne voyez-vous » pas qu'ils suivent toutes les routes (en s'abandonnant à leur » imagination) comme des insensés... Or, la plupart men- » tent. »

(1) Dans l'opinion qu'il y a un Dieu, il se trouve des difficultés; mais dans l'opinion contraire il y a des absurdités. (Voltaire, *Traité de métaphysique*, chap. II.) — Voir à peu près les mêmes paroles dans les *Éléments de la philosophie de Newton*, par Voltaire (1re partie, chap. 1er).

VIII. — LES ARABES EN NUMIDIE.

L'armée que laissait Mahomet, successivement grossie, réunit rapidement d'autres provinces à celles qu'il avait conquises, et se dirigea sur Jérusalem en répétant le cri qu'un vieil écho lui redisait : « Entrons dans la terre sainte que Dieu nous a destinée! » — Et près de Jérusalem, le général musulman, Kaleb, vit avancer vers lui le patriarche Sophrone, qui le conjura d'épargner une ville sacrée : « C'est parce qu'elle est sacrée, répondit Kaleb, c'est parce qu'elle est le tombeau des prophètes, que nous sommes plus dignes que vous de l'occuper. » — Et il en prit possession — au nom du Dieu de Mahomet! Comment le Dieu du Christ ne protégeait-il pas mieux le sépulcre de *son Fils?* — Le calife Omar défendait bientôt les signes extérieurs du christianisme et le son des cloches, interdisait aux chrétiens la langue arabe — la langue sainte — et les obligeait à porter un habit distinctif, à payer un tribut et à reconnaître sa souveraineté. — Comment le Dieu du Golgotha ne renaissait-il pas dans la ville même où il était mort, pour chasser cet impie?

De conquête en conquête, les Arabes — ou Sarrasins (ou *Sarracènes*, tribu de l'Arabie-Déserte, qui fit la principale force de l'armée du prophète), envahirent l'Égypte, sous le commandement d'Amrou, lieutenant d'Omar. Le patriarche d'Alexandrie, Cyrus, menaçait le général musulman du courroux de Dieu... et de la vengeance des Romains. Le fier Arabe sourit, et montrant du doigt la colonne de Pompée devant laquelle il parlait : « Nous ne sortirons d'Égypte, répondit-il, que lorsque tu auras avalé ce monument! » — Et, loin de réaliser la menace du patriarche *son vicaire*, Dieu favorisa les armes des soldats d'Amrou. — Ce fut dans cette guerre que les cinq cent mille volumes de la bibliothèque d'Alexandrie (1) furent livrés aux flammes : « Si ces livres, avait dit Omar à son lieutenant, ne contiennent que ce que l'on trouve dans le Koran, ils sont inutiles ; s'ils renferment des choses qui lui sont contraires, ils sont dangereux. Par conséquent, brûle-les tous. » — Et pendant plusieurs mois, ces trésors de l'esprit humain de l'ancien monde chauffèrent les quatre mille bains publics de la ville conquise. — Qu'ont fait de moins les chrétiens fanatiques qui anéantissaient dans le feu des bûchers tous les livres qu'ils jugeaient « contraires à leurs doctrines ! » Le pape Grégoire *le Grand*, presque contemporain d'Omar, faisait brûler tous les livres latins qu'il avait pu recueillir. Et depuis encore, que d'auto-da-fé d'œuvres de l'intelligence par les décrets de la très-sainte et très-obscurantissime Inquisition (2) ! — Quatre ou cinq siècles après la mort de Numa, l'on découvrait au pied du Janicule son cercueil et une boîte qui renfermait des manuscrits de ce roi-législateur sur la philosophie et la religion. Le sénat les faisait examiner — puis détruire — parce qu'ils pouvaient nuire à la religion — c'est-à-dire aux superstitions qui prévalaient alors à Rome. — Et bien avant Numa, Orphée était mis à mort par des prêtres, pour avoir porté la lumière sur leur culte. — Aux religions superstitieuses, il faut les ténèbres !

L'Égypte soumise, le calife Othman, successeur d'Omar (mort sous le poignard d'un esclave), envoyait quarante

(1) Alexandrie avait deux bibliothèques. L'une, qui possédait quatre cent mille volumes, avait été la proie d'un incendie accidentel dans la guerre de Jules César contre les habitants de cette ville. L'autre fut celle qui subit la condamnation d'Omar.

(2) Toute l'Inquisition est corrompue ou ignorante... L'Inquisition est le fléau de la vérité. (Pascal.) — Le même auteur a écrit ceci : « Mahomet s'est établi en défendant de lire, et Jésus-Christ en ordonnant de lire. » — Oui, Mahomet voulait qu'on ne lût que le Koran, comme Jésus recommandait la lecture de la *loi*. Mais Jésus recommandait-il aussi la lecture des livres *païens ?* Jésus ne faisait donc ni plus ni moins que Mahomet.

mille Arabes, sous les ordres de son frère Abdallah, pour enlever Carthage — et l'Afrique — à l'usurpateur Grégoire. — Grégoire périssait dans une bataille; sa fille, qui s'était héroïquement battue près de lui, devenait esclave, et la lutte, toutefois, se prolongeait.

Moawia, pontife et roi, succédait à Othman, tué dans son palais par des conjurés qui voulaient pour chef Ali, gendre de Mahomet : — Othman, vieillard octogénaire, lisait avec dévotion le Koran; le tumulte de l'assaut du palais, le bruit des armes, l'approche du fer, rien ne détourna ses regards du livre sacré, et la mort seule interrompit sa lecture. — Ali fut assassiné aussi, et son fils Hasan renonça au trône en faveur de Moawia, moyennant une concession de terres considérables et la promesse d'une forte somme d'argent. Mais, investi du pouvoir, Moawia révoqua tout : « Quand l'édifice est bâti, dit-il impudemment, on abat l'échafaud. » — Les religions ne donnent pas à leurs chefs — pontifes ou prélats — la moralité : « Alexandre VIII, raconte Racine, n'étant encore que monsignor Ottobon, et ayant grande envie d'être cardinal, sans qu'il lui en coûtât rien, avoit un jardin près duquel la donna Olimpia (belle-sœur d'Innocent X) venoit souvent. Il avoit à la cour de cette dame un ami, par le moyen duquel il obtint d'elle qu'elle viendroit un jour faire collation dans son jardin. Il l'attendit en effet, avec une collation fort propre et un très-beau buffet tout aux armes d'Olimpia. Elle s'aperçut bientôt de la chose, et compta déjà que le buffet étoit à elle, car c'étoit la mode de lui envoyer des fleurs ou des fruits dans des bassins de vermeil doré, qui lui demeuroient aussi. Au sortir de chez Ottobon, l'ami commun dit à ce prélat qu'Olimpia étoit charmée, et qu'elle avoit bien compris le dessein galant d'Ottobon. Celui-ci mena son ami dans son cabinet, et lui montra un très-beau fil de perles, en disant : *Ceci ira avec la credenza* (le buffet). Quinze jours après, il y eut promotion, dans laquelle Ottobon fut nommé, et il renvoya le fil de perles chez l'orfévre, avec la vaisselle, d'où il fit ôter les armes d'Olimpia. » — Comme le pontife musulman, le prélat chrétien avait dit : « *Quand l'édifice est bâti, on abat l'échafaud.* »

Hasan réclamant, Moawia le fit empoisonner — comme le pape Boniface VIII faisait mourir dans une prison son prédécesseur Célestin V, qu'il avait dépouillé de la tiare. — Et tranquille possesseur du pouvoir, Moawia ne s'occupa plus que d'étendre ses conquêtes.

Son lieutenant Oucba partait pour l'Afrique avec dix mille cavaliers, et bientôt maître de toute la contrée entre l'Égypte et l'ancienne frontière de l'empire carthaginois, il s'y établissait en dominateur par la fondation de la ville de Kaïrouan (ou Kaïrwan ou Kervan) sur l'emplacement de l'antique Cyrène, et dépendant aujourd'hui de la régence de Tunis. Et pendant que le christianisme, obscurci par les querelles théologiques, plongeait le reste du monde dans les ténèbres, ce coin de l'Afrique recevait le dépôt des lumières, et une académie renommée y faisait revivre les sciences et les lettres, flambeau que devaient éteindre d'autres barbares, les Turcs, *protecteurs* des Arabes. — « C'est une remarque bien triste, et qu'on a faite souvent sans doute, dit Voltaire, que cette partie de l'Afrique qui produisit autrefois tant de grands hommes, et qui fut, probablement, depuis Atlas, la première école de philosophie, ne soit aujourd'hui connue que par ses corsaires. » — Malheureusement la civilisation moderne, en réprimant les corsaires, n'a pas restitué à l'Afrique ses lumières : l'esprit y est nul, et la matière y vit seule (nous n'exceptons pas du tableau les habitants européens de l'Algérie actuelle : on n'a souci que de la fortune!).

Oucba, puissant et sympathique, devait exciter la jalousie, et la jalousie le fit remplacer par un chef incapable, qui, reconnaissant son incapacité, redemanda pour lui le commandement. — Rétabli dans ce commandement, Oucba s'empara de la Numidie, traversa la Mauritanie en marchant sur les corps de deux armées romaines, prit Tanger, pénétra dans des pays restés inconnus aux Romains, en épouvanta les habitants sauvages, et arrêté par l'Océan, il y lança son cheval et s'écria : « Dieu puissant! sans cette barrière que tu m'opposes, j'irais forcer d'autres nations qui t'ignorent, à n'adorer que toi ou à mourir! » — Lui aussi comprenait admirablement Dieu — créant pour faire tuer ses créatures!

Son imprudence le perdit : il dissémina ses troupes, et un prince indigène, Kucilé, ranimant le courage des Romains effrayés, prit l'offensive, et décida les vaincus à se réunir à ses Maures et à ses Berbers pour aller attaquer la ville même de Kaïrouan, capitale nouvelle de l'Afrique. Oucba fut prévenu par un ancien esclave, parvenu général, depuis dégradé et emprisonné par lui, et qui, dans sa prison, avait été instruit du hardi projet de Kucilé. — « Il est trop tard, lui dit-il; je ne puis rassembler mes troupes. Mais je te donne la liberté, pars, va en Arabie, et reviens avec des forces qui relèveront l'empire du prophète; moi, je saurai mourir : un général musulman ne doit pas fuir devant des chrétiens. » — « Je suis digne, répondit le prisonnier délivré, de la liberté que tu m'accordes. Tu sais que je te hais, mais j'aime la religion et la gloire; incapable, comme toi, de fuir les infidèles, malgré l'aversion que tu m'inspires, je mourrai avec toi. » — Et les deux fanatiques, suivis de cinq mille hommes fanatisés comme eux, se ruèrent sur l'armée de cent mille ennemis, et après des prodiges de valeur, tous périrent : aucun ne se rendit, et ce fut sur un monceau de cadavres frappés de son sabre qu'expira le général sarrasin. — Le champ de cette terrible bataille reçut le nom de *champ d'Oucba*. — Le fanatisme musulman s'est atténué, car pareil exemple n'a point attristé nos guerres d'Afrique, comme nous n'avons pas vu de femmes indigènes imiter les femmes sarrasines du septième siècle, guidées par la célèbre Kaula. L'armée d'Omar pliait devant les cent vingt mille hommes de l'armée de Manuel, général d'Héraclius; Kaula excite ses compagnes, toutes s'arment, et se précipitent dans la mêlée, ramenant au combat les musulmans qui fuyaient. Kaula est blessée, une autre héroïne, Oscira, la sauve en tranchant la tête du soldat qui la frappait, et le courage des femmes multipliant la bravoure des hommes, cent mille Romains jonchent cet autre champ de bataille, et cinq ou six mille Sarrasins tombent seuls à leurs côtés. — Le Dieu de Mahomet inspirait une autre Jeanne d'Arc... Mais que faisait, pendant ce temps, le Dieu du pieux Héraclius?

Kaïrouan sans défense ouvrit ses portes à Kucilé, mais un autre général sarrasin, Zobéir, apparaissait avec une nouvelle armée, attaquait le vainqueur, le tuait, reprenait Kaïrouan, puis menait ses troupes vers Carthage. — Justinien II, ce Néron oriental, envoyait des secours à Carthage; son général battait Zobéir, qui périssait dans le combat, mais le fer des vaincus avait tellement éclairci les rangs des Romains, et la valeur de l'ennemi les avait frappés d'une telle terreur, qu'ils se rembarquèrent après leur victoire comme après une défaite.

Carthage, cependant, ne cédait pas. Le nouveau calife, Abd el Melic, chargea Hassan, gouverneur de l'Égypte, de la soumettre, et il l'emporta par escalade.

Une armée romaine, commandée par le patrice Jean, lieutenant de l'empereur Léonce, descendait encore en Afrique, et enlevait Carthage aux Arabes. Mais ceux-ci y rentraient, et faisaient de la ville de Jules César et d'Auguste ce qu'Emilien-Scipion avait fait de la ville de Didon : ils la rasaient, et ce sont les ruines de la seconde Carthage que le sable recouvre non loin de Tunis. — Ils en avaient pillé les richesses ; et quant aux habitants, ils les réduisirent en esclavage.

Les Romains ne laissaient plus que le souvenir de leur nom en Afrique. La Numidie, la Mauritanie, tout recevait la loi des vainqueurs, et le dernier vestige du christianisme s'effaçait sous la conversion générale à l'islam... Et Dieu voulait que, pendant onze siècles, ce christianisme ne trouvât que des fers dans cette patrie de saint Augustin et de sainte Monique, livrée à des forbans !... « Il y a des sondes pour les abîmes de la mer, a dit Malherbe, il n'y en a pas pour les secrets de Dieu... »

IX. — LA SUZERAINETÉ DE LA TURQUIE.

Sous toutes les religions, les mêmes passions ont éclaté. Pourquoi changer de dieu lorsqu'on ne change pas de mœurs? En quoi le chrétien diffère-t-il du païen, et le musulman du chrétien? N'est-ce pas toujours et partout le même cœur, avare, égoïste, envieux, jaloux, ambitieux? C'est moins l'âme après la mort que l'âme dans cette vie qu'il fallait sauver... Béni celui qui la préservera, dans ce monde, des vils instincts qui la perdent!

Comme les chrétiens, comme les païens, comme les idolâtres aborigènes, les musulmans s'abandonnèrent aux ambitions sur ce sol conquis, et les armes coupèrent les Mauritanies en provinces sous des rois distincts : il y eut les provinces et les rois de Tenès, d'Alger, de Bougie, de Tlemcen.

Ces rois se jalousèrent encore, et les luttes recommencèrent. Alger, tributaire du roi de Tlemcen, le devint du roi de Bougie, vainqueur de ce prince rival.

L'Espagne, délivrée des Maures, intervint à la façon du troisième larron de la fable, et s'empara d'Oran et de Bougie (1). Alger capitula, et se soumit à un tribut décennal envers l'Espagne.

(1) Ces expéditions étaient commandées par le cardinal Ximenès et par le comte Pierre de Navarre — passé depuis au service de François Ier et puni par Charles-Quint comme traître à sa patrie. — Charles-Quint accueillait, lui, le connétable de Bourbon, ce précurseur des Coriolans de Coblentz, qu'une Véturie ne désarma pas, et qui trouvait, sur les murs de Rome, qu'il assiégeait, une mort digne de l'opprobre de sa vie.

Mais, décidé à s'affranchir de ce tribut, Alger réclama l'appui d'un cheikh de la Métidja, Sélim Eutémic, qui, reconnaissant sa faiblesse contre l'Espagne, appela lui-même pour le seconder un forban célèbre, *Oroush* pour les uns, *Aroudj* pour les autres, pour tous *Barberousse* (à cause de la couleur de sa barbe).

Barberousse accourut avec une armée de Turcs et de Maures, qu'il avait formée à Djidjelli (dans la province actuelle de Constantine), sa résidence, et imitant le chef vandale appelé par le Romain Boniface, il domina; puis, pour se débarrasser du rival importun, il le fit étouffer dans un bain.

Accusé avec indignation, il osa imputer ce crime à des innocents, et les fit étrangler — comme châtiment!

Les Arabes de la Métidja ne virent là qu'un second forfait, et soulevés pour venger leur cheikh, ils demandèrent l'assistance du roi de Tenès, qui l'accorda.

Barberousse courut vers eux et leur allié, et les joignit non loin de Blidah. Sa victoire fut complète, et il la couronna par la prise de Tenès et de Tlemcen.

L'Espagne envoyait contre lui le marquis de Gomarès avec dix mille soldats, et repoussé de Tlemcen, il était poursuivi et tué dans sa fuite. — Privé d'un bras, il l'avait remplacé par un bras ou de fer ou d'argent (les versions diffèrent), habilement fabriqué, et il combattait avec autant d'aisance et de vaillance que si ce bras n'eût pas été factice.

Son frère, Khaïr-ed-din (Chereddin), lui succéda, sous le nom de Barberousse II, dans la souveraineté d'Alger. Mais, effrayé des forces de l'Espagne de Charles-Quint, il se plaça sous la protection de l'empereur turc, Sélim Ier, et échangea sa couronne de roi contre les deux queues de cheval de bacha (ou pacha). De là datait (1518) la suzeraineté de la Turquie sur la régence d'Alger.

Charles-Quint expédiait, en effet, contre Khaïr-ed-din, une flotte relativement considérable, commandée par Hugo de Moncade; mais, jouet de la tempête, cette flotte se dispersait ou sombrait devant Alger même.

Un noble Espagnol, Martin de Vargas, commandant un

fort isolé, était contraint de se rendre; et refusant d'abjurer sa foi, il périssait sous le bâton... Le Dieu qu'il invoquait aurait bien dû changer ce bâton — comme la verge d'Aaron — en un serpent — qui aurait dévoré les bourreaux.

Le pacha Barberousse prenait Bougie, Tunis, Tripoli; et inquiet de sa puissance, le sultan, son suzerain, l'éloignait d'Alger, en le consolant par la dignité de capitan-pacha.

Un autre écumeur des mers, Hassan-Pacha, était choisi pour son successeur, et Charles-Quint, qui venait de subjuguer Tunis, se retournait contre Alger, où il amenait sa flotte bénite, au port de la Spezia, par le pape Paul III, qui lui avait promis la protection de Dieu, le secours du Ciel, pour cette *guerre sainte,* car il s'agissait de détruire de farouches ennemis de la chrétienté. Mais, loin d'être favorable, le Ciel fut cruel. Une première tempête dispersa la flotte sur les côtes de la Sardaigne; une seconde tempête fracassa beaucoup de navires au moment du débarquement, et une pluie terrible, inondant les soldats, les empêcha de se servir de leurs arquebuses contre les Maures qui les attaquaient, et dont le yatagan en fit un grand carnage. Cependant l'armée put camper sous les murs d'Alger, et Charles-Quint, dit-on, posa même sa tente là où s'élevait après lui le *Fort-l'empereur*, ruiné en 1830. — Mais la famine et les maladies sévirent, et il fallut se rembarquer. On gagna avec une peine extrême un des caps qui ferment la baie d'Alger, le cap Matifou, où le gênois Doria avait amené de nouveaux bâtiments, qu'une nouvelle tempête, après le rembarquement, menaça de graves périls. — « Combien de temps, demandait l'empereur à son pilote, les navires peuvent-ils tenir encore contre la tempête? — Deux heures, répondait le Palinure espagnol. — Ah! tant mieux! il n'est que onze heures et demie, et c'est à minuit que nos saints religieux se lèvent en Espagne pour faire la prière. Ils auront le temps de nous recommander à Dieu. » — Mais le Dieu du futur moine de Saint-Just fut sourd, et la tempête, plus violente, anéantit ou dissémina sur les côtes d'Italie et d'Espagne les navires de la flotte, à l'exception, toutefois, de celui qui portait le César catholique, et qui fut rejeté sur la côte africaine, où, pendant quinze jours, le nouvel Ulysse, ignoré de son Ithaque, désespéra de la revoir. — Que devenait la bénédiction du pape Paul III? Partout, dans les églises, dans les monastères, il avait fait solennellement prier pour le succès : que devenaient les prières? — Dieu n'avait entendu que celles des disciples de son prophète, et leur barbare audace s'en accrut. Ce fut, avec seize mille victimes sur vingt-six mille combattants, le résultat de la guerre sainte prêchée par Paul III!

Et peu de temps après cette guerre, dix mille chrétiens étaient vendus en une seule année, à Alger. — La piraterie prospérait.

Néanmoins, un consul français — et trente ans après, un consul anglais étaient admis dans ce repaire de pirates. — Et pour protéger ses bâtiments employés à la pêche du corail, la France élevait une forteresse (le Bastion de France) entre Bône et la Calle. — (Une compagnie s'était formée pour cette pêche sous le nom de *Compagnie d'Afrique*, et ne se dissolvait qu'à la fin du dernier siècle.)

Les pachas, vassaux de la Turquie, s'étaient succédé; et au commencement du XVIIe siècle, le sultan accordait un *dey* ou *patron* à la milice algérienne, et peu à peu ce chef gagnait l'influence, et enfin le pachalik tombait.

C'était toujours la piraterie qui était le commerce florissant de cette contrée, tanière de bêtes fauves sous des figures d'hommes. — Le dey commissionnait des corsaires, et partageait le butin; il avait aussi sa part du prix de vente des esclaves; c'est là ce qui formait sa *liste civile*... Le Dieu des chrétiens le permettait... Le Dieu des chrétiens permettait même qu'un des esclaves des forbans mahométans fût saint Vincent de Paul, qui, descendant le Rhône, fut capturé et conduit à Tunis, où on le mit en vente: « Les marchands, a-t-il écrit, » nous vinrent visiter, tout de même que l'on fait à l'achat » d'un cheval ou d'un bœuf, nous faisant ouvrir la bouche » pour voir nos dents, palpant nos côtes, nous faisant cheminer le pas, trotter et courir, puis lever des fardeaux, et » puis lutter pour voir la force d'un chacun, et mille autres » sortes de brutalités. » — Vendu à un pêcheur, il fut revendu à un médecin spagirique (chimiste ou alchimiste), qui le transmit à son neveu, lequel le céda à un métayer, dont la femme— séduite par les psaumes latins qu'il lui chantait — aida à sa délivrance — sous la protection de la Vierge Marie. — Vraisemblablement, le saint homme eût préféré que cette protection s'étendît sur lui dans sa navigation sur le Rhône, par exemple par l'apparition de la Vierge Marie, qui eût effrayé les brigands, comme elle avait effrayé leurs ancêtres, selon le récit de Froissart, devant la *forte ville d'Affrique* (ville maritime du royaume de Tunis), assiégée par les chevaliers français et anglais, sous les ordres du duc de Bourbon, oncle du roi de France Charles VI: « Ainsi que » les Sarrasins approchoient (la nuit, du camp des assié- » geants, pour les surprendre), raconte le vieil historien, » ils virent devant eux une compagnie de dames toutes » blanches, et par espécial une au premier chef, qui sans » comparaison étoit trop plus belle que toutes les autres, » et portoit devant elle un gonfanon tout blanc et une croix » vermeille par dedans. De celle (cette) encontre et de la » vue furent les Sarrasins si effrayés, que ils furent d'esprit, » de force et de puissance tout éperdus, et n'eurent pour » l'heure, selon leur emprise (entreprise), pouvoir ni hardi- » ment d'aller plus avant, et se tinrent tous cois, et les » dames devant eux. » — Mais les *dames* ne pouvaient réveiller le guet endormi, et, sans doute inspiré par elles, un chien, digne de garder les oies du Capitole, aboya et signala le danger : « Toutes gens saillirent sus et s'armèrent, conti- » nue Froissart, et connurent bien que les Sarrasins venoient » pour réveiller l'ost (armée). Vérité étoit, mais la Vierge » Marie et sa compagnie qui les avoit en garde, leur fut au- » devant, et les Sarrasins n'osèrent approcher et retournè- » rent en leur logis sans rien faire (1). » — Voilà la protection qu'eût dû recevoir saint Vincent de Paul dans sa barque.

Une protection moins divine, mais *plus humaine*, est descendue sur un artisan marseillais, esclave aussi des pirates : — Montesquieu était à Marseille. Un dimanche, il prit une barque pour une promenade dans le port. Son jeune rameur

(1) Malgré le secours puissant de la Vierge Marie, l'armée du duc de Bourbon dut lever le siége, après de grandes pertes.

lui parut peu façonné au métier, il le questionna, et il apprit que le pauvre garçon, ouvrier bijoutier la semaine, ramait, les dimanches et les fêtes, pour augmenter les économies qu'il réunissait à celles de sa mère et de sa sœur laborieuses comme lui, afin de racheter son père saisi par les pirates et esclave à Tétouan. Montesquieu, sans se faire connaître, remit sa bourse (seize louis d'or) au bon fils, et secrètement négocia la délivrance du père — qui bientôt embrassait sa femme et ses enfants (1). — « Prenez bien garde, disait Jésus, de ne pas faire vos bonnes œuvres devant les hommes, à dessein d'attirer leurs regards... Lorsque vous faites l'aumône, que votre main gauche ne sache point ce que fait votre main droite. » — La main droite de Montesquieu sut seule son bienfait, mais elle en avait écrit le chiffre (7,500 livres) sur des comptes, et ce furent ces comptes qui, après sa mort, divulguèrent sa charitable action. — Et parce que le caustique auteur des *Lettres persanes* méprisait les odieux jésuites, d'impertinents casuistes ont prétendu qu'il n'était pas chrétien! — Monsieur, lui demandait le prêtre qui l'assistait à son heure dernière, vous comprenez combien Dieu est grand? — Oui, et combien les hommes sont petits! répondait le discret libérateur du père de famille marseillais.

Plus irrité d'une *emprise* sur sa marine que du rapt des chrétiens — même des saints — Louis XIV confia à son amiral François de Vendôme duc de Beaufort le soin de châtier les barbares; mais l'expédition, dirigée sur Djidjelli, échoua, et le roi, plus irrité, chargeait de la vengeance éclatante et de la réparation de l'échec, le célèbre Duquesne. A en croire son biographe Voltaire, Louis XIV avait eu la velléité de commander lui-même la nouvelle expédition. Mais, comme devant le Rhin, « sa grandeur l'avait attaché au rivage... »

Duquesne venait s'embosser devant Alger avec les premières bombardes (galiotes à bombes) qui eussent tenu la mer. « Cet art nouveau, dit Voltaire, était dû à un jeune homme,

(1) Ce beau trait de Montesquieu a été mis au théâtre par deux ou trois auteurs, notamment par Mercier sous le titre de *Montesquieu à Marseille*.

nommé Bernard Renaud, connu sous le nom de petit Renaud, qui, sans avoir jamais servi sur les vaisseaux, était un excellent marin à force de génie... Il osa proposer dans le conseil (de marine) de bombarder Alger avec une flotte. On n'avait pas d'idée que les mortiers à bombes pussent n'être pas posés sur un terrain solide. La proposition révolta. Il essuya les contradictions et les railleries que tout inventeur doit attendre; mais sa fermeté, et cette éloquence qu'ont d'ordinaire les hommes vivement frappés de leurs inventions, déterminèrent le roi à permettre l'essai de cette nouveauté. Renaud fit construire cinq vaisseaux plus petits que les vaisseaux ordinaires, mais plus forts de bois, sans ponts, avec un faux tillac à fond de cale, sur lequel on maçonna des creux où l'on mit les mortiers. Il partit avec cet équipage sous les ordres du vieux Duquesne, qui n'en attendait aucun succès. Duquesne et les Algériens furent étonnés de l'effet des bombes (28 octobre 1681) : une partie de la ville fut écrasée et consumée. »

Mais cette expédition coûta cher, et le dey, ayant su le chiffre de la dépense, dit cyniquement : Le roi de France n'avait qu'à m'en donner la moitié, j'aurais brûlé la ville tout entière.

Ce dey était le successeur de celui sous lequel avaient commencé les hostilités, et qui, partisan de la paix, avait été assassiné.

Aux premières détonations de la foudre flottante, les Français d'Alger avaient été massacrés, et le consul de France, le Père Levacher, missionnaire (abandonné aussi de son Dieu), avait été placé à la bouche d'un canon, et envoyé en lambeaux à la flotte assiégeante.

Alger, presque réduit en cendres, écartait Duquesne en lui remettant tous les esclaves chrétiens, et, relevé de ses ruines, reprenait ses déprédations maritimes.

Le roi de Versailles se fâchait encore, et envoyait le maréchal d'Estrées infliger un nouveau châtiment. Dix mille bombes saccageaient encore Alger, et tous les navires de son port disparaissaient sous les flots ou dans les flammes.

Redoutant désormais la France, la piraterie barbaresque se porta sur les autres nations, et l'Angleterre vengea à son tour son commerce pillé : dans un combat naval, elle enleva sept frégates aux pillards. — La punition s'oublia, et le brigandage recommença. L'Angleterre menaça encore, on rit de ses menaces, deux de ses consuls furent successivement chassés, et devant Alger parut en vain l'amiral Nelson, qui se retira sans avoir obtenu de satisfaction.

L'Espagne, dont le commerce avait surtout à se plaindre d'attaques incessantes, acheta la paix, et s'affranchit du vol par la rançon.

Eux-mêmes les États-Unis d'Amérique souffraient, et, après quelques succès, traitaient d'une même paix — également blessante pour la dignité nationale et pour la moralité publique.

Napoléon, lui aussi, loin d'imiter César et Pompée, qui s'illustraient en réprimant les pirates de la Cilicie, tendait une main politique au dey d'Alger et tolérait les insultes de ses corsaires au monde chrétien. — Sinon pour la religion offensée, du moins pour la civilisation outragée et pour l'humanité opprimée, c'était une campagne d'Alger qu'il fallait faire au lieu d'une campagne d'Égypte. Mais l'une offrait plus de gloire militaire que l'autre, et il fallait cette gloire du soldat pour ceindre un diadème d'empereur ! — « O Athéniens ! disait Alexandre en traversant l'Hydaspe pour attaquer l'indien Porus, croiriez-vous que c'est pour mériter vos éloges que je m'expose à de si grands dangers ! » — « O Français ! pouvait dire et disait peut-être Bonaparte en voyant éclater à ses pieds la bombe du siége de Saint-Jean d'Acre, croiriez-vous que c'est pour gagner vos suffrages — afin de régner sur vous, en vous asservissant — que je brave ces éclats de fer qui sèment la mort autour de moi ! » — Oui, cette vaine et folle campagne d'Égypte n'avait pas d'autre but que de fasciner l'imbécile esprit français : « Tout s'use ici, disait Bonaparte à Bourrienne (après la campagne d'Italie) : je n'ai déjà plus de gloire. Cette petite Europe n'en fournit pas assez.... Il faut aller en Orient : toutes les grandes renommées viennent de là. » — Pauvre France ! que de sang a coulé de ses veines avant d'emplir cette mare de Waterloo devant laquelle, dit Chateaubriand, Louis XVIII passait pour aller à Saint-Denis comme à sa sépulture ! — « Eh quoi ! s'écriait La Fayette après ce désastre de Waterloo, on accuse la nation de légèreté et de peu de persévérance à l'égard de Napoléon? ne l'a-t-elle pas suivi dans les sables de l'Égypte, dans les steppes de la Russie, sur cinquante champs de bataille... et c'est pour l'avoir suivi, que nous avons à regretter le sang de *trois millions* de Français ! » — « César, dit Pline, a fait périr par ses victoires, indépendamment des guerres civiles, douze cent mille hommes, et la nécessité eût-elle été son excuse, jamais cet exécrable attentat contre l'humanité ne pourra être un titre de gloire (1). »

> Du premier des Césars on vante les exploits.
> Mais dans quel tribunal, jugé suivant les lois,
> Eût-il pu disculper son injuste manie ?
> Qu'on livre son pareil en France à La Reynie,
> Dans trois jours nous verrons le phénix des guerriers
> Laisser sur l'échafaud sa tête et ses lauriers.

Et d'accord avec cet avis de Boileau, une ambassade de Scythes, dont Alexandre envahissait le territoire, lui disait : « Tu prétends poursuivre et punir les voleurs, toi le plus

(1) Pline dit aussi : « Pompée renvoya l'honneur de ses exploits à la République, en plaçant cette inscription dans le temple qu'il bâtit à Minerve du produit des dépouilles : « Pompée le Grand, général des armées romaines, après avoir terminé une guerre de trente » ans, après avoir défait, mis en fuite, tué ou forcé à se rendre » *douze millions cent quatre-vingt-trois mille hommes*, coulé à » fond ou pris huit cent quarante-six vaisseaux, reçu à composition » quinze cent trente-huit villes et châteaux, soumis tous les pays » depuis le lac Méotis jusqu'à la mer Rouge, acquitte le vœu qu'il a » fait à Minerve. » Tel est l'exposé sommaire de ses exploits dans l'Orient. » — Que de victimes ! et quelle gloire ! — Et que de sang encore dans les guerres civiles, en Sicile contre Perpenna, en Afrique contre Domitius, en Espagne contre Sertorius, — puis à Pharsale !... En Afrique, débarrassé de Domitius, qui périt dans une bataille non loin d'Utique, le *grand* Pompée fit la chasse aux lions et aux *éléphants* pour leur faire éprouver, dit Plutarque, la force et la fortune des Romains. — Il fit aussi sentir cette force aux barbares de la Numidie, dont il passa la frontière, et dota d'un royaume enlevé à un allié de Domitius, le roi Hiempsal, l'hôte perfide de Marius.

grand voleur de la terre! — Et un pirate à qui le même Alexandre demandait de quel droit il infestait les mers lui répondait : « Du droit que tu t'arroges d'infester l'univers; mais parce que je le fais avec un petit bâtiment, on m'appelle brigand, et parce que tu le fais avec une grande flotte, on te nomme conquérant! »

Ne serait-ce pas la logique qui aurait empêché l'aigle impérial de s'abattre sur les vautours algériens ?

Mais à peine le vent de l'adversité avait-il porté son vol sur le rocher de Sainte-Hélène (1), que les roitelets, qui ne le craignaient plus, se préoccupaient des vautours, et se liguaient (dans le congrès de Vienne) pour la défense et l'attaque. Et, en 1816, une flotte anglaise et une flotte hollandaise, sous le commandement de l'amiral anglais lord Exmouth, après avoir détruit, comme le maréchal d'Estrées l'avait fait cent ans auparavant, la flotte des pirates dans le port d'Alger, amenaient le dey à des conditions qui sauvegardaient les intérêts commerciaux, abolissaient l'esclavage des chrétiens, et rendaient la liberté à tous les chrétiens esclaves de la régence d'Alger.

C'était beaucoup, ce n'était pas assez : les négociateurs oubliaient qu'ils étaient sur une vieille terre de la foi punique, et que, disparue de la côte, la Civilisation qu'ils représentaient serait encore défiée. En effet, secouru par l'empire turc, Alger bafouait le traité, et ses forbans reprenaient la mer, et les chrétiens les fers!

L'Europe s'indignait de nouveau, et, en 1819, une flotte française et une flotte anglaise croisaient devant Alger, devant Tunis, mais sans démonstration belliqueuse. L'évolution purement comminatoire fit sourire le dey d'Alger, Hussein-Pacha, qui n'armait pas moins en course, en recommandant à ses corsaires l'habileté...

Mais l'heure du châtiment suprême allait sonner!

(1) Peut-être comme une punition de Dieu, d'après ce mot de Pascal : « Dans un État établi en République, c'est un grand mal de contribuer à y mettre un *roi* et d'opprimer la liberté des peuples *à qui Dieu l'a donnée.* »

X. — LA CONQUÊTE PAR LA FRANCE.

A cinquante ans de distance, deux esprits bien différents soulevaient l'opinion contre l'infâme piraterie des côtes africaines.

« Il est triste, disait l'auteur du *Dictionnaire philosophique*, qu'on n'ait point écouté les propositions de l'Ordre de Malte, qui offrait, moyennant un subside médiocre de chaque État chrétien, de délivrer les mers des pirates d'Alger, de Maroc et de Tunis... Les Algériens n'ont actuellement que deux vaisseaux de cinquante canons, cinq d'environ quarante, et quatre de trente; le reste ne doit pas être compté. Il est honteux qu'on voie tous les jours leurs petites barques enlever nos vaisseaux marchands dans toute la Méditerranée. Ils croisent même jusqu'aux Canaries et jusqu'aux Açores. Leurs milices, composées d'un ramas de nations, anciens Mauritaniens, anciens Numides, Arabes, Turcs, nègres même, s'embarquent presque sans équipages sur des chebecs de dix-huit à vingt pièces de canon. S'ils voient un vaisseau de guerre, ils s'enfuient; s'ils voient un vaisseau marchand, ils s'en emparent; nos amis, nos parents, hommes et femmes, deviennent esclaves, et il faut aller supplier humblement les barbares de daigner recevoir notre argent pour nous rendre leurs captifs.

» Quelques États chrétiens ont la honteuse prudence de traiter avec eux, et de leur fournir des armes avec lesquelles ils nous dépouillent. On négocie avec eux en marchands, et ils négocient en guerriers.

» Rien ne serait plus aisé que de réprimer leurs brigandages, on ne le fait pas. Mais que de choses seraient utiles et aisées, qui sont négligées absolument! La nécessité de réduire ces pirates est reconnue dans les conseils de tous les princes, et personne ne l'entreprend. Quand les ministres de plusieurs cours en parlent par hasard ensemble, c'est le conseil tenu contre les chats.

» Les religieux de la rédemption des captifs (d'abord les *Trinitaires*, puis les *Mathurins*, qui avaient un monastère à Paris) sont la plus belle institution monastique, mais elle est bien honteuse pour nous. Les royaumes de Fez, Alger, Tunis, n'ont point de *marabouts de la rédemption des captifs*. C'est qu'ils nous prennent beaucoup de chrétiens, et nous ne leur prenons guère de musulmans. Ils sont cependant plus attachés à leur religion que nous à la nôtre, car jamais aucun Turc, aucun Arabe ne se fait chrétien, et ils ont chez eux mille renégats qui même les servent dans leurs expéditions. Un Italien, nommé Pelegrini, était, en 1712, général des galères d'Alger. Le miramolin (*émir al mouminin*, prince des fidèles, commandeur des croyants), le bey, le dey, ont des chrétiennes dans leurs sérails, et nous n'avons eu que deux filles turques qui aient eu des amants à Paris.

» La milice d'Alger ne consiste qu'en douze mille hommes de troupes réglées, mais tout le reste est soldat, et c'est là ce qui rend la conquête de ce pays si difficile. Cependant les Vandales les subjuguèrent aisément, et nous n'osons lès attaquer! »

Les Vandales triomphèrent des Romains, qui avaient subjugué les Numides et les Maures, et les Vandales avaient le pied sur le sol quand ils se firent les maîtres. Le difficile, c'était l'abord. Charles-Quint ne put débarquer toutes ses troupes, et sa faiblesse numérique causa sa défaite.

Singulier écho de Voltaire, dans un style moins simple et plus mystique, l'auteur du *Génie du christianisme* disait, en 1816, à la Chambre des pairs :

» J'ai l'honneur de vous soumettre un projet d'adresse au roi. Il s'agit de réclamer les droits de l'humanité et d'effacer, j'ose le dire, la honte de l'Europe. Le parlement d'Angleterre, en abolissant la traite des noirs, semble avoir indiqué à notre émulation l'objet d'un plus beau triomphe : faisons cesser l'esclavage des blancs. Cet esclavage existe depuis trop longtemps sur les côtes de la Barbarie ; car, par un dessein particulier de la Providence, qui place l'exemple du châtiment là où la faute a été commise, l'Europe payoit (1) à l'Afrique les douleurs qu'elle lui avoit apportées, et lui rendoit esclaves pour esclaves.

» J'ai vu les ruines de Carthage ; j'ai rencontré, parmi ces ruines, les successeurs de ces malheureux chrétiens pour la délivrance desquels saint Louis fit le sacrifice de sa vie. Le nombre de ces victimes augmente tous les jours. Avant la Révolution, les corsaires de Tripoli, de Tunis, d'Alger et de Maroc étoient contenus par la surveillance de l'Ordre de Malte : nos vaisseaux régnoient sur la Méditerranée, et le pavillon de Philippe-Auguste faisoit encore trembler les infidèles : profitant de nos discordes, ils ont osé insulter nos rivages. Ils viennent d'enlever la population d'une île entière : hommes, femmes, enfants, vieillards, tout a été plongé dans la plus affreuse servitude. N'est-ce pas aux Français, nés pour la gloire et pour les entreprises généreuses, d'accomplir enfin l'œuvre commencée par leurs aïeux ? C'est en France que fut prêchée la première croisade ; c'est en France qu'il faut lever l'étendard de la dernière, sans sortir toutefois du caractère du temps, et sans employer des moyens qui ne sont plus dans nos mœurs. Je sais que nous avons pour nous-mêmes peu de chose à craindre des puissances de la côte d'Afrique ; mais plus nous sommes à l'abri, plus nous agirons noblement en nous opposant à leurs injustices. De petits intérêts de commerce ne peuvent plus balancer les grands intérêts de l'humanité : il est temps que les peuples civilisés s'affranchissent des honteux tributs qu'ils paient à une poignée de barbares. « — Et concluant son discours par un éloge des *gouvernements représentatifs* (*par qui toute*

(1) Chateaubriand a eu le petit esprit de faire scission avec l'Académie en n'adoptant pas l'orthographe de Voltaire. « Je ne répondrai pas, écrivait Voltaire, aux lettres qui n'auront pas cette orthographe... L'écriture est la peinture de la voix : plus elle est ressemblante, meilleure elle est. » — C'est l'aphorisme sur lequel s'étayait M. Marle pour sa célèbre réforme.

vérité peut être dite, toute chose utile proposée, et qui, changeant les vertus sans les affoiblir, les conduisent au même but, en leur donnant un autre mobile), Chateaubriand proposait cette adresse : « Sa Majesté sera humblement suppliée d'ordonner à son ministre des affaires étrangères d'écrire à toutes les cours de l'Europe, à l'effet d'ouvrir des négociations générales avec les puissances barbaresques, pour déterminer ces puissances à respecter les pavillons des nations européennes, et à mettre un terme à l'esclavage des chrétiens. »

C'était l'engagement que lord Exmouth avait particulièrement obtenu du dey d'Alger, mais infructueusement.

Observations de Voltaire, discours et adresse de Chateaubriand, tout valait mieux que cette réponse faite, d'après Froissart, par un conseil des douze plus grands barons de l'armée du duc de Bourbon aux Sarrasins de la *ville d'Affrique*, qui demandaient le motif du siége imprévu de cette ville : « Fut dit que la matière et la querelle étoit telle, pour ce que le fils de Dieu, appelé Jésus-Christ, et vrai prophète, leur lignée et génération l'avoit mis à mort et crucifié; et pour ce que leur Dieu (aux chrétiens), ils (les Sarrasins) avoient jugé à mort et sans titre de raison, ils vouloient amender sur eux ce méfait et le faux jugement que ceux de leur loi avoient fait. Secondement ils ne créoient (croyaient) point au saint baptême, et étoient tout contraires à leur loi et à leur foi (loi et foi des chrétiens). Aussi en la Vierge Marie, mère de Jésus-Christ, ils n'avoient point de créance ni de raison. Pourquoi, toutes ces choses considérées, ils (les assiégeants) tenoient les Sarrasins et toute leur secte pour leurs ennemis, et vouloient contrevenger les dépits que on avoit faits à leur Dieu et à leur foi, et faisoit à leur pouvoir encore tous les jours. » — « De cette réponse, ajoute Froissart, ne firent les Sarrasins que rire, et dirent qu'elle n'étoit pas raisonnable ni bien prouvée, car les juifs avoient mis ce Jésus-Christ à mort, et non eux. » — Ils pouvaient répliquer aussi que l'ignare réponse se trompait à l'endroit de Marie, reconnue par le Koran comme mère virginale de Jésus.

« La philosophie, disait encore Chateaubriand en proposant son adresse au roi, pourroit prendre sa part de la gloire attachée au succès de ma proposition, et se vanter d'avoir obtenu dans un siècle de lumières ce que la religion tenta inutilement dans un siècle de ténèbres. » — Ces ténèbres sont bien attestées par la réponse que cite Froissart.—Et sans la philosophie à laquelle Chateaubriand rend hommage, où en serions-nous encore ?

Mais ce ne fut ni cette philosophie, ni la religion, ni l'humanité même qui produisit le succès des vœux de Chateaubriand et de Voltaire, ce fut un soufflet — ou plus directement une politique machiavélique.

D'abord, le dey Hussein-Pacha, dans un intérêt fiscal, avait exercé un acte arbitraire contre le consul français à Bône; puis, au mépris d'un traité avec la France, il avait cupidement sanctionné la capture de vaisseaux marchands qui en portaient le pavillon; et bientôt il méconnaissait ouvertement notre souveraineté sur le Bastion de France et la côte voisine.

Aigri par de justes remontrances, il réclama avec plus d'instance le paiement d'une créance de la régence d'Alger sur la France pour des blés fournis à la République. La réponse des ministres de la Restauration tarda, il se plaignit; notre consul-général, M. Duval, sollicitait sa patience; mais un jour qu'il recevait de ce fonctionnaire, venu pour le complimenter à l'occasion d'une solennité de l'islam, une nouvelle explication dilatoire, il céda à sa colère, et de son chasse-mouche souffleta la France sur le visage du consul.

La France négocia débonnairement trois ans pour la réparation de l'outrage, et le dey s'obstinant dans le refus — qui devait le perdre — par la volonté du nouveau Jupiter des cieux, — la réparation fut demandée par les armes. — « Si j'avois jamais pensé, disait Chateaubriand, que le gouvernement absolu est le meilleur des gouvernements, quelques mois de séjour en Turquie m'auroient bien guéri de cette opinion. » — Une bravade du chef algérien allait bouleverser son pays !... Un mouvement de colère de Louis XIV à propos d'une caricature de son auguste personne par un

Dantan hollandais, ne donnait-il pas aussi à la France six années de guerre avec la Hollande? — Chateaubriand aimait-il mieux le gouvernement absolu de ses rois (1)?

C'est à ce gouvernement que voulait revenir le souverain qui menaçait Alger, et les *fils de Voltaire*, qui devinaient le projet perfide, s'opposaient à une guerre faite plutôt à la France qu'à l'Afrique : en effet, à peine victorieuse à Alger, la politique astucieuse se démasquait, et sur le piédestal de la victoire voulait sacrifier la liberté. Mais alors la liberté en France était forte, et elle tua ceux qui voulaient la tuer... C'était encore un décret de Dieu!

Comment ces hommes pieux, ces sacristains de la polémique, qui parlent toujours de leur foi en Dieu, de leur religion sincère et profonde, peuvent-ils protester et lutter contre des événements qui ne s'accomplissent, selon leur thèse même, que par *la volonté de Dieu?* — Comment Chateaubriand, par exemple, pouvait-il dire à la duchesse de Berri : *Votre fils est mon roi,* quand Dieu même avait repoussé du trône ce fils et son père? « Depuis trente ans, écrivait-il dans son récit de la mort du duc de Berri, les Français se font moissonner sur les champs de bataille; *la Providence vouloit* opposer à ces sacrifices de l'honneur l'héroïsme d'un trépas chrétien : *elle vouloit* nous montrer, dans l'antique famille de nos rois, ce que c'étoit que ces anciennes morts de chevaliers dont nous avions perdu la tradition. » — Par conséquent, la Providence faisait tomber des marches du trône dans le sépulcre le duc de Berri, et Louvel était son agent. « Lorsque l'on fit l'ouverture du corps, ajoutait l'orthodoxe écrivain, on reconnut que le cœur même avoit été blessé : le prince auroit dû mourir sur le coup ; de sorte qu'on peut dire que *Dieu le fit vivre* pendant quelques heures par un *miracle,* afin de donner au monde une des plus belles leçons qu'il ait jamais reçues. » — Jamais crime ne fut

(1) Non : rendons justice à Chateaubriand, car il a écrit : « Louis XIV devenu majeur entra au parlement avec un *fouet, sceptre et symbole de la monarchie absolue,* et les Français furent mis *à l'attache* pour cent cinquante ans. » — Chateaubriand n'approuvait donc pas que l'on fît des Français *des chiens.*

mieux expliqué *providentiellement*. Cependant, pour Chateaubriand, Louvel était un monstre, un athée, croyant au néant après la mort, etc. (1). — Mais enfin, puisque Dieu préside si bien, même à un pareil crime, pourquoi ne pas baisser le front devant les événements? Se révolter contre eux, n'est-ce pas se révolter contre Dieu? Est-ce de la piété? « Il faut, disait le maréchal Bugeaud dans une proclamation aux musulmans de l'Algérie, accepter franchement le décret de Dieu qui a voulu que nous soyons venus gouverner ce pays. » Et les musulmans se résignent à ce décret de Dieu, plus *chrétiens* en cela que les Chateaubriands passés et présents : « Que toute personne, a dit saint Paul, soit soumise aux puissances supérieures, car il n'y a point de puissance ui ne vienne de Dieu, et c'est lui qui a établi toutes celles qui sont sur la terre. Celui donc qui s'oppose aux puissances, s'oppose à l'ordre dont Dieu est l'auteur... Rendez donc à chacun ce qui lui est dû : le tribut, à qui vous devez le tribut; les impôts, à qui vous devez les impôts; la crainte, à qui vous devez de la crainte; l'honneur, à qui vous devez de l'honneur. » — « Nous respectons dans les empereurs, disait de son côté Tertullien, le jugement de Dieu, qui les a établis pour gouverner les peuples; nous savons qu'ils tiennent de la volonté de Dieu le pouvoir dont ils sont investis. L'empereur est plus à nous qu'à personne, puisque c'est notre Dieu qui l'a établi. » — Rien de plus clair, mais la passion change les Chateaubriands en *révolutionnaires*, en impies : ils résistent à Dieu, en niant son instrument, le peuple : *Vox populi, vox Dei.* — C'est en n'écoutant pas cette grande voix du peuple, et en n'ouvrant l'oreille qu'à la voix des prêtres — laquelle n'est pas toujours la voix de Dieu, — que la Restauration bourbonienne s'est perdue. « *Tout gouvernement qui laisse du pouvoir aux prêtres*, dit Voltaire, *est insensé : il doit nécessairement*

(1) Que de contradictions du même genre chez l'illustre écrivain, soutenant tour à tour les thèses philosophiques et les thèses religieuses, et dont les *pur-sang* du cagotisme contestaient la foi chrétienne! — Les jésuites niaient aussi cette foi dans Pascal...

périr. » Tombé aux mains du clergé, que devenait l'empire romain ?

En mourant, la folle Restauration ne léguait qu'une gloire (1) : la conquête d'Alger.

Sous les ordres du comte de Bourmont, général en chef, et des généraux Berthezène, Loverdo, d'Escars, Poret de Morvan, Munck d'Uzer, Colomb d'Arcine, Berthier, Hurel et de Molivaut, notre armée débarquait donc (14 juin 1830) sur la côte africaine, à vingt-cinq kilomètres d'Alger.

L'endroit était bien choisi pour ce débarquement : c'était la baie de Sidi-Ferruch, large, protégée par un rocher formant promontoire, et devant laquelle s'étend une vaste plage, alors inhabitée, et où le flot vient doucement mourir. — Aujourd'hui Sidi-Ferruch est un groupe d'une vingtaine de maisons de pêcheurs européens.

L'ennemi laissa aborder presque sans résistance. Du haut du rocher, il pouvait canonner la flotte, et ce point naturel de défense fut dédaigné.

Ses saints hommes lui avaient promis la victoire, et, sûr de cette victoire, il voulait le combat dans la plaine — pour

(1) Gloire obscurcie par le but. — Et à ceux qui l'osent regretter, la Restauration léguait la honte d'avoir rêvé la résurrection d'un régime justement honni et exécré, et qui pouvait se résumer dans ces insolentes et infâmes paroles prononcées aux États-généraux de Tours, en 1484 : « Les *fonctions* du peuple, disait un Philippe de Poitiers, député de la noblesse de Champagne, consistent à payer les impôts et à procurer par son travail des subsistances à toute la nation. De quel front oserait-on demander à la noblesse des contributions ? » — « Je connais, disait de son côté un duc de Bourbon, le caractère et les mœurs des *vilains;* s'ils ne sont opprimés, il faut qu'ils oppriment ; ôtez-leur le fardeau des tailles, vous les rendrez insolents, mutins et insociables ; ce n'est qu'en les traitant durement qu'on peut les contenir dans le devoir. » — C'étaient ces idées qu'enfermait l'étroit cerveau des royalistes restaurés, et Chateaubriand rougissait de s'être trouvé dans leurs rangs : « Pourquoi, disent ses *Mémoires d'Outre-tombe*, ai-je été royaliste contre mon instinct, dans un temps où une misérable race de cour ne pouvoit ni m'entendre ni me comprendre ? Pourquoi ai-je été jeté dans cette troupe de médiocrités qui me prenoient pour un écervelé quand je parlois courage, pour un révolutionnaire quand je parlois liberté ! » — Quelle flétrissure !

mieux s'enrichir par le butin, par la rançon des captifs, par la vente des esclaves, — peut-être aussi pour mieux abreuver de sang chrétien son fanatisme non moins féroce que celui de nos orthodoxes ancêtres. — Sur la côte d'Alger, un bâtiment de transport de matériel ou de vivres avait échoué, et ce fanatisme avait égorgé les malheureux naufragés, et cloué leurs têtes aux murs de la ville, comme trophées de cette religieuse lâcheté! — L'ennemi, retranché à quelque distance du rivage, attendit donc, et il fallut aller à lui pour le déloger. — Là, tombèrent les premières des victimes dont la France n'a que trop libéralement payé sa conquête... Noble dévoûment que celui du soldat : il meurt sans laisser de nom, mais en laissant à son pays un pays nouveau et un prestige de gloire. — Pourquoi faut-il qu'il ne soit trop souvent que l'instrument passif — ou trompé — d'une brutale ambition ! « Nemrod, maudit rejeton de Cham, maudit par son père, dit Bossuet (*Discours sur l'histoire universelle*), commença à faire la guerre seulement pour s'établir un empire. Depuis ce temps l'ambition s'est jouée sans aucune borne de la vie des hommes : ils en sont venus à ce point de s'entre-tuer sans se haïr : le comble de la gloire et le plus beau de tous les arts a été de se tuer les uns et les autres (1). » — C'est cette guerre que Voltaire flétrissait aussi en la qualifiant de fléau et de crime qui contiennent tous les fléaux et tous les crimes. — Mais, sur la plage de Sidi-Ferruch, Voltaire eût applaudi comme Bossuet.

Chassé de cette plage, l'ennemi se porta sur le plateau de Staouéli, où une nouvelle victoire le refoula dans Alger.

Le *Fort-l'empereur* (ou *Sultan-Calassi*) défendait la ville du côté de la campagne, accidentée de ravins et de collines, et d'une de ces collines, qui le dominait, nos boulets et nos bombes le foudroyèrent. Les artilleurs ennemis mouraient près de leurs pièces — qui se taisaient...

(1) Bossuet n'en excitait pas moins Louis XIV à *dragonner* les Tertulliens de la Réforme, qui voulaient se choisir un dieu. Ce n'était plus la *guerre*, c'était une boucherie *sainte* qui retranchait du troupeau les brebis gâtées... — Comme le soleil, les génies ont leurs taches!

. . . . Les chants avaient cessé...

et le dey, désespéré, faisait mettre le feu au magasin à poudre, dont l'explosion achevait la ruine du Fort.

Alger ne pouvait plus résister, et, le 5 juillet 1830, date glorieuse pour la civilisation et l'humanité, le dey, trop confiant dans son dieu, capitulait, et le général Bourmont signait l'engagement suivant : « *L'exercice de la religion mahométane restera libre. La liberté des habitants de toutes les classes, leur religion, leurs propriétés, leur commerce et leur industrie ne recevront aucune atteinte. Leurs femmes seront respectées. Le général en chef en prend l'engagement d'honneur.* » — C'est un engagement sacré, et surtout à l'égard de la religion, notre civilisation sagement tolérante doit scrupuleusement continuer à le tenir, en dépit des clameurs de quelques faux dévots, aussi désavoués de Dieu que les grossiers fanatiques de l'islam. Si Dieu préférait un culte à l'exclusion de tout autre, lui, qui peut tout, selon ces faux dévots mêmes, ne ferait-il pas promptement justice d'un culte rival ? S'il tolère, est-ce à l'homme à persécuter? — Au surplus, Dieu n'a-t-il pas souvent montré sa sympathie pour le mahométisme, aussi bien que sa faveur pour Mahomet? Quand il fallait trois siècles à la doctrine de l'Évangile pour sortir des catacombes de Rome, il ne fallait que vingt années à la doctrine du Koran pour entrer dans le cœur de peuples nombreux. Et quand les croisades mirent en présence la Croix et le Croissant, la Croix ne put vaincre qu'une fois, et encore l'espèce de royaume d'Yvetot qu'elle fondait (à Jérusalem) ne pouvait-il durer plus d'une vie de vieillard (quatre-vingt-huit ans) : la cité déicide, comme la nomme l'auteur de l'*Itinéraire*, retombait au pouvoir de ceux qu'il appelle les *infidèles*, et qui renvoient aux Chateaubriands l'innocente épithète. Saint Louis lui-même subissait la captivité à Damiette, et mourait de la peste dans une autre entreprise funeste (1). « Il plut à Dieu, dit le même auteur, d'attacher des

(1) « La lèpre, qui causa de grands ravages en France, fut le *seul*

miracles au tombeau de ce grand homme. » — Là encore, n'eût-il pas été mieux qu'il plût à Dieu d'attacher des miracles à la vie même du prince, pour délivrer la chrétienté de l'oppression des barbares? Le miracle après la mort, c'est un peu de la moutarde après dîner, selon l'expression bizarre de Voltaire. — Enfin, était-ce ou non la sympathie de Dieu pour le culte de son prophète, qui repoussait du rivage africain l'armée chevaleresque du duc de Bourbon, et les Espagnols de Charles-Quint, et les Français de Louis XIV, dont l'esprit de superstitieuse intolérance n'eût certes pas favorisé ce culte? Et Dieu, par hasard, n'aurait-il pas précisément attendu le triomphe de l'esprit philosophique, dont la tolérance est la règle, pour rendre au christianisme la Numidie de saint Augustin, où il voulait désormais l'alliance fraternelle des deux religions dont il est le dogme fondamental? « Ce divin esprit de tolérance, qui au fond, écrivait Voltaire il y a cent ans, n'est que la charité, *charitas humani generis*, comme dit Cicéron, a depuis quelques années tellement animé les âmes nobles et sensibles, que M. Fitz-James, évêque de Soissons, a dit dans son dernier mandement : *Nous devons regarder les Turcs comme nos frères* (1). » — Oui, les musulmans sont nos frères, car saint Paul l'a dit : « Dieu est le dieu de tous, des circoncis et des incirconcis, des juifs, des gentils, des chrétiens. » Et par conséquent, la tolérance et la fraternité sont, en Algérie, plus qu'un devoir politique, elles sont un devoir religieux. Que les faux dévots du christianisme le comprennent, et, par l'exemple, faisons-le comprendre aux fanatiques de l'islam. — Heureux le jour où le fanatisme cessera partout (2)!

fruit que les chrétiens rapportèrent de leurs croisades. » (Abbé Velly, *Histoire de France*.) Est-ce la preuve que Dieu approuvait et favorisait ces croisades? Au nom de qui donc parlait le fanatique Pierre l'Hermite? Ne serait-ce pas au nom du *clergé, qui seul*, dit le même historien, *s'enrichit par l'acquisition des terres dont la noblesse se dépouilloit généreusement pour aller servir Jésus-Christ?*

(1) Si je n'étais huguenot, je me ferais Turc, disait Henri IV. — Et dans les Lettres de madame de Sévigné, on voit une allusion (implicitement approbative) à ce mot d'un de ses amis : « Si Dieu m'avait fait la *grâce* d'être né Turc, je mourrais Turc (c'est-à-dire *musulman*). »

(2) Quand on songe à tous les maux qu'a produits le fanatisme, on

La France succédait donc à Rome dans son ancienne possession que l'on croit être l'*Icosium colonia*, et à la Turquie dans la ville qu'elle avait surnommée *la Guerrière;* et dès lors le nom arabe *al Djezaïr* (de *djezira*, l'île, à cause des bancs de rochers qui surgissent de la mer et forment le port) disparaissait pour faire place au nom français d'*Alger*. — La ville avait alors, dit-on, quinze mille maisons et une centaine de mosquées (nombre que l'état actuel permet de croire un peu exagéré). — Beaucoup de maisons ont été abattues et remplacées par des constructions européennes. Mais une grande partie de l'ancienne ville a conservé son caractère arabe, son cachet mauresque.

Le dey quittait Alger et s'embarquait pour Naples sur un bâtiment français, emmenant les femmes et les esclaves de son sérail.

Et, après une reconnaissance à Blidah, le général Bourmont partait pour ne plus revoir sa patrie, emportant, lui, le cercueil d'un de ses fils, tué à la bataille de Staouéli, — seul prix de sa conquête d'Alger! — « Dieu n'aime pas les traîtres, » dit le Koran dans sa huitième sourate. — Et malheur à qui s'inféode, non à son pays, mais à un homme: l'homme perd, le pays sauve!

La lutte ne cessa pas par le départ du dey et par l'expulsion des Turcs ou leur incorporation dans notre armée sous les noms de *zouaves* et de *spahis* (régiments qui furent formés dans les premiers mois de la conquête, et qui reçurent à la fois les Maures et les Arabes déjà employés militairement par le dey); et ce fut le sabre à la main qu'il fallut étendre la domination autour d'Alger.

Cette domination élargit son cercle, et maître d'Oran, maître de Bône, le général Clausel (qui avait succédé au général Bourmont) renouvela la faute de l'empereur Charles-Quint et du général romain Publius Servilius: — Charles-

rougit d'être homme. (Voltaire.) Ailleurs le grand philosophe s'écriait: « Monstres, qui avez besoin de superstitions comme le gésier des corbeaux a besoin de charognes! » — Est-ce que cette grande voix de Voltaire ne sera pas enfin entendue du monde entier?

Quint, maître de Tunis, y avait placé un prince indigène, et l'Espagne ne tardait pas à perdre sa conquête, et la piraterie à renaître. Et Servilius, qui s'était emparé d'Isaure, l'Alger des pirates ciliciens, se bornait à une vengeance locale, et reprenait la mer — où reparaissaient presque derrière lui ces brigands plus avides — si bien qu'après Marc-Antoine (le père du triumvir), qui fut vaincu et se tua de honte, Rome dut envoyer Pompée, qui les maîtrisa, sapa leurs villes, et les dispersa loin de la mer. — Ainsi fit le général Clausel : au prix de deux millions de redevance annuelle, il céda l'administration des provinces d'Oran et de Bône à deux princes tunisiens, au risque de faciliter la perte totale de notre conquête, et de léguer à l'avenir la nécessité d'une nouvelle expédition. — Mais plus sensé, le gouvernement le désavoua, et la double convention (18 décembre 1830 et 6 février 1831) fut anéantie.

Constantine, d'abord victorieuse, cédait à son tour; l'empereur du Maroc, rejeté dans ses terres, reconnaissait nos frontières, et l'émir Abd el Kader, acceptant nos fers, consacrait nos droits.

Il n'y avait donc plus qu'à moissonner sur ce sol, fertilisé par tant de sang. « Rien n'engraisse plus la terre, disait Archiloque, d'après Plutarque, que les corps qui y pourrissent. » — Que de héros obscurs ont été cet engrais pour les champs algériens!

Et pourtant une politique couarde osait parler de délaissement, d'abandon, de répudiation de ce prix si cher de la victoire!

Honte à qui eût consommé un pareil acte!

Honte à qui le rêverait aujourd'hui!

XI. — CRITIQUES. — THÉORIES. — RÉFORMES.

Au lieu d'agiter la honteuse question de l'abandon de l'Algérie, il fallait hautement et hardiment, dès l'origine, l'incorporer à la France. Conquérant de cette belle contrée, le vainqueur de Marengo n'y eût pas manqué. A peine maître du Piémont, il le soudait à la France, en le divisant en cinq départements ; et l'Italie soumise, il la pliait sous notre Code, dont un exemplaire était solennellement déposé au tribunal de cassation de Milan le 14 mars 1806. Italie et Piémont avaient cependant leurs lois, leurs mœurs, leurs coutumes, leur langue, différentes de la langue, des coutumes, des mœurs et des lois françaises ; mais Napoléon faisait ce qu'avait fait la Rome impériale pour la Gaule et la Bretagne conquises. Sans doute, l'Algérie présentait une difficulté d'assimilation, en ce que les lois de l'indigène se fondaient dans sa religion, et que cette religion exigeait le respect, promis d'ailleurs par la capitulation ; mais, en admettant une nécessité de tolérance quant aux Arabes entre eux, était-il d'une saine raison d'établir une législation particulière pour les Français?

Sous cette législation, d'ailleurs, a-t-on mieux marché vers la prospérité? Non, tout souffre, tout languit, tout végète. « Il faut, écrivait, en 1846, un publiciste, secrétaire intime d'un haut personnage, ouvrir l'Algérie à *toutes les expériences* pour n'en exclure que ce qui serait de soi-même exclusif. » On ne s'est que trop conformé au précepte, et la pauvre Algérie est devenue un sujet d'amphithéâtre, livré à toutes les études. Les épreuves durent encore, et ce système expérimentateur, qui a l'instabilité pour corollaire, énerve, paralyse, inquiète, décourage. Qu'on en finisse donc avec ces fautes, et qu'on fasse pour l'Algérie ce que l'on a fait pour la Corse : qu'on la réunisse complétement à la France, en la plaçant sous les mêmes lois, sous le même système d'administration — sauf à maintenir une certaine tolérance exceptionnelle pour les Arabes, séparés de nous par une religion que détruiraient Auguste ou Septime-Sévère, comme ils détruisaient celle des druides dans la Gaule (1) et dans la Bretagne, mais à laquelle tout donne droit de cité près de la nôtre. — Plus tôt cette réunion s'opérera, plus tôt se développera le progrès, que n'a que trop entravé l'organisation bâtarde qui, depuis la conquête, succède à l'organisation bâtarde. Sans stabilité, point de confiance; sans confiance, point de crédit; sans crédit, point de capitaux; sans capitaux, point de prospérité. Pour la prospérité de l'Algérie, il faut donc — il faut *absolument* — la stabilité des institutions civiles, administratives, politiques.

Quel sort différent aurait ce pays s'il fût tombé aux mains des Anglais! Après deux cents ans de possession du Canada, nous n'avions accru la population que de 27,000 âmes, et, maîtres après nous, les Anglais, en vingt ans, comptaient 113,000 habitants de plus.—« L'île de Hong-Kong (en Chine), dit M. de Moges dans ses *Souvenirs d'une ambassade en Chine et au Japon*, a été cédée à la Grande-Bretagne par le traité de Nankin (1842). Ce n'était alors qu'un rocher aride habité par quelques pêcheurs; aujourd'hui (1857) c'est une grande ville, ornée de somptueux édifices et peuplée de 70,000 habitants; de vastes capitaux sont chaque jour employés à de nouvelles constructions. Quinze années ont suffi au génie colonisateur de la Grande-Bretagne pour opérer cette merveille, et pour faire de ce lieu, inconnu jusque là, le port le plus fréquenté de ces mers. » — Et à peine, après trente ans, la France, aidée de l'Europe, a-t-elle pu donner 25,000 habi-

(1) Toutefois, en remplaçant le druidisme par le culte romain, Auguste ajouta aux temples de ce culte un temple en l'honneur du *Vent de bise*, que sa salubrité rendait cher aux Gaulois. L'habile héritier du conquérant de la Gaule aurait aujourd'hui une politique religieuse plus tolérante encore.

tants à Alger (indépendamment de la population indigène, qui s'y élève à 18,000 âmes), et 180,000 à l'Algérie entière (qui compte deux millions d'indigènes). — Possédés par la Grande-Bretagne, Alger aurait cent mille Anglais, et s'étendrait sur les riantes collines de Mustapha (1), et l'Algérie verrait un million de travailleurs remuer ses riches terres, fatiguées de plusieurs siècles de repos. — S'il est vrai, comme l'a dit M. de Pradt, que ce n'est pas par la force des armes, mais par la mauvaise administration que l'on perd les colonies, il n'est pas moins vrai que c'est par la mauvaise administration qu'on les empêche de se former, et peut-être faut-il encore s'étonner de la prospérité relative de l'Algérie.

Étudions — compendieusement et modestement, en humble observateur — quelques points que six mois de séjour en Algérie ont détachés pour nous de la masse des faits généraux.

Colonies militaires.

Les colonies militaires ont été un des malheureux essais de l'administration : on peut varier pour elles le titre d'une des pièces de Shakspeare, et dire : *Beaucoup* d'argent *pour rien*. — Quelques centaines de soldats étaient parqués dans un espace mesuré, et devaient labourer, semer et récolter, selon les ordres et sous la surveillance de chefs, comme au régiment : ce n'étaient plus des colons, c'étaient des valets de charrue enrégimentés.

On ne comprenait pas qu'il faut au laboureur deux choses : la liberté de son industrie, de son génie ou de son instinct agricole, et la famille autour de l'épouse qui aide au travail et excite au courage. Un célibataire ne fera jamais un bon cultivateur. Et la Mauresque, fidèle au Koran, ne

(1) C'est là qu'il faudrait bâtir une nouvelle ville, une autre Carthage. Mais où sont les Romains d'Auguste? où sont les capitaux?

pouvant s'unir à un chrétien, le mariage dans la colonie n'était pas possible. Le colon romain, sur lequel on voulait se modeler, se dévouait au sol en s'attachant par le mariage à la femme indigène.

Ce que le soldat devait faire, c'était de défricher, et de préparer le terrain pour le colon *civil*. Le défrichement, nécessaire partout en Algérie, dont de séculaires broussailles couvraient le sol, était le grand obstacle à la colonisation : on dit qu'en journées de travail, ce défrichement équivaut à huit ou neuf cents francs par hectare (1), et pendant le défrichement et jusqu'à la récolte il faut vivre.

Ce défrichement et les chemins, c'étaient là les deux grands services que l'armée pouvait et devait rendre : la culture appartenait à d'autres. Les armées romaines ne cultivaient pas : elles faisaient les routes, construisaient les ponts, creusaient les canaux, desséchaient les marais, ou, comme celles de Probus, en Pannonie (Hongrie), en Espagne, dans la Gaule, elles plantaient la vigne en laissant à d'autres le profit. C'est ainsi que Rome facilitait ses colonisations. Et la colonie établie, elle n'y instituait point de régime exceptionnel, sous un proconsul spécial, pour y troubler la confiance. Rome ne jetait pas non plus cinquante millions à des colons (décret du 19 septembre 1848) pour en faire des ilotes, en leur disant (arrêté ministériel du 27 septembre 1848) : « Vous serez sous ma surveillance jusqu'à votre libération du prêt que je vous fais, et lorsque la saison accordera le repos à vos bras, je pourrai les employer à des travaux d'utilité publique. » — C'était la *corvée*, cette bête noire du cultivateur, qui veut la liberté de son labeur comme de son *repos*, — qui veut la liberté en tout : « Sire, disait un courtisan rare — ami de la vérité — à un souverain d'Allemagne, qui s'étonnait du grand nombre de ses *sujets* émigrant pour l'Amérique, *c'est que là ils trouveront la liberté*. » — Et à nos colons on offrait... la domination du sabre (2) !

(1) Notre mémoire nous dit même *par demi-hectare*; mais cela nous paraît exagéré.

(2) Les colonies agricoles continueront à être placées sous la di-

Attribution du territoire.

Ce qu'il fallait faire semble naturellement ceci : il fallait diviser le territoire algérien en trois catégories : première catégorie, les biens dont la propriété *particulière* (non la propriété de *corporations* ou de *tribus*) reposait sur des titres ou sur une possession longue et certaine ; — deuxième catégorie, les biens nécessaires à la vie des Arabes non individuellement possesseurs ; — troisième catégorie, les biens à réunir au domaine public. — La propriété des biens de la première catégorie devait être religieusement respectée. Malheureusement, il n'en a pas été toujours ainsi, et onze ans après la conquête, dans un arrêté du gouverneur-général (3 février 1841), on osait dire encore : « Si parmi les terrains affectés aux colonies militaires, il s'en trouve qui appartiennent à des *particuliers* ou à des corporations, il sera procédé à leur expropriation pour cause d'utilité publique. » — Et, comme sur cette expropriation, l'on payait ce que l'on voulait — et même on ne payait point (témoin la famille des Mustapha toujours en instance pour une indemnité de dépossession), l'on consommait, à parler franchement, une spoliation, un vol... Et c'est ainsi que nous enseignions la morale au peuple inculte que la Providence nous avait commis le soin de moraliser !

Les biens de la deuxième catégorie devaient former des groupes proportionnés à l'importance des tribus. Non, nous ne devions point faire ce qu'aurait fait Marc-Antoine s'il eût vaincu les pirates ciliciens : il les aurait exterminés — ou dispersés comme esclaves : déjà même il avait apporté les chaînes qui devaient lier ceux qui se seraient soumis. Non,

rection des *autorités militaires* jusqu'à l'expiration des trois années pendant lesquelles elles ont à recevoir les subventions de l'État. (Loi du 20 juillet 1850.)

nous ne devions pas même imiter Pompée, qui les *refoulait* loin de la mer : « Réfléchissant, dit Plutarque, que l'homme n'est pas, de sa nature, un animal farouche et indomptable; qu'il ne le devient qu'en se livrant au vice contre son naturel; qu'il s'apprivoise en changeant d'habitation et de genre de vie; que les bêtes sauvages elles-mêmes, quand on les accoutume à une vie plus douce, dépouillent leur férocité, Pompée résolut d'éloigner ces pirates de la mer, de les transporter dans les terres, et de leur inspirer le goût d'une vie paisible, en les occupant à travailler dans les villes ou à cultiver les champs. » — C'était bien, c'était mieux que ne voulaient certains Romains, qui blâmèrent Pompée de n'avoir pas préféré le massacre au *refoulement*. Mais, pour le progrès de nos mœurs, ce n'était pas assez : il fallait laisser les pirates algériens où nous les trouvions, et les appeler, là, à notre civilisation : « Ma doctrine politique vis-à-vis des Arabes, disait le maréchal Bugeaud dans sa circulaire générale du 10 avril 1847, est non pas de les refouler, mais de les mêler à notre civilisation; non pas de les déposséder de toutes leurs terres, pour les porter ailleurs, mais de les resserrer sur le territoire qu'ils possèdent et dont ils jouissent depuis longtemps, lorsque ce territoire est disproportionné avec la population de la tribu... Le mécontentement des indigènes, ajoutait le proconsul algérien, serait un danger permanent, qui ne manquerait pas d'éclater à la première occasion favorable. Le meilleur moyen d'atténuer et peut-être de faire disparaître ce danger, c'est de fixer les Arabes au sol par l'attrait de la propriété bâtie et des cultures sédentaires et soignées; il faut encourager partout la culture des arbres fruitiers autour des villages que construisent les indigènes : rien n'attache autant au sol que l'arboriculture; on fait facilement le sacrifice des récoltes annuelles pour se livrer à la révolte, on se résout avec peine à sacrifier de belles plantations d'arbres. »

C'était là un excellent programme. Il fallait et il faut encore l'exécuter. — Sous la domination turque, d'ailleurs, la tribu arabe n'était qu'usufruitière : « L'iman (chef de l'islam et sultan, souverain spirituel et temporel) ne peut pas concéder les terres en toute propriété, dit un avis de jurisconsulte arabe consulté par le gouvernement français; il les concède en usufruit seulement, se conformant à la maxime du cheik-khalif : *il ne concède pas en toute propriété le mamour* (terrain susceptible de culture et situé dans la campagne) *de l'anoua* (terre conquise par les armes), *mais en usufruit.* Et cela est ainsi parce que le simple fait de conquête de ces terres les rend *ouakf* (*habous,* inaliénables), et par conséquent leur *kharadj* (impôt) appartient au peuple musulman. Cette création de *ouakf* s'effectue par la déclaration de l'iman. — La terre du *maghreb* est *anoua,* et le maghreb central (l'Algérie) s'y trouve inclus... Ebn Abd es Selam a dit : Quiconque a mangé du produit de la terre du maghreb sans en avoir acquitté le droit du sultan, a mangé une chose défendue. » — Le sultan n'a donc point créé de bien *melk* (propriété particulière), et, maîtres après lui, sous des lois et dans des conditions différentes, nous avons le droit d'éteindre un usufruit abusif, en le remplaçant équitablement, au surplus, par une concession suffisante de propriété. C'est allier l'intérêt de l'Arabe à l'intérêt de la colonie.

Les biens ainsi repris seraient donc entrés dans la troisième catégorie, avec tous ceux que l'État recueillait du dey vaincu, des beys supprimés, des Turcs expulsés, des Arabes fugitifs, des corporations pieuses (sauf à en supporter les charges). Et de tous ces biens il fallait faire des lots pour les *donner* à qui les demanderait. Point de concessions par voie d'enchères — comme si mille concurrents devaient s'enflammer au feu des bougies ! — Pour seules conditions, la moralité notoire du donataire, et l'obligation de cultiver ou de faire cultiver dans les deux années, sinon révocation; — point de subvention, point de rente, point d'exemption d'impôt pendant un temps plus ou moins long : au contraire, un impôt établi, mais faiblement, dès le premier sillon tracé, et progressant avec le revenu, jusqu'à la limite de l'impôt en France. Et si, pour empêcher la cabane malsaine, l'administration eût voulu doter d'une maison propre, rien de mieux : qu'elle eût bâti, et que, pour recouvrer sa dépense, elle eût institué une emphytéose également progressive après quelques années d'habitation gratuite, et dont l'expiration eût fait reposer la propriété sur la tête de l'occupant.

Ou nous nous trompons fort, ou, grâce à la tranquillité par la paix, grâce aux chemins (et sur ce point, il faut rendre justice au génie militaire et à l'armée : l'Algérie a de fort belles routes, bien tracées, bien ferrées*), grâce au défrichement préalable, grâce aussi à la naturalisation que l'on eût pu offrir à l'étranger après une année de culture, le succès de la colonisation serait tout autre qu'il ne l'est aujourd'hui, et sans doute il eût été plus grand encore si l'on eût eu le bon esprit de ne pas soumettre l'Algérie à une législation exceptionnelle. Pour que son climat favorable, son beau ciel, son sol fertile, n'aient — en trente années — attiré que cent quatre-vingt mille Français — ou Européens — dont quarante mille seulement travaillent à la terre, il faut un vice réel, une cause puissante : n'est-ce pas l'insuffisance des garanties? Le paysan connaît la loi qui le protége; peut-il connaître la loi essentiellement instable de l'Algérie? L'industriel, le commerçant, le propriétaire, savent aussi quelle loi les régit; et, colons algériens, il leur faut étudier une législation nouvelle, incohérente, diffuse, puis, chaque jour, écouter l'écho qui peut apporter, avec un nom changé, un état de choses différent. Est-ce là stimuler l'émigration pour l'Algérie?

La spéculation. — Les droits fiscaux de mutation.

Une des plaies de ce pays, trop longtemps sacrifié, a été la spéculation. — Au village de Joinville, près de Blidah, l'au-

* Que n'a-t-elle aussi des chemins de fer! — Et quand en aura-t-elle? Décidé en 1846, le chemin de fer d'Alger à Blidah (à peine douze lieues, dont huit ou neuf sur la surface plane de la Métidja) est encore à l'état de projet — ou d'embryon. — Quand la locomotive y roulera-t-elle? — Tout cela témoigne-t-il d'un grand intérêt pour l'Algérie?

teur de ces lignes voyait une famille venue de France avec de faibles ressources, et qui, après quinze ans d'exploitation, possédait pour plus de cent mille francs de terres. Mais dans le chef de cette famille étaient l'ardeur laborieuse de l'ouvrier et le talent de l'agriculteur. — C'était là le colon qu'évoquait l'Algérie. Par malheur, on a trop dispensé la terre qui voulait ce labeur et ce talent, à des gens qui n'avaient que le génie infernal de la spéculation — spéculation si éhontée qu'elle fit rougir ceux mêmes qui l'avaient encouragée d'abord, et que des décisions du ministre ou du gouverneur-général interdirent — spécialement, toute acquisition d'immeubles ou toute immixtion dans une société agricole ou industrielle, aux officiers de l'armée, aux fonctionnaires et employés civils et militaires, sous peine de révocation; — et généralement, toute transaction immobilière entre chrétiens et musulmans dans diverses parties de l'Algérie.

Ce fut surtout sur la plaine de la Métidja — ce champ de deux cent cinquante mille hectares (vingt-cinq myriamètres carrés) — que s'abattirent ces oiseaux de proie « à deux pieds et sans plumes » qu'on nomme *spéculateurs*. Dans un éloquent accès d'indignation, M. Dupin prétendait que cette plaine de la Métidja, objet de spéculations successives, avait été vendue six ou sept fois. Nous avons vu, à Alger, des contrats qui transmettaient, le soir, le bien acquis le matin — *sous réserve de déclaration de command* : quelques heures suffisaient pour trouver un spéculateur plus hardi — spéculateur facile, car beaucoup de ces fripons légaux ne payaient pas. — Blida (ou Blidah) n'était pas encore définitivement conquise, que d'avides trafiquants en achetaient d'Arabes fugitifs, des maisons, des terrains, des jardins, pour les revendre après la conquête.

La propriété algérienne s'est avilie dans ces marchés, que la loi fiscale favorisait. En France, où la transmission des biens est sérieuse, le droit est de cinq francs cinquante centimes par cent francs du prix de vente, et l'on y ajoute, avec une ténacité digne du fisc, plus rapace que logique, le décime de *guerre* de l'an VII!... Rome vit, du moins, fermer sous Auguste le temple de Janus : pour la fiscalité française, ce temple ne se ferme jamais! — Et en Algérie, où sur dix mutations neuf sont un jeu, le droit est seulement de la moitié des cinq francs cinquante centimes, sans addition du *décime de guerre* (1), lequel serait, cependant, moins absurde dans cette région militaire que dans la France pacifique. — Un droit plus élevé eût refréné la spéculation désastreuse.

Ah! sans doute, mieux eût valu et mieux vaudrait encore abaisser le droit de France au niveau du droit algérien... Mais il faut tant d'argent pour tant de gens!... « Tout l'argent des provinces, disait Mercier dans son *Tableau de Paris*, reflue dans la capitale, et presque tout l'argent de la capitale passe par les mains des courtisans. » — Nous croyons les temps changés, mais il n'est que trop certain qu'il y a encore des courtisans, et que les courtisans ne se contentent plus des capes ou casaques fourrées que nos anciens rois leur *livraient* — d'où est venu même le mot de *livrée*, appliqué aujourd'hui aux laquais : ce qui établit une bizarre affinité entre ceux-ci et ceux-là (2)...

Plus heureux le prince qui n'aurait rien à *livrer*, et qui

(1) Cette suppression du décime de guerre s'applique au système entier de la loi du 22 frimaire an VII, sur *l'enregistrement*, — loi que rendent si ténébreuse les instructions ministérielles, les solutions de la régie et les décisions judiciaires, souvent contradictoires, et qu'il serait d'une sage et bienfaisante administration de refondre complétement : les officiers ministériels et le public demandent ce Code nouveau qui poserait avec méthode, avec clarté, les principes et les bases des perceptions fiscales. Mais le bien ne s'obtient pas toujours aisément.

(2) « De nobles parjures, dit Chateaubriand dans ses *Mémoires d'Outre-tombe*, reprenoient, à Paris (en 1814), derrière le fauteuil de Louis XVIII, leurs fonctions de *grands domestiques :* la prospérité nous est transmise avec ses *esclaves*, comme autrefois une terre seigneuriale étoit vendue avec ses serfs. » — Voilà les courtisans !... Rétribuez donc libéralement de pareils valets, qui n'attendent pas qu'un Marc-Aurèle expirant leur dise : « Allez au soleil levant, pour moi je me couche, » et qui, sans être dégagés de leur pacte de servilité, courent au-devant d'un nouveau maître — pour le flatter comme ils flattaient l'ancien — sauf à le perdre comme celui-ci : « Les ennemis de l'empire, disait Alexandre Sévère, ne peuvent me prendre que quelques terres : les flatteurs peuvent me faire perdre mes vertus et ma renommée. » — Vains enseignements de l'histoire!

serait servi par dévouement, par affection!... Et plus heureux le peuple sur qui régnerait ce prince! — « Les courtisans vivent de mes dons, et le peuple de mes refus, » disait le *paernel* Louis XII.

En attendant le noble désintéressement des serviteurs des princes, il serait beau qu'un autre empereur Antonin dît à ses agents: « Nourrissez le peuple et non le fisc; améliorez l'état de la république et non celui du Trésor; indiquez-moi les moyens, non d'accroître les recettes, mais de diminuer les dépenses. L'économie est la plus douce et la plus solide augmentation des revenus. » — Antonin se rappelait ces paroles de Trajan: « Le fisc est dans l'État comme la rate dans le corps: lorsqu'elle se gonfle trop, les autres membres se dessèchent. »

Puisse-t-on *dégonfler* le fisc, qui absorbe trop de droits sur la propriété immobilière en France! Mais jusque là, pourquoi ne pas passer le niveau sur l'Algérie? La douceur fiscale y protége encore beaucoup plus la spéculation que la propriété. La propriété sérieuse se conserve, s'améliore, et ne se vend pas, ou si elle se vend, c'est l'accident et non l'habitude. Et ce qu'il faut détruire en Algérie, c'est l'habitude de la vente: ce n'est pas en passant de main en main, comme un effet public à la Bourse de Paris, que la terre reçoit l'engrais dont elle a besoin pour produire.

Et pourquoi aussi l'immunité quant aux mutations par décès: une succession s'ouvre en Algérie, et le fisc ne perçoit aucun droit. Est-ce pour favoriser la colonisation? Mais va-t-on s'établir en Algérie parce qu'en mourant, on y laissera une fortune que l'âpreté fiscale n'entamera pas? Et d'ailleurs combien d'héritiers d'Algériens transportent dans d'autres pays cette fortune qu'a respectée l'exceptionnelle immunité!

Certes, le bienfait général serait plus réel, plus sensible, si de pareils impôts accidentels permettaient d'alléger les impôts permanents qui pèsent sur la population laborieuse, agricole ou industrielle, indigène ou européenne (1).

(1) Le système des douanes exige impérieusement aussi une ré-

Les bureaux arabes. — Les impôts.

Une autre plaie de l'Algérie — et qui saigne encore — ce sont les *bureaux arabes*. C'est l'exception dans l'exception, et elle est monstrueuse. Le sabre n'a pas de loi, et la loi seule civilise et moralise. De tristes faits connus devraient avoir détruit depuis longtemps ce pouvoir militaire. « Le roi, notre maître à tous, disait *aux Arabes et Kabyles de l'Algérie et du désert* le maréchal Bugeaud dans sa proclamation du 5 juillet 1845, veut que ses sujets arabes et kabyles soient aussi bien gouvernés et aussi heureux que les Français... Nous vous aimons comme des frères, et nous sommes affligés toutes les fois que vous nous forcez à vous faire du mal. » — C'est de la bonhomie, mais c'est de la bonté, et c'est cette bonté promise qu'il faut justifier. Puisque l'indigène est *sujet* du souverain français, puisqu'il doit être gouverné et *heureux* comme le Français, qu'il reçoive donc la loi commune, et non une loi mystérieuse et sans contrôle. Dans ses transactions, que se passe-t-il? quel impôt réel paie-t-il? « Il faut, disait encore le maréchal Bugeaud (circulaire du 17 septembre 1844), donner aux chefs arabes l'exemple de la régularité et de l'honorabilité en administration; les Arabes, voyant que les officiers français administrent avec justice, qu'ils ne spolient personne, demanderont des Français pour les administrer, et les chefs arabes, sentant le danger d'être supplantés, modifieront leurs habitudes de concussion. » — Bien. Mais Marius disait : « Le bruit des armes

forme. L'Algérie doit être traitée exactement comme un département français. Comprend-on que le Français, ramenant d'Algérie en France son mobilier, paie sur ce mobilier un droit — et un droit exorbitant, puisqu'il est de 15 p. 0/0 de la valeur. — Et malheur à celui qui, comme l'auteur de ces lignes, rapporte d'Algérie en France sa bibliothèque : ses livres seront envoyés au ministère de l'intérieur, jetés dans un mauvais magasin, et brutalement examinés un à un, comme s'ils venaient d'un foyer de liberté ou d'une fabrique exotique de contrefaçons! — Est-ce voir dans l'Algérie une terre française?

m'empêche d'entendre la loi. » — L'arbitraire conduit à l'abus.

Que de chuchotements nous avons entendus à Alger sur les bureaux arabes! Nous croyons à beaucoup d'exagération. Par exemple nous tenons pour controuvé ce fait qu'on nous a dit tout bas : une tribu est imposée à dix mille francs par l'administration; l'intermédiaire français demande quinze mille, et le chef de la tribu prélève vingt mille. — Bénéfice, dix mille francs : pour qui? — Mais encore une fois, cela est faux — ou doit l'être.

L'honneur de l'armée française — où, du reste, l'agent coupable est la rare exception — exige qu'on en finisse avec ces bruits; et pour tenir les promesses ou obéir aux recommandations du maréchal Bugeaud, il faut donner aux Arabes la garantie de la publicité de nos lois. « Nous avons fait sentir notre force et notre puissance aux tribus de l'Algérie, ajoutait le maréchal-gouverneur dans sa circulaire du 17 septembre 1844; il faut leur faire connaître notre bonté et notre justice, et leur faire préférer notre gouvernement à celui des Turcs et à celui d'Abd el Kader : ainsi nous pourrons espérer de leur faire supporter notre domination, de les y accoutumer plus tard à la longue, et de les identifier avec nous de manière à ne former qu'un seul et même peuple sous le gouvernement paternel du roi des Français. »

Ce gouvernement *paternel* sera surtout prouvé par un impôt établi avec la justice prescrite. On a réclamé l'*âchour* (dîme sur les grains), le *zekket* (taxe sur les bestiaux), la *eussa* (droit sur les achats de grains par les tribus des déserts). Ce sont là des impôts inconnus en France. Pourquoi ne pas admettre le système métropolitain? L'Arabe paiera pour son gourbi, pour son champ, comme le paysan français paie pour sa chaumière et son coin de terre. De même l'Européen, déjà assujetti — avec l'indigène — à la taxe locative et à la patente, subira l'impôt foncier, dont maintenant encore il est exempt (1). — Ce sont là des réformes

(1) Le cadastre sera nécessaire. Dans une circulaire du 10 avril 1847, le maréchal Bugeaud disait : « Il faut éviter de donner aux tribus des

simples, faciles, logiques ; mais les *dilettanti* de l'administration ne veulent pas jeter de note discordante dans le chef-d'œuvre d'harmonie d'exception sous lequel la souffreteuse Algérie pousse ses vains gémissements... Thomas Morus, du moins, faisait de son Utopie un pays joyeux...

Intérêt et placements de capitaux.

Il est, toutefois, une *exception* qu'il faut retrancher du blâme général : c'est la libre fixation du taux de l'intérêt des capitaux. — Mais là encore l'esprit mobile de l'administration algérienne s'est déplorablement signalé.

En 1835 (ordonnance du 7 décembre), l'intérêt légal est fixé à 10 p. 0/0, et l'intérêt conventionnel déclaré libre. En 1848 (arrêté du 4 novembre), l'intérêt légal est maintenu à 10 p. 0/0, et l'intérêt conventionnel limité au taux de l'intérêt légal. En 1849 (décret du 21 novembre), la liberté est rendue à la fixation de l'intérêt conventionnel. Pourquoi ces fluctuations? Où est la garantie pour le capitaliste? Qui répond que, demain, d'un nouveau cerveau ne sortira pas une doctrine nouvelle — moins sage que la déesse qui sortait du cerveau de Jupiter? — Pour notre compte, assurément, nous n'approuvons pas la loi du 3 septembre 1807, qui limite en France le taux de l'intérêt, mais au moins nos capitalistes ne sont-ils pas exposés à des *va-et-vient* d'esprit qui donnent tour à tour raison à la fantaisie ou au principe. Sur ce point, surtout, le principe devrait être immuablement adopté, et ce principe est nettement posé dans le rapport officiel sur lequel a été rendu le décret de 1849 : « L'argent, dit ce rapport, est une marchandise dont le commerce doit rester libre. Turgot, Bentham, J.-B.Say avaient établi ce prin-

inquiétudes anticipées sur la dépossession de leur territoire en le faisant arpenter et cadastrer. Cela ne doit se faire que pour des projets d'une exécution prochaine. » — Le temps de la généralisation de la mesure n'est-il pas venu?

cipe, qui, longtemps contesté, est actuellement reconnu par la *raison publique*... L'arrêté du 4 novembre 1848 n'a fait qu'aggraver le mal, et a rendu sensibles par l'expérience tous les inconvénients attachés à la fixation du taux de l'intérêt par la loi, tels que les signalait M. Lherbette à la Chambre des députés, dans la séance du 9 mars 1836. D'une part, cet arrêté, aussitôt éludé que rendu, a donné lieu à une foule d'opérations dans lesquelles l'excédant d'intérêt a été frauduleusement dissimulé, de l'autre, il a été funeste en éloignant les capitaux, en élevant leur prix, que la concurrence tendait à diminuer, en nécessitant des actes simulés, qui multipliaient les frais, en livrant les emprunteurs à la merci de ceux des prêteurs qui, ne craignant pas d'éluder la loi, faisaient nécessairement payer les peines ou la honte qu'ils avaient à braver. Sous l'empire de l'ordonnance de 1835, les placements étaient descendus successivement à un taux inférieur au taux légal. Sous l'arrêté de 1848, l'argent, déjà si rare, a disparu presque complétement, et, malgré les peines édictées, l'intérêt des prêts s'est élevé à un taux qu'on n'oserait citer (1)... Il est donc, concluait le rapport, urgent d'abroger une mesure *essentiellement révolutionnaire*, contraire à tous les principes d'économie politique, et de rétablir ainsi le courant des capitaux qui s'était formé entre l'Algérie et la métropole. »

Ce sont d'excellents raisonnements, mais pourquoi ne s'appliquent-ils pas à la métropole comme à l'Algérie? Pourquoi la mesure, *essentiellement révolutionnaire*, de la limitation du taux de l'intérêt, abrogée ici, règne-t-elle toujours là? Pourquoi, enfin, la *raison publique* triomphe-t-elle à Alger, et à Paris l'absurdité, selon le mot de M. Joseph Garnier dans ses *Éléments de l'économie politique*? — Faut-il le de-

(1) De 15 à 20 p. 0/0. — Il faut tout dire pour être vrai : sous l'empire même de l'ordonnance du 7 décembre 1835, l'intérêt a trop souvent atteint le taux de 12 à 15 p. 0/0; des actes authentiques en font foi. — C'est surtout la confiance qui, en multipliant les capitaux, fait baisser l'intérêt. Plus de confiance en Algérie, et l'intérêt serait à 5 ou 6 p. 0/0, comme en France.

mander à ces esprits routiniers pour qui l'ornière est la voie sacrée, de laquelle il n'est pas permis de dévier ?

L'Algérie, cependant, a encore un pas à faire, c'est de ne point rendre immobile le taux légal de l'intérêt. Puisque l'argent est une *marchandise*, il doit avoir un cours variable comme toutes les marchandises. Ce cours devrait être fixé chaque année, par la cour d'appel d'Alger, comme on fixait naguère, en Algérie, le prix moyen de la journée de travail pour la base de l'impôt ou le calcul de l'amende : c'est le même principe. Il est souverainement injuste d'imposer un débiteur *légal* à un chiffre que la convention ne lui aurait pas demandé, ou de priver un créancier sans titre, de tout l'intérêt que la stipulation écrite lui aurait accordé. — En ce moment, et depuis quelque temps, le taux conventionnel de l'intérêt est inférieur au taux déterminé par la loi. — L'équité commande une mesure qui imprime à ce taux légal un peu des oscillations du taux de la convention.

Malheureusement pour l'Algérie, l'intérêt avantageux ne suffit pas pour la séduction des capitaux. Il faut encore, il faut surtout la confiance dans le gage, c'est-à-dire la double certitude que ce gage, par son incontestable valeur, sauvegarde parfaitement la créance, et qu'il sera facilement vendu si le remboursement n'a pas lieu. Or, premièrement, les propriétés en Algérie ont des valeurs qui varient selon les temps, selon les circonstances, selon les hommes. Nous en avons personnellement vérifié cet exemple presque incroyable : une maison et un jardin à Mustapha, près d'Alger, sont d'abord vendus quelques milliers de francs ; le premier évêque d'Alger, M. Dupuch, les achète ensuite pour 38,000 fr. ; il ne paie pas, on *l'exproprie*, et l'adjudication porte le nouveau prix à *cent soixante mille francs*. Le nouvel acquéreur ne paie pas mieux, on revend sur *folle-enchère*, et une adjudication définitive descend le prix à *quatorze mille cent francs*... Et tout cela s'est accompli en quelques années. — Si un capitaliste eût prêté sur la foi du prix de 160,000 francs, et même sur la foi du prix de 38,000 fr., que serait devenu son argent ? — N'a-t-on pas vu des carrières de marbre près de Philippeville, concédées par l'administration pour quelques cents francs de rente, revendues pour quelques mille francs, acquises ensuite pour cinq cent mille francs et mises en société pour dix millions?... Où est la valeur vraie dans tous ces chiffres? Où est la base d'un prêt sans danger? — Que prêter encore — sans danger — sur une fort belle maison mauresque d'Alger, dont la construction a coûté 500,000 francs, qui a rapporté dix ou onze mille francs (1), qui n'en rapporte plus que quatre ou cinq mille, et dont il n'a été récemment offert qu'une quarantaine de mille francs? On l'eût vendue cent mille francs il y a treize ou quatorze ans.

Secondement, les acquéreurs *sérieux* sont généralement fort rares en Algérie, et les ventes, avec certitude de paiement, sont par conséquent fort difficiles. Un capitaliste français que nous rencontrions à Alger, nous disait : « Je place beaucoup, pour devenir propriétaire. » — C'est la nécessité que subissent trop souvent les prêteurs : ils se paient avec le gage hypothécaire qu'ils ont reçu, et cela ne convient pas à tous les capitalistes. Sans se piquer de sibyllisme, on peut prédire au Crédit foncier — qui fonctionne maintenant en Algérie — que beaucoup d'emprunts lui seront demandés, qu'il fera peu de prêts (s'il est aussi sévère qu'en France), et que les gages qui lui seront donnés deviendront aussi sa propriété.

Cette propriété a, du reste, de bons produits : le *minimum*, relativement aux prix d'acquisitions, est partout de dix pour cent. A Alger, beaucoup de maisons rapportent plus, mais tout est si mal bâti, qu'on peut craindre d'incessantes réparations et même des reconstructions. Pour les terres, les bras manquent, et le *fermier* (à prix fixe) est un être presque fabuleux : à moins d'une situation exceptionnellement favorable, on est obligé de faire cultiver.

Que conclure de tout ceci? c'est que, pour appeler les capitaux, il faut étendre les garanties morales, sans lesquelles les garanties matérielles sont toujours insuffisantes.

(1) C'était l'administration même qui était locataire, en vertu d'une cession de bail, déguisant un de ces *tripotages* qui n'ont été que trop communs en Algérie.

Selon que les garanties morales s'élèvent ou s'abaissent, les garanties matérielles augmentent ou diminuent de valeur. Le jour où les garanties morales seront en Algérie ce qu'elles sont en France, les garanties matérielles n'auront plus que la différence que la nature leur assigne : un champ de la Sologne ne vaut pas un champ de la Beauce, mais à Romorantin, comme à Chartres, un revenu de 20 fr. fait 400 fr. de capital : en Algérie, 20 fr. de revenu ne font qu'un capital de 200 fr... quand ils n'en font pas un plus faible encore.

Expropriation pour cause d'utilité publique. Justice française.

Les *garanties morales* parfaites pour l'Algérie, ce serait sa fusion avec la France, ce serait son admission, depuis trente ans espérée, dans notre grande famille nationale. Tous les intérêts se solidarisent mieux au foyer commun.

En attendant ce bienheureux moment, il est des *garanties* particulières que demande l'Algérie : elle a besoin de plus de sécurité pour la propriété dans le système d'expropriation pour cause d'utilité publique, et il lui faut — comme à la France — l'indépendance de la justice par l'inamovibilité des magistrats.

Pendant longtemps, l'administration s'est emparée des biens qui lui convenaient, sans expertise, sans indemnité préalable. On laissait les propriétaires se pourvoir; on fixait des indemnités arbitraires; arbitrairement encore, on convertissait ces indemnités en rentes, puis on proposait des réductions pour le rachat de ces rentes, et tout à la fois, les liquidations tardant, on avouait que, « fatigués d'attendre, découragés, et *réduits à la misère,* les propriétaires dépossédés avaient cédé leurs titres à des spéculateurs, qui avaient profité de leur situation (1). » — C'était là le respect

(1) Rapport de M. Germain, membre du conseil supérieur d'administration (mai 1848).

de la propriété! c'était là le culte pour ce *dieu moral des empires*, selon le mot si juste d'Helvétius! — Maintenant encore l'administration détient des biens pour lesquels elle n'a rien payé aux propriétaires dépouillés. Nous-même, au nom d'un de ces propriétaires, nous avons fait deux réclamations, qui ont été rejetées. Tantôt c'est une déchéance que l'on oppose; tantôt l'on invoque une décision de l'administration même, juge et partie dans sa cause...

La raison du plus fort est toujours la meilleure...

Ne peut-on s'expliquer le lent progrès de la colonisation? — Les capitaux raisonnables avaient peur, et, pour les rassurer, on constitua enfin la propriété par une ordonnance du 1er octobre 1844. Mais tout n'étant, pour la malheureuse Algérie, qu'incertitude et essai, il fallut remanier cette ordonnance par une autre (21 juillet 1846); et cela ne suffisant pas encore, les deux ordonnances disparurent devant la loi du 16 juin 1851, portant ce titre : *Nouvelle constitution de la propriété en Algérie.* — Comme si la propriété devait être soumise à toutes ces épreuves! comme si quatre mots n'avaient pas pu parfaitement la régler dès l'origine : *L'Algérie, c'est la France.* Au domaine public, en Algérie comme en France, les biens sans maîtres; le domaine vend, concède, donne, et la propriété réside désormais, incommutable et sacrée, sur la tête de l'acquéreur, du concessionnaire, du donataire. A ces transactions le Code civil ne suffisait-il pas? Ne suffisait-il pas aux mutations entre particuliers? Il y a mieux, seul et rigoureusement appliqué, il eût apporté d'heureuses entraves aux scandaleuses spéculations : était-ce ce que l'on ne voulait pas? On a tout réglé, tout dirigé, tout surveillé, et l'on n'a enfanté que désordre et chaos. Nous avons eu la courageuse patience de lire le volumineux fatras d'arrêtés, de décisions, d'ordonnances, de décrets, de lois, concernant spécialement l'Algérie, et notre esprit s'est lassé à chercher la trace du sens commun dans ce dédale de dispositions qui se heurtent, qui se mutilent, qui s'abrogent, et qui, tristes phénix, renaissent tout à coup de leurs cendres (1). On semble s'être plu à créer l'embarras, la difficulté, la discorde; et, en 1854, six mille procès s'étaient déjà déroulés devant le tribunal supérieur ou la cour d'appel d'Alger... Combien d'autres n'avaient pas franchi le premier degré de juridiction! .. Nos lois générales ont leur part dans cette masse de chicanes, mais que d'aliments l'esprit processif a trouvés dans la législation spéciale! Est-il si utile d'innover quand on aboutit à de tels résultats?

Et ce n'est pas en ce qui touche l'expropriation pour cause d'utilité publique, que l'innovation justifie cette *utilité* même. En France, un jury de propriétaires détermine les indemnités de dépossession; en Algérie, c'est le tribunal seul qui les alloue. Le propriétaire soumet seulement ses observations, et si le tribunal *veut* s'éclairer par une expertise, c'est lui — tribunal — qui nomme les experts — ou un *seul* expert. Il délibère et décide dans la chambre du conseil, et le propriétaire n'est appelé que pour entendre à l'audience le chiffre définitivement accordé (car la fixation est sans appel). — Où sont les garanties que donne en France la loi du 3 mai 1841? Sans doute les tribunaux arbitrent consciencieusement, mais le propriétaire ne croit-il pas ses intérêts mieux protégés quand il est en face d'un aréopage de propriétaires, quand il a choisi son expert, quand il a fait parler son avocat? — « C'est bien assez, dit Montesquieu, que le magistrat politique puisse contraindre un citoyen de lui vendre son héritage, et qu'il lui ôte ce grand privilége, qu'il tient de la loi civile, de ne pouvoir être forcé d'aliéner son bien, il faut qu'il l'indemnise, comme un particulier traitant avec un particulier : à cet égard, il ne faut jamais agir par la rigueur de la loi politique, et c'est là que doit triompher la loi civile, qui, avec des yeux de mère, regarde chaque particulier comme toute la cité même. »

(1) En décembre 1848, une Commission a été nommée par le ministre pour « reviser, résumer, condenser l'œuvre législative, *très-complexe, très-étendue* et parfois *très-confuse*, qui régit l'Algérie. » — Qu'a fait cette Commission? Qu'est-elle devenue?

L'administration devrait méditer Montesquieu pour une réforme — d'autant plus nécessaire que les magistrats de l'ordre judiciaire n'ont point, en Algérie, l'inamovibilité qu'ils ont en France, et sont un peu sous la dépendance de l'administration par une pénalité de suspension et de révocation, réservée dans un règlement disciplinaire du 22 novembre 1842. Et c'est encore là un mauvais système. « L'indépendance de la justice, disait Chateaubriand à la Chambre des pairs, en 1815, est la sauvegarde de la liberté : toutes les espèces de tyrannie, la tyrannie du Forum comme celle du Sérail, ont toujours essayé de détruire l'inamovibilité... L'inamovibilité de la justice fait notre gloire, et a donné à notre magistrature sa grandeur. » — On le comprend en France ; pourquoi ne le comprend-on pas en Algérie?

C'est que là tout est fantasque et anormal. Une première fantaisie, dédaignant l'organisation judiciaire de la métropole, avait créé l'unité de juges : deux juges formaient le tribunal d'Alger ; l'un connaissait de toutes les matières civiles, et, sans appel, jusqu'à concurrence de 1,000 fr. de capital ou de 50 fr. de revenu ; l'autre prononçait, souverainement, sur les contraventions de police, et, en premier ressort, sur les autres contraventions et les délits correctionnels. Un tribunal supérieur (pour toute l'Algérie) jugeait les appels. — Mal élaboré, mal cimenté, ce système — qui pouvait avoir du bon — ne produisit que des tiraillements, dont le justiciable souffrit autant que la justice, et l'on revint à l'organisation métropolitaine (1) — moins l'inamovibilité absolue. — *La cour rend des arrêts et non des ser-*

(1) Il faut louer une modification apportée à l'institution des juges de paix : on a créé, dans quelques localités de l'Algérie, des juges de paix à *compétence étendue* : ils connaissent des actions personnelles et mobilières en matière civile et commerciale, en dernier ressort jusqu'à la valeur de 500 fr., et en premier ressort jusqu'à 1,000 f ; ils exercent, en outre, les fonctions de présidents des tribunaux de première instance comme juges de référé, en toutes matières, et pouvant, comme eux, ordonner toutes mesures conservatoires. — C'est là un véritable bienfait pour les justiciables, et il est à souhaiter que la mesure soit généralisée en Algérie et appliquée à la France : on n'épargnera jamais trop le déplacement et les frais dans la distribution de la justice.

vices : à quoi doit-on cette belle parole? n'est-ce pas à l'inamovibilité?

« A Hyères, raconte Mézeray, l'abbé de Cluny vint trouver saint Louis, et lui ayant fait présent de deux chevaux de grand prix, il demanda audience, qu'il obtint si longue qu'il voulut. De quoi le sire de Joinville s'étant aperçu, il lui demanda hardiment s'il n'étoit pas vrai qu'il eût prêté si longtemps les oreilles à l'abbé en considération de son présent; à quoi le roi ayant reparti franchement que oui : Jugez donc, par votre exemple, répliqua le chevalier, combien les présents ont de pouvoir sur les juges, et pour cette raison, défendez rigoureusement qu'ils en reçoivent aucun. — Il examina sur-le-champ cette sage remontrance, et la fit depuis bien observer. » — Quel meilleur présent qu'une tolérance ou une protection qui conserve l'emploi? La réformation sur ce point est commandée par la dignité même du magistrat.

Les officiers ministériels.

Il faut aussi réformer la disposition irréfléchie qui ne permet pas aux officiers ministériels (notaires, défenseurs (1), commissaires-priseurs, huissiers), de transmettre leur *clientèle*, fruit de la confiance acquise : « C'est une *propriété*, disait le rapporteur de la loi du 25 ventôse an XI sur le notariat, M. Réal, que cette confiance méritée, que cette clientèle obtenue par une vie entière consacrée à un travail opiniâtre et pénible. Mais si, dans la place qu'il occupe, ajoutait-il, le fonctionnaire ne peut jamais espérer de pouvoir, en aucune manière, disposer de cette propriété; s'il ne peut avoir une influence, même indirecte, sur la disposition qui en sera faite; si, comme dans le système du con-

(1) C'est le nom des avoués en Algérie, et ils plaident concurremment avec les avocats.

cours (ou dans celui qui prévaut en Algérie, dirait aujourd'hui l'équitable rapporteur), il est convaincu que toutes les peines qu'il se donne ne profiteront qu'à lui seul, que jamais son fils, ou l'homme dont il aura soigné l'instruction, qui aura secondé ses travaux, agrandi ses succès, ne pourront retirer le moindre profit de ses veilles, il se regardera comme un simple usufruitier, et il exploitera son emploi comme un usufruitier exploite la terre dont un autre a la nue propriété. »

Qu'y gagnera le client? Peut-être l'officier ministériel *usufruitier*, pour retirer de l'emploi tous les profits possibles, méconnaîtra-t-il, dans le secret du cabinet, certaines règles de délicatesse qui sont la loi sévère de sa profession. Loin de gagner, le client ne peut que souffrir. Et surtout il souffrira, si l'officier ministériel prévarique, par l'absence de garantie d'un capital : plus de titre à transmettre, plus de *propriété* à céder, plus de prix, plus d'indemnité, qui allége la perte du client trompé. Qu'au contraire, la clientèle soit cessible, et le client recouvre une partie des capitaux confiés au caractère de l'homme.

Dans l'intérêt public même, il faut donc revenir en Algérie au sain principe qui régit la France, et qu'ont admis tous les jurisconsultes, tous les hommes sensés, qui ont traité cette question de la transmission des clientèles, et du droit de présentation d'un successeur par les officiers ministériels : « Ce droit de présentation, disait, en **1829**, M. Dupin aîné en faisant repousser par la Chambre des députés une pétition sottement contraire, devient le premier mobile d'une louable émulation, puisqu'une étude (il s'agissait des notaires) vaudra d'autant plus que le titulaire aura déployé plus de mérite et de probité dans l'exercice de ses fonctions : heureuse situation qui rappelle sans cesse au père de famille qu'une vie honorable est pour lui un moyen infaillible d'accroître son patrimoine. » — Et, en **1839**, lors de la lutte du ministre Teste contre les *offices*, une publication spéciale s'exprimait ainsi : « C'est improprement qu'on désigne les charges des notaires, des avoués, etc., sous le nom d'offices : ce titre, qui ne leur appartient point, a pour effet de les confondre avec les anciens offices vénaux ; d'où résulte une fâcheuse prévention ; ce ne sont que des clientèles, ce n'est pas autre chose qu'un *achalandage*, et cet achalandage doit constituer une propriété aussi légitime, aussi incontestable que celui d'un commerçant... Non, ajoutait la même publication, la transmission de cette propriété des clientèles n'a rien de commun avec ce que l'on appelait la *vénalité des offices.* » — En effet, il s'agissait des offices de *judicature*, dont Beaumarchais censurait la vente dans ce colloque entre la Marceline et le bègue Brid'Oison du *Mariage de Figaro* : « Quoi! c'est vous qui nous jugerez? — Est-ce que j'ai a... acheté ma charge pour autre chose? — C'est un grand abus que de *les* vendre! — Oui, l'on... on ferait mieux de nous les donner pour rien. » — Les Brid'Oisons d'aujourd'hui sont satisfaits...

Cependant, après l'ébullition de 1830, l'imbécile confusion s'est implantée dans de faux esprits, qui en ont déduit les conséquences rigoureuses, et M. Mauguin lui-même a dû dire (*Moniteur* du 1er octobre 1830) : « Quelques esprits trop ardents attaquent des existences acquises, et voient des priviléges dans des états dont la conservation est indispensable pour la société. Il faut leur répondre, quand ils attaquent les états d'avoué et de notaire, qu'ils n'ont pas étudié l'expérience née de notre Révolution. A côté de l'intérêt d'acquisition, se trouve l'intérêt de conservation, et le fait a prouvé que, pour conserver les intérêts de chacun, il fallait des états distincts, pour ainsi dire privilégiés. Pendant la Révolution, on avait rendu ces états libres : jamais les intérêts individuels n'ont été plus compromis et plus sacrifiés. Lorsque l'ordre s'est établi, le premier besoin pour la France a été de rétablir aussi ces deux états de notaire et d'avoué, dont l'existence est nécessaire pour assurer les fortunes particulières. » — Mais l'esprit de jalousie et d'envie ne s'apaise pas ainsi, et de 1831 à 1839, à la Chambre des pairs comme à la Chambre des députés, MM. de Tascher, Mérilhou, Villiers du Terrage, Gillon, Caumartin, Tixier, et toujours M. Dupin, durent ressasser les arguments épuisés, pour faire rejeter — et presque toujours unanimement —

des pétitions redondantes — dans lesquelles un ministre sut, toutefois, puiser une velléité de subversives attaques. Mais, disait le bon roi Louis-Philippe à une députation de notaires (décembre 1839), « tranquillisez-vous, messieurs ; je n'ai pas été consulté sur la création de la *Commission des offices* (formée par M. Teste, ce ministre de la justice, que la justice devait flétrir !) ; il eût mieux valu assurément ne pas agiter une telle question (la transmission des offices) ; mais l'opinion du ministère — comme la mienne — est qu'on ne doit porter aucune atteinte à la loi de 1816 (qui autorise cette transmission), et soyez persuadés qu'il ne sera pris aucune mesure contraire aux intérêts du corps si important et si respectable du notariat... Non, redites-le bien, il ne sera point établi d'offices *viagers et non transmissibles.* » — Et c'est ce système si augustement condamné qu'a fondé en Algérie un simple arrêté ministériel !... Ah ! si le roi l'avait su !...

En est-il, du moins, résulté quelque mieux — relativement à la France? Hélas ! non. — Quant au notariat, on a trop souvent admis des incapacités. « Il fallait un calculateur, dit Figaro, et l'on choisit un danseur. » — Pour notaires on a nommé des commis de conservation d'hypothèques, des commis de greffe, des employés d'administration, etc. — Et l'on n'a pas toujours scruté suffisamment la moralité : les tribunaux ont dû quelquefois suspendre et révoquer ; quelquefois aussi de déplorables conflits se sont élevés entre l'autorité militaire et la justice, et l'on a vu des notaires replacés malgré la condamnation judiciaire. Le sabre ignorait que le notaire ne doit pas plus être soupçonné que l'épouse de César. — Enfin des désastres financiers ont éclaté, et les clients, trop confiants, ont été victimes. Un notaire d'Alger trompait cette confiance pour deux cent mille francs, et quel gage laissait-il ? son cautionnement de six mille francs !... C'est là qu'il faudrait le gage sur l'étude même. Les cautionnements des officiers ministériels, fixés à de faibles sommes, par rapport aux capitaux maniés, sont d'autant plus des *leurres* qu'on peut en emprunter le montant, et conférer ce que l'on appelle un privilége de second ordre au profit du prêteur. Le cautionnement ne reste plus que pour la catégorie, fort restreinte, des *faits de charge*. Une sage et paternelle administration, veillant à l'intérêt public, rembourserait ces cautionnements d'officiers ministériels (lesquels cautionnements ne signifient rien), et frapperait les offices d'un privilége en faveur de tous les clients, privilége qui s'exercerait avant celui du vendeur ou du prêteur du prix de l'office : on obligerait le vendeur à se choisir un successeur d'une moralité certaine, et à surveiller même cette moralité jusqu'au paiement, ce que ferait non moins soigneusement le prêteur du prix. Et si l'on rendait un peu moins faciles les transmissions, on épurerait du moins ces classes d'officiers ministériels, parfois recrutés au hasard. Les *corps* et la société y trouveraient un égal avantage. — C'était là la *nouveauté* qu'il fallait introduire en Algérie. Puisse-t-on l'y adopter enfin (1) !

Et en réformant radicalement le principe, qu'on refonde une autre disposition mauvaise de l'arrêté organique du notariat algérien. Méfiant envers les notaires, cet arrêté a exigé qu'ils fussent assistés, pour leurs actes, d'un collègue ou de deux témoins. Sans contredit, il s'agit là d'une présence *réelle*, et non de la présence *fictive* de l'art. 9 de la loi du 25 ventôse an XI, interprété par la loi du 21 juin 1843, et cela est si vrai que la rédaction est la même pour la forme des testaments, que l'arrêté a cru devoir pareillement régler. Ses autres prescriptions pour les témoins corroborent cette opinion. Cependant les notaires s'abstiennent d'appeler les témoins pour la lecture et la signature des actes : ces témoins signent après coup, en *l'absence des parties*. Qu'une inscription de faux intervienne, qu'affirmeront-ils ? Est-ce là ce qu'a voulu le législateur algérien ? Qu'on l'interroge. Et l'arrêté prononçant la nullité des actes faits au mépris de ses injonctions, que deviennent les conventions ? Il est évident qu'il y a là le danger qu'a conjuré en

(1) Mais l'auteur a sur cela peu d'espoir, car il a soumis les idées résumées ici, et le carton sépulcral s'est ouvert pour les recevoir.

France la loi du 21 juin 1843. Pour la sûreté des transactions, il faut donc doter l'Algérie du principe de cette loi ; et pour l'avenir il faut catégoriquement permettre aux notaires de faire ce qu'ils font — c'est-à-dire d'instrumenter *seuls* (sauf l'exception de la même loi pour les actes solennels qu'elle désigne) (1).

Le clergé. — Le casuel.

Dieu a ses temples *catholiques* depuis le rivage méditerranéen jusqu'au bord de la mer de sable, à Laghouat ; et un évêque réside à Alger — dans un charmant petit palais mauresque, où l'oratoire succède au harem, — mais auquel manquait un jardin ; et monseigneur — à qui ne suffisait pas sa villa de la Bou-Zaréah (colline près d'Alger) — s'est fait attribuer des terrains voisins de son palais, pour les égayer d'orangers, de grenadiers, de lauriers-roses, qui reposeront agréablement la vue de monseigneur, fatiguée du plâtre blanc des maisons. « Le Fils de l'homme, disait lamentablement Jésus, n'a pas où *reposer sa tête*, et les renards ont des tanières, et les oiseaux du ciel ont des nids ! » — Et les ministres du Fils de l'homme, dirait aujourd'hui Jésus, ont palais et villa, et veulent avoir encore un jardin dans une ville où personne n'en a ! — Le seul jardin, c'est une petite cour mauresque plantée, dans quelques maisons occupées par des Européens.

A l'horticulturale exception en faveur de l'heureux prélat, on n'a su joindre qu'une innovation pour le clergé : le clergé algérien porte toute sa barbe — comme Jésus, comme nos premiers pasteurs. — Supprimée avant Jules II, ce pape rétablit la large barbe, que notre roi François 1er adopta à

(1) Rien de plus absurde que la loi du 21 juin 1843, qui autorise *l'absence* en réclamant *l'assistance* d'un second notaire ou de deux témoins (pour les actes *ordinaires*). Mais l'absurdité est une reine puissante qu'on ne détrône pas facilement !

la suite d'un accident : blessé à la tête en jouant avec quelques seigneurs; il craignit la calvitie, et, pour remplacer un *ornement* par un autre, il laissa croître sa barbe, ce qu'imitèrent ses courtisans, cet autre *servum pecus*, et la barbe devint de mode. — La barbe donne plus de gravité au prêtre, mais peut-être jure-t-elle sur sa figure s'il est vrai qu'elle soit un signe de puissance créatrice, selon l'explication fort crue de Voltaire, dans son *Dictionnaire philosophique* (au mot *Barbe*). Et sans doute ce n'est pas à ce point de vue que le capucin Protoplastre en faisait l'éloge dans un sermon qu'il débitait aux Ursulines de Nantes, à l'époque où le capucin florissait. — Et cependant, après Waterloo, barbe et moustache étaient considérées comme factieuses par les légats du pape, et leur suppression ordonnée. Mais à Ancône, un vieux grognard d'Austerlitz, menacé du rasoir, touchait son cou et disait : « Vous êtes maître de cela ; » et, frisant les poils belliqueux de sa moustache, il ajoutait : « mais de ceci, non ! » — et ni le cou ni la moustache ne furent coupés.

Par le respect qu'elle impose aux Orientaux, la barbe s'explique en Algérie, mais ce qui s'y expliquerait mieux encore, en face d'une population qui ne paie pas ses prières, ce serait la gratuité absolue des services religieux — pour le vivant comme pour le mort, pour le mariage (1) comme pour l'enterrement : le respect s'augmenterait pour le prêtre, comme pour le culte catholique : croit-on bien à la sainteté de l'*orémus* qui se vend? « Dans mon conseil d'État, disait Napoléon à Sainte-Hélène, j'ai critiqué le casuel des ministres du culte, en faisant ressortir l'indécence de les mettre dans le cas de marchander des objets sacrés, et pourtant indispensables; je proposai donc de détruire ce casuel. En rendant les actes de la religion gratuits, nous relevons, disais-je, sa dignité et sa charité; nous faisons beaucoup

(1) Quel scandale que cette pièce d'or ou d'argent donnée pour le mariage, et exposée au chandelier de l'autel, comme pour faire insulte à la misère qui donne peu, ou flatter l'orgueil de celui qui donne beaucoup ! Est-ce de la morale chrétienne?

pour le petit peuple, et rien de plus naturel et de plus simple que de remplacer ce casuel par une imposition légale, car tout le monde naît, beaucoup se marient, et tous meurent; et voilà pourtant trois grands objets de lucre, qui me répugnent : je voudrais les faire disparaître. Puisqu'ils s'appliquent également à tous, pourquoi ne pas les soumettre à une imposition spéciale, ou bien encore les noyer dans la masse des impositions générales?... »

Ce dernier système serait le meilleur : une *imposition spéciale* rappellerait encore la vénalité de la prière, et, dans l'intérêt de la religion, il faut que la gratuité apparaisse : « Les choses de Dieu, dit Tertullien (dans son *Apologétique*), ne s'achètent pas, et si nous avons une espèce de trésor, c'est un argent qu'on amasse sans déshonorer la religion, et sans qu'il en soit le prix : chacun y apporte une modique offrande au commencement de chaque mois, ou lorsqu'il le veut, et jamais sans qu'il le veuille et qu'il le puisse : on n'y contraint personne, rien de plus libre que cette contribution. Ce trésor est un dépôt de piété qu'on ne dissipe pas en vaines débauches de table : il n'est employé qu'à nourrir ou enterrer les pauvres, soulager les orphelins sans bien, les serviteurs cassés de vieillesse, les malheureux qui ont fait naufrage. »

Le casuel a-t-il toujours ce généreux emploi? Ne sert-il pas quelquefois à des *débauches de table* — comme celles des prêtres du polythéisme vivant des oblations, et à qui Tertullien fait allusion dans le passage cité : « O cher Posthumus, disait Horace, ton héritier, plus sage, boira le cécube que tu réserves précieusement, et fera ruisseler sur tes tables de marbre ce vin digne des festins des pontifes! » — Combien il est à désirer que le pauvre diable qui paie difficilement quelques francs pour l'enterrement de son père, ne puisse plus dire : Monsieur le curé va boire une bonne bouteille avec ça (1)!

(1) Messire Jean Chouart couvoit des yeux son mort,
Et des regards sembloit lui dire :
Monsieur le mort, j'aurai de vous

L'offrande volontaire, que recommande aussi saint Paul, serait encore préférable à l'imposition spéciale, mais elle aurait le tort d'être une réminiscence du polythéisme, et elle accuserait toujours la nécessité du paiement pour des choses qui ne doivent pas se vendre. Seule, la rétribution complète de tous les cultes par le budget de l'État empêche qu'on ne voie dans le sacerdoce — comme dans l'église — *métier et marchandise.*

Et grâce à la gratuité générale, il n'y aurait plus qu'un seul autel, qu'un service égal, qu'une même prière — sans la distinction antichrétienne du riche et du pauvre : « Il n'y a, disait saint Paul aux Éphésiens, qu'un Seigneur, qu'une foi et qu'un baptême; il n'y a qu'un Dieu, père de tous, qui est au-dessus de tous, qui étend sa providence sur tous. » — Comment peut-il y avoir des cérémonies différentes pour *recommander* à ce seul Dieu, à ce Dieu du pauvre comme du riche?

C'est surtout pour les funérailles que cette distinction est criante. Saint Augustin l'excuse en disant qu'il faut laisser aux riches la pompe des obsèques comme une consolation pour les vivants, et cependant il reconnaît que cette pompe n'est pas nécessaire pour les morts. — L'âme des morts n'en a pas besoin, mais l'orgueil des vivants l'exige, et l'Église tolère cet orgueil pour avoir plus de profit. Voilà ce qu'excuse l'évêque d'Hippone : est-ce digne de lui? Combien Montesquieu est plus chrétien quand il dit : « La religion ne devrait pas encourager les dépenses des funérailles. Qu'y a-t-il de plus naturel que d'ôter la différence des fortunes dans une chose et dans le moment qui égalisent toutes les fortunes. »

Et à ce propos, nous nous souvenons d'une église de Milan, qui raconte un abus tragiquement châtié du casuel. Certain

Tant en argent, et tant en cire,
Et tant en autres menus coûts.
Il fondoit là-dessus *l'achat d'une feuillette*
Du meilleur vin des environs...

LA FONTAINE, *le Curé et le mort.*

curé, fort avare, avait refusé la sépulture à un mort dont la famille ne pouvait payer le service religieux. Le duc de Milan, Jean-Marie Visconti, fut informé, et sa justice expéditive condamna le prêtre à être enterré vivant, et ce fut sur le terrain de ce supplice que l'on éleva l'église de San Tomaso *in terra amara* — ou *mala* (terre douloureuse, cruelle).

« M. le cardinal de Bouillon, dit Racine, n'a point marié M. de Bourbon, parce qu'il prétendoit se mettre à table à dîner avec messieurs les princes du sang. » — Orgueil de prélat vaut-il mieux que cupidité de prêtre ?

Que nous sommes loin de saint Paul, qui disait aux Corinthiens : « Je suis venu parmi vous sans vous être à charge en quoi que ce soit... C'est vous que je cherche et non votre bien... Je donnerai avec plaisir tout ce que j'ai et je me donnerai encore moi-même pour le salut de vos âmes... Je vous ai envoyé Tite : était-ce pour tirer quelque chose de vous? Non... Ce que je fais, je le ferai toujours, afin de retrancher une occasion de se glorifier à ceux qui la cherchent, et de faire que dans ce désintéressement prétendu dont ils se glorifient, ils n'aient rien au-dessus de nous, car ces personnes sont de faux apôtres, des ouvriers trompeurs qui se transforment en apôtres de Jésus-Christ. »

Alors on luttait de désintéressement... Les temps sont bien changés, et comme saint Paul, on ne sait plus souffrir la faim, ce martyre qu'il rappelait, sans se plaindre, dans son *Épître aux Philippiens*; — et la voix de saint Pierre — comme la voix de Jésus — se perdent dans les déserts : « Prêtre, disait saint Pierre, paissez le troupeau de Dieu, qui vous est confié, non en vue d'un gain sordide, mais avec affection. » — « Et vous, disait Jésus à ses apôtres, vous avez reçu gratuitement, donnez gratuitement. N'ayez ni or, ni argent, ni monnaie dans votre bourse... Et ne dites pas avec inquiétude : Que mangerons-nous? que boirons-nous? ou de quoi nous vêtirons-nous? Car ce sont les païens (1) qui recherchent toutes ces choses,

(1) L'auteur suit ici la traduction vulgaire : le mot *païens* ne fut employé que quatre ou cinq siècles après Jésus-Christ. Les *pagani* (paysans) résistèrent le plus opiniâtrément au culte chrétien, et leur

et votre Père céleste sait que vous en avez besoin. Mais cherchez premièrement le royaume et la justice de Dieu, et toutes ces choses vous seront données par-dessus. »

Est-ce ainsi que l'on nous enseigne Dieu — par l'exemple? Ne trouve-t-on pas mieux d'imiter les *païens?*

Que le prêtre ait de l'*or*, de l'*argent*, de la *monnaie* dans sa *bourse* — pour se vêtir et se nourrir — à défaut de vêtements et d'aliments providentiels, — mais qu'il ne tende pas la main pour une prière adressée à cette Providence — qui lui refuse tout. Puisqu'il a la même utilité pour chacun de nous, puisqu'il ne peut ni plus ni moins pour l'un ou pour l'autre, que la société entière le rémunère — comme elle rémunère la justice — égale pour tous.

Et tout au moins c'était là cette exception au mauvais régime de la France, qu'il fallait introduire en Algérie.

Mais est-ce toujours l'exception heureuse qui passe la Méditerranée?

Les droits politiques.

Est-ce une exception heureuse, celle qui éteint en Algérie les droits politiques obscurcis en France?

En Algérie la vie physique est agréable : ciel splendide, étrangeté poétique, nourriture bonne et à bon marché, tout attache au séjour, mais le cœur s'attriste :

> L'air de la servitude est mortel aux Français,

dit la Jeanne d'Arc d'Alexandre Soumet; et en Algérie, devant le sabre qui traîne, on sent que l'on ne respire pas l'air

nom fut donné à tout ce qui restait fidèle à la religion polythéiste. Depuis, l'usage a étendu la signification de ce mot. — Du reste, le texte latin dit *gentes* (gentils, idolâtres).

de la liberté, cette santé de l'âme, dit Voltaire (1); pour nous, nous avons un peu ressenti ce que nous avons depuis éprouvé à Venise, en entendant résonner sur les dalles de la place Saint-Marc le sabre autrichien. Le sabre en Algérie est français, mais c'est le sabre! ce n'est plus la raison qui règne, c'est la force, la plus triste des royautés!... « Répétez sans cesse à mon fils, disait à ses officiers Marc-Aurèle mourant, que la force fait des esclaves et non des sujets (encore moins fait-elle des *citoyens*), et que les nombreuses armées ne sauraient défendre un tyran contre la haine qu'il inspire. » Et le tyran Commode, indigne fils du digne empereur, périssait, étouffé par un athlète, comme par un des ours de Valentinien!

La liberté! voilà ce qu'attend l'Algérien — pour sa dignité d'homme et pour la sauvegarde de ses intérêts matériels et moraux. Et comme principe de cette liberté, ce qu'il demande, c'est le droit d'élection : élection pour les représentants de la commune; élection pour les représentants de l'arrondissement et du département; élection pour les représentants généraux dans l'assemblée législative, ne fût-ce que pour

(1) Voltaire, qu'on ne peut trop citer, dit encore : « Le droit de dire et d'imprimer ce que nous pensons, est le droit de tout homme libre, dont on ne saurait le priver sans exercer la tyrannie la plus odieuse... Il serait plaisant que ceux *en qui réside la souveraineté* ne pussent pas dire leur avis par écrit... Soutenons la liberté de la presse, c'est la base de toutes les autres libertés, c'est par là qu'on s'éclaire mutuellement. » Quel est le degré de cette clarté en Algérie — comme en France? — « La nation anglaise, ajoute Voltaire, est devenue une nation véritablement libre : elle ne le serait pas, si elle n'était pas éclairée; et elle ne serait point éclairée, si chaque citoyen n'avait pas chez elle le droit d'imprimer ce qu'il veut... Nous savons bien qu'on peut abuser de l'impression comme on abuse de la parole : mais quoi! nous privera-t-on d'une chose si légitime, sous prétexte qu'on en peut faire un mauvais usage? J'aimerais autant qu'on nous défendît de boire, dans la crainte que quelqu'un ne s'enivre... »—Ailleurs Voltaire dit aussi : « Il y a deux choses importantes dont on ne parle jamais dans le pays des esclaves, et dont tous les citoyens doivent s'entretenir dans les pays libres : l'une est le gouvernement, l'autre la religion. » — Là où l'on ne peut parler ni du gouvernement ni de la religion, on est donc dans un *pays d'esclaves?* Cela relève-t-il la dignité humaine? Cela donne-t-il plus de noblesse au potentat qui règne?

rappeler que l'Algérie n'est pas morte, qu'elle souffre et qu'elle espère. — Ce n'est pas en nommant soi-même un conseil, un aréopage quelconque, qu'on apprend la vérité : pour la franche et pure vérité, il faut l'indépendance; c'est par la liberté que l'on s'éclaire. Veut-on les ténèbres? mais, dans les ténèbres, on tombe dans l'ornière ou l'on marche à l'abîme... D'ailleurs, tous ces droits d'élection, l'Algérie, émancipée, devenue majeure, les a eus : pourquoi ne les a-t-elle plus? Délivré de la tutelle, l'homme n'en reporte les liens que par l'interdiction. Quelles fautes graves a commises l'Algérie pour être interdite? Est-ce en se défiant d'elle que l'on inspirera pour elle la confiance? Est-ce en réduisant un pays à l'ilotisme, que l'on y appelle les citoyens libres?

Et l'on s'étonne du peu de succès de la *colonisation!*... Le cultivateur qui sème un mauvais grain s'étonne-t-il de ne pas récolter une bonne plante?

XII. — UN MINISTÈRE SPÉCIAL.

Un autre mauvais grain que l'on a semé en Algérie, c'est le *ministère spécial* : il y avait mieux à faire.

Ce n'est pas, du reste, une idée nouvelle que l'on a réalisée: la proposition d'un ministère spécial pour l'Algérie (avec abstraction des *colonies*) est l'objet d'une brochure — presque officielle — qui a paru en 1846 : cette date dit assez que l'auteur l'a écrite sous les impressions de guerre qu'entretenait le Gélimer musulman, toujours errant le sabre au poing : « On se demande avec anxiété, disait la brochure, quelle sera l'issue du duel entre la puissance française et un chef de corps francs (Abd el Kader), dont on a fait imprudemment (par la convention de la Tafna) un chef de nation. On se préoccupe de savoir si l'Algérie est effectivement un boulet que la France est condamnée à traîner éternellement, et si la colonisation est une chimère ou une réalité. » — C'était dans cet état de *préoccupation anxieuse* que l'écrivain voulait la force par l'unité, sans songer qu'il tenait toujours à part l'Algérie, qu'en résumé il voulait réunir à la France : « La réunion de l'Algérie aux colonies dans un même ministère (c'est le système actuel), offrirait, disait-il en effet, quelques inconvénients. Le premier serait celui de classer l'Algérie, d'en faire virtuellement une colonie, *tandis qu'elle est destinée à s'incorporer à la France comme la Corse.* Ensuite, ne serait-ce pas dénaturer le caractère spécial du ministère, que d'y confondre des établissements distincts, et fort différents dans leur manière d'être, et dans leurs résultats? Quel point de contact peut-il y avoir entre la question des esclaves aux Antilles (heureusement tranchée depuis par la liberté) et la question des Arabes en Algérie, entre une situation vieillie et une situation naissante, entre des régions transatlantiques et un empire aux portes de la France, entre un pays qui se peuple et une terre qui se dépeuple, etc.? »

Une autre considération, grave alors pour l'écrivain, dictait son conseil d'un ministère spécial pour l'Algérie : « Le cabinet, ajoutait-il, ne doit pas se laisser prendre au dépourvu. Il est urgent que dans son sein prenne place un ministre qui, par la spécialité de sa position et de ses études, soit en état de faire autorité, de porter la lumière dans toutes les difficultés, d'exposer les moyens de réussite, de les faire toucher au doigt, et d'obtenir du patriotisme des Chambres le puissant concours qu'elles prêteront à celui qui saura les éclairer et les convaincre. »

Tout cela s'est anéanti — comme Abd el Kader — et moins heureusement : il n'est plus besoin de ministres pour le *fiat lux* parlementaire. — Dans l'ordre d'idées de l'écrivain de 1846, un ministère spécial pour l'Algérie est donc un non-sens.

Au surplus, cet écrivain est celui que le lecteur connaît déjà comme partisan des *essais* en Algérie. C'est encore un essai qu'il proposait — en attendant l'incorporation à la France, avec la répartition normale des attributions entre les divers ministères — comme pour chaque département de la mère-patrie, comme pour la Corse : « Cette combinaison, disait-il dans un chapitre particulier de sa brochure, a été proposée, et, nous devons le reconnaître, elle se présente sous des dehors séduisants, elle semble offrir une solution naturelle et plausible. C'est, au premier aspect, un moyen efficace d'éclairer le cabinet, en initiant chacun de ses membres à la connaissance intime d'une ténébreuse affaire ; de soumettre les diverses questions à des appréciations compétentes ; d'établir ainsi la fixité des principes de gouvernement en attribuant à chaque ministre la part d'action qui lui revient dans l'œuvre commune ; de renforcer, par le concert, l'influence matérielle et morale du pouvoir central ; de ramener enfin l'esprit d'ordre et d'unité parmi les divers agents de l'administration locale, et d'imprimer une vigoureuse impulsion à toutes choses. Néanmoins, avec un peu d'attention, on ne tarde pas à reconnaître que cette répartition ne pourrait être que le dernier mot, la dernière conséquence logique d'un système *d'expériences* (triste marotte !) et de transitions qu'il faudrait avoir parcouru tout entier ; qu'elle ne serait que le résultat final, le couronnement de l'œuvre, et dans le cas seulement où l'Algérie aurait été parfaitement assimilée à la France, ce qu'il est impossible de prévoir et de supposer avant un siècle peut-être, à raison de la différence des races qui couvrent et qui cultivent son sol. »

Quatorze ans ont passé depuis que ceci est écrit, et ces quatorze ans — si pleins d'événements et de transformations — en bien ou en mal — équivalent au siècle exigé. D'ailleurs, c'est exagérer que de vouloir deux ou trois générations d'hommes pour la fusion possible. Non, tout est prêt pour cette fusion. — Lorsque Dieu, selon le Koran, veut qu'une chose soit faite, il dit : Sois, et elle est. — Il ne manque à l'Algérie que ce Dieu — fait homme...

Pour préconiser le système du ministère spécial, la brochure séculaire — de 1846 — poursuivait ainsi : « Il faut qu'il soit notoire pour tous qu'en Algérie, les intérêts civils ne seront pas sacrifiés à d'autres intérêts, qu'ils peuvent avoir foi dans l'avenir et faire sans crainte des travaux d'avenir; que la protection sera permanente, durable, et à l'abri des vicissitudes; qu'un ministre attentif veille sans cesse sur eux, intéressé à leur succès, toujours prêt à les défendre; qu'ils ont un représentant au sein même du cabinet (toujours le grand argument, aujourd'hui sans valeur); qu'en un mot, le gouvernement est civil pour les choses civiles. »

Mais comment *s'abriter contre les vicissitudes* quand un ministre à utopies peut succéder à un ministre timoré, ou celui-ci à celui-là? Le mal n'est que déplacé : il passe du gouverneur-général supprimé au ministre spécial créé. — Au pis aller, on peut encore comprendre ce ministre spécial, mais bridé par les lois générales de la France, appliquées à l'Algérie. Ces lois assureraient la protection *permanente* que réclame la brochure ; le chef spécial ne pourrait varier que dans les détails, et les intérêts capitaux seraient sauvegardés. Mais unir la spécialité du ministère à la spécialité de la législation, ce n'est pas cicatriser la plaie, c'est l'entretenir.

Économiquement, ne peut-on aussi faire remarquer que le ministère spécial entraîne une augmentation de dépenses. Et quand on balancera le produit et la charge de l'Algérie, on grossira le déficit ou l'on diminuera le profit. Sera-ce de l'équité? Fait-on cela pour chaque département de la France continentale, pour la Corse? Sait-on pour quel chiffre distinct la Corse et chaque département entrent dans le chiffre totalisé de l'administration générale? Que l'Algérie ait son budget pour ses ressources et ses dépenses particulières, bien; mais que, du moins, on n'y confonde pas — pour lui reprocher ce qu'elle coûte — la charge d'un ministère spécial — moins utile, moins favorable que l'administration centrale, qui se partagerait les diverses attributions sans grever d'un centime de plus le budget de l'État. Ce budget n'est-il pas assez lourd? Pourquoi le rendre plus pesant encore?

Dans ce dernier système, l'organisateur, le pionnier du progrès, ce serait le préfet — comme le préfet est le surveillant de tous les intérêts généraux en France et en Corse. — Et puis, est-ce que l'industrie privée doit tout attendre de l'action publique? L'homme sans initiative doit tisonner son feu, et ne point aller en Algérie.

Si la brochure du vieux régime concluait mal, en revanche elle avait quelques prémisses qu'on se plaît à citer: « Pour fonder un État, disait-elle, pour former une nation, il faut des qualités civiles, il faut comprendre les intérêts des masses, et savoir y satisfaire par des institutions, je ne dis pas, dans le cas actuel, politiques, mais administratives; et une bonne administration est encore une bonne politique. L'administration qui repose sur des connaissances acquises, sur des études spéciales, exige des esprits plus éclairés peut-être que la politique, qui n'est qu'une science du cœur humain, de tact et d'instincts généraux. Un militaire a-t-il étudié le commerce, l'agriculture, le génie civil, la jurisprudence, le crédit public et privé? voyez les programmes de nos écoles militaires. Ajoutez-y les habitudes des camps et des garnisons. Les militaires composent systématiquement, dans la société, une classe à part, avec ses lois spéciales, ses priviléges, sa manière de voir, ses préjugés, son habit; ils n'ont pas étudié l'ordre civil, ils ne le comprennent pas, souvent même ils le contestent (1); pour eux, l'intérêt dominant, c'est la guerre, et la guerre est la ruine de tous les autres intérêts. L'obéissance passive est leur foi; la foi de la société civile, c'est la liberté individuelle, l'égalité devant la loi. L'arbitraire, telle est la loi militaire. Or, il faut des ga-

(1) Helvétius dit plus nettement: « Le militaire est dans sa jeunesse communément ignorant et libertin. Pourquoi? c'est que rien ne le nécessite à s'instruire. Dans sa vieillesse, il est souvent sot et fanatique; c'est que l'âge du libertinage passé, son ignorance doit le rendre superstitieux. » — L'excellent homme pour gouverner!

ranties à la colonisation, qui se fonde, avant tout, sur le respect de la propriété, la liberté du travail, la sécurité des capitaux. Un gouvernement civil ne signifie donc pas seulement un gouverneur civil. A l'opposé du régime militaire, tout ne réside pas ici dans le chef, dans l'homme. Un gouvernement civil se compose d'institutions, de lois, de réglements, qui inspirent et dirigent le fonctionnaire. Le gouvernement militaire est tout personnel, le gouvernement civil est légal. »

Que d'arguments contre les bureaux arabes, ce gouvernement militaire au petit pied, multiplié dans le gouvernement général !

Et qu'importe un gouverneur ou un ministre civil, s'il peut s'abandonner à ses caprices ou à ses passions ! Il faut le frein, ou ce sera toujours l'arbitraire. Et ce frein, c'est la loi étudiée, élaborée, discutée, rendue pour tous — pour le Français de la métropole comme pour le Français de l'Algérie.

Et pour la protection de cette loi, un grand commandement militaire — parallèle au pouvoir civil indépendant — suffit, comme il suffit en France (1). — Et si des fronts rebelles se relevaient, l'état de siége voilerait la loi dont on aurait méconnu le bienfait. — Non, dans aucun cas, l'autorité ne serait désarmée.

Un bruit sourd circulait à Alger : on parlait d'une *vice-royauté*. C'est alors que l'Algérie deviendrait bien réellement un État à part — sans nationalité. — Quelle aberration !... Quel serait le budget du royaume ? quelles seraient ses défenses ? Il emprunterait tout à la France — à quelles conditions ? — La vice-royauté ne serait qu'un mot : le vice-roi serait un gouverneur-général avec plus de pompe, et, partant, avec plus de frais. La confiance, au dehors, serait-elle plus grande, l'immigration plus considérable, la colonisation plus rapide ? Peut-être, si l'on offrait un noble appât : il faudrait hardiment fonder un État libre, et appeler à le constituer tous les amis de la liberté (2)...

(1) La plupart de ces idées avaient été exprimées par l'auteur dans une lettre adressée au journal le *Siècle* le 26 juillet 1858 (avant l'institution du commandement militaire actuel).

(2) On a osé faire de l'Algérie une Cayenne !... Est-ce en l'assimi-

Mais la France permettrait-elle à sa porte cette liberté? — Sans elle, la vice-royauté serait, selon un mot célèbre, plus qu'un crime, ce serait une faute, car elle rejetterait dans un plus lointain avenir l'assimilation à laquelle est subordonnée la prospérité réelle de l'Algérie.

Du reste, ce projet mort-né appliquait encore une vieille idée : « Le duc d'Anjou (depuis roi de France sous le nom de Henri III) avoit eu, dit Racine, dessein de se faire *roi d'Alger*, à quoi les Turcs ne voulurent point entendre. »

Qu'on laisse donc là toutes ces billevesées du passé, toutes ces excentricités, et qu'on adopte le naturel et le simple : le simple et le naturel, c'est la *fusion* — qui fera du peuple conquis et du colon, des Français. Le frère du populicide Charles IX eût été roi des *Arabes*. Est-ce là le progrès que l'on veut réaliser après trois siècles d'idées nouvelles, après tant d'efforts, après tant de sang répandu pour la civilisation de cette race encore à demi barbare?

Il faut la France et sa force pour que l'œuvre de l'humanité s'achève. Si la raison détruit le fanatisme, il faut en Algérie que cette raison s'appuie sur une puissance morale, et cette puissance, redisons-le sans nous lasser, c'est le mariage avec la mère-patrie, c'est l'homogénéité décrétée (1).

lant à une prison — ou à un bagne — que l'on invitera à s'y fixer?

(1) Quand on fait des Savoyards des Français (et nous nous en réjouissons très-patriotiquement, d'ailleurs), peut-on laisser les Algériens presque aussi étrangers à la France que les Iroquois? Non, ne souffrons pas qu'un mauvais plaisant puisse dire que l'Algérie est, non la France, mais l'*Iroquoisie*.

XIII. — LA JUSTICE MUSULMANE.

Le fameux Omar, le deuxième successeur de Mahomet, n'avait pas de siége dans sa tente, et son lieutenant Kaleb, dans une conférence avec un général de l'empereur Héraclius, resta assis par terre. « Ce gazon émaillé de fleurs, disait-il au général étonné, est le siége que Dieu nous a donné, et surpasse en richesse le trône le plus magnifique des chrétiens. » — C'est donc aussi par terre — mais sur des nattes et des coussins — que les magistrats musulmans *siégent*, délibèrent, jugent. — Cependant, l'assesseur musulman qui se joint aux magistrats français lorsqu'il s'agit d'une instance mixte (entre Français et musulmans), daigne s'asseoir comme eux.

Les tribunaux arabes ne jugent que les affaires civiles et commerciales entre musulmans, ainsi que les infractions qui ne constituent ni contravention ni délit ni crime d'après nos lois, mais que punit la loi ou la tradition musulmane, sans, toutefois, que la peine prononcée puisse jamais être la mort. Quant aux contraventions, délits ou crimes que notre législation réprime, et que des indigènes musulmans commettent, ils sont du ressort exclusif de nos tribunaux, qui, malheureusement, en matière criminelle, condamnent sans jury — aussi bien, du reste, le Français que l'indigène. — Et ce jury est encore une amélioration que sollicite l'Algérie. « L'acquittement de dix coupables, disait Trajan, est préférable à la condamnation d'un innocent » Cette condamnation se redoute moins devant la conscience, toujours craintive, de douze hommes qui ne sont pas habitués à voir dans tout accusé un coupable. On peut croire qu'un tel jury n'eût pas fait rouer vif Jean Calas, déclaré le meurtrier de son fils — qui s'était donné volontairement la mort...

Les tribunaux arabes que nous avons vus à Alger étaient le *medjlès*, tribunal supérieur qui correspondait à nos cours d'appel, et dont les quatre membres étaient choisis par l'autorité française parmi les muphtis (chefs de la religion), les cadis et les *eülama* ou ulémas (savants); — et deux *m'hakmas* de cadis, l'un pour le rite maléki, l'autre pour le rite hanéfi — car l'islam, comme le christianisme, comme toutes les religions, a eu ses dissensions intestines, ses divisions, ses schismes, ses sectes : soixante et douze sectes se sont un instant disputé la *vérité vraie*. Et de ces soixante et douze sectes, deux subsistent. Les Chiites (secte puissante en Perse, dans la Tartarie, aux Indes) s'attachent plus à la foi qu'au culte, plus au dogme qu'aux pratiques religieuses, et se disent *mouminin* (vrais croyants), tandis qu'ils ne donnent aux Sunnites que le nom de *mouslimin* (musulmans). Ces Sunnites (qui dominent en Turquie) admettent la *sonna* (tradition), qui supplée au texte obscur ou ambigu du Koran, et s'attachent superstitieusement au culte extérieur. De plus, pour les Chiites, le successeur d'Abou-Bekr, beau-père de Mahomet, et premier chef de l'islam après le prophète, devait être Ali, son gendre, tandis que, pour les Sunnites, ce successeur a légitimement été Omar, autre beau-père de Mahomet. — C'est pour ces futilités que l'on s'est haï et défié, que l'on s'est battu, que l'on s'est tué... Que de sang n'ont pas fait répandre aussi les sectes, non moins futiles, non moins extravagantes, et plus nombreuses encore, du christianisme! Saint Augustin en comptait *quatre-vingt-huit*, et encore avouait-il qu'il ne les connaissait pas toutes (1). Que de folies!... et que d'ambitions secrètes ! Cependant Chateaubriand excusait ces hérésies — mot qui signifie *choix*, disait-il, et il ajoutait : « Les hérésies ne

(1) Nous rejetons à la fin du volume une note trop étendue pour être placée ici, et qui donne quelques détails curieux (que nous avons recueillis çà et là) sur certaines sectes et hérésies chrétiennes.

furent que la vérité philosophique, ou l'indépendance de l'esprit de l'homme refusant son adhésion à la chose adoptée. Prises dans ce sens, les hérésies produisirent des effets salutaires : elle exercèrent la pensée, elles prévinrent la complète barbarie, en tenant l'intelligence éveillée dans les siècles les plus rudes et les plus ignorants ; elles conservèrent un droit naturel et sacré, le droit de choisir. Toujours il y aura des hérésies, parce que l'homme né libre fera toujours des choix. Alors même que l'hérésie choque la raison, elle constate une de nos plus nobles facultés : celle de nous enquérir sans contrôle et d'agir sans entraves. » — Belle thèse philosophique, et exemplaire tolérance, qui nous éloigne de Pascal, lequel, tout en appelant l'homme un *roseau pensant*, lui retire le droit de penser — ou l'oblige, du moins, à penser *comme il faut* — c'est-à-dire comme lui, l'ennemi des jésuites — qui voulaient, eux aussi, que l'on pensât *comme il faut* — c'est-à-dire comme eux-mêmes. — Qui croire? A qui la vérité dans tous ces débats? — « La vérité, dit Voltaire, est de tous les temps, elle est pour tous les hommes, elle n'a qu'à se montrer pour qu'on la reconnaisse, on ne peut disputer contre elle. Longue dispute signifie : *Les deux partis ont tort.* » — Et au sujet des sectes (ou des religions) contraires, il faisait dire par un *brame* que sa secte était la meilleure, et il lui répondait : « Mais, mon ami, si ta secte est bonne, elle est nécessaire, car si elle n'était pas absolument nécessaire, tu m'avoueras qu'elle serait complétement inutile : si elle est absolument nécessaire, elle l'est à tous les hommes ; comment donc se peut-il faire que tous les hommes n'aient pas ce qui leur est absolument nécessaire? comment se peut-il que le reste de la terre se moque de toi et de ton Brama? »

Les deux sectes de l'islam, les deux rites maléki et hanéfi se confondaient devant les medjlès — supprimés par un décret du 31 décembre 1859.

En 1841, après quelques tâtonnements, une ordonnance royale portait devant la justice française l'appel des décisions de la justice musulmane en matière civile.

En 1842, une autre ordonnance royale soumettait aux

medjlès l'appel des jugements de cadis en matière civile, et permettait de déférer à la cour d'appel d'Alger les arrêts des medjlès du *territoire civil.*

En 1854, un décret supprimait ce recours à la magistrature française, et laissait la justice musulmane à elle-même pour toutes les affaires civiles entre musulmans : « En soumettant à l'appel devant nos tribunaux, disait le rapport qui concluait à ce décret, les jugements en matière civile rendus par les cadis, l'ordonnance de 1841 a dépassé le but. Étrangers à la langue, aux mœurs, à la législation arabes, notre surveillance sur la magistrature indigène était à peu près illusoire... Les ordonnances de 1841 et de 1842 avaient voulu tenter un rapprochement entre deux législations qui se heurtent à chaque pas, en érigeant la cour (d'appel d'Alger) en une sorte de medjlès supérieur, revisant, au point de vue d'un droit différent du nôtre, les sentences des tribunaux indigènes. Les conséquences de cette mesure ont été en opposition avec le but qu'on s'était proposé. Les inconvénients sont nés du croisement des juridictions : en les séparant, les difficultés seront aplanies, et le progrès deviendra plus facile. »

En 1859, tout cela était changé : les inconvénients, les difficultés, c'était la *séparation* des juridictions ; et le progrès, c'était l'appel des décisions de la justice musulmane reporté devant la justice française... Triste chose que tous ces systèmes condamnés tour à tour, tour à tour proclamés bons et mauvais, adoptés, rejetés, réadoptés... pour être rejetés encore !.. Quand donc l'Algérie aura-t-elle le *justum et tenacem propositi virum* d'Horace (*l'homme juste et inflexible dans ses principes*) ?... Ce sont les principes qui manquent en Algérie. Plaise au Dieu de Mahomet — comme au Dieu de Jésus — qu'ils deviennent enfin les fondements solides de l'édifice algérien !

Pourtant, on peut approuver le décret du 31 décembre 1859, car il tend à amener à nous, à notre civilisation, le peuple arabe par le niveau de la justice : plié peu à peu à nos lois, ce peuple, en tempérant le zèle farouche de sa religion, acceptera mieux le contact de nos mœurs, et y polira les siennes.

Le cadi reste à la fois notaire (1), juge de paix et juge de première instance, statuant définitivement jusqu'à concurrence de deux cents francs. Il a près de lui deux *adels*, dont l'un remplit les fonctions de *naïb* (suppléant), et l'autre celles de greffier. Les m'hakmas (tribunaux) de cadis ont aussi des *aouns* (sorte d'huissiers audienciers), et les causes sont plaidées (quand la partie ne veut pas se défendre elle-même) par des *oukils* (mandataires ou défenseurs), dont l'institution est réglementée comme celle des défenseurs français. — Notre autorité fait incliner en tout la *toge* musulmane, et le Koran lui-même cède à nos prescriptions quand l'intérêt public l'exige. Par exemple, et sans parler des peines que nous avons abrogées pour infliger les nôtres, mieux proportionnées à la violation des devoirs sociaux, le Koran laissait à Dieu seul le soin de punir ceux qui abusaient des dépôts. Plusieurs cadis — dépositaires légaux — avaient bravé ces peines de l'autre monde, et l'administration, ayant entendu des plaintes, a pris de sages et sévères mesures pour la sûreté des dépôts.

Il faut approuver également l'administration pour l'institution d'un conseil de jurisprudence arabe chargé de l'éclairer sur les questions douteuses du droit musulman, de manière à faciliter la distribution de la justice arabe. — A peine le Koran, que Mahomet avait *révélé* par sourate, par feuillets, était-il, après sa mort, réuni en volume, que les commentaires et les interprétations s'amoncelaient sur les

(1) On a assujetti les cadis à une certaine forme de jugement (leurs jugements se rendent, du reste, au nom de l'*empereur des Français*). — Quand leurs actes doivent servir à des actes réglés par nos lois, on devrait aussi les obliger à une rédaction plus conforme à nos usages. Nous voulons principalement parler des *procurations :* les cadis les font avec un laconisme qui peut permettre à la mauvaise foi d'agiter la question de *l'insuffisance des pouvoirs*. Et si l'on insiste pour une rédaction meilleure, les cadis répondent : « Ça suffit, c'est notre usage. » Pour une procuration prétendue insuffisante, un des plus riches et un des plus honorables colons français de l'Algérie a dû soutenir un procès qui exposait une créance légitime et sacrée de 200,000 fr., montant d'un prêt qu'il avait fait avec trop de confiance à une famille arabe.

versions apocryphes; et la masse de ces élucubrations était telle, qu'il aurait fallu *deux cents chameaux* pour les porter. Un synode examina, choisit, et il ne fut réservé que six livres : le reste fut anéanti. — Même chose était arrivée à la parole de Jésus : plus de cinquante Évangiles la répétaient, et de nombreux livres canoniques délayaient, paraphrasaient, expliquaient ces textes. Tout fut soumis au concile de Nicée : « Les Pères, dit Voltaire, étaient fort embarrassés sur le choix. On prit le parti d'entasser sur un autel tous les Évangiles et les livres, et de prier le Saint-Esprit de jeter à terre tous ceux qui n'étaient pas légitimes. Le Saint-Esprit ne manqua pas d'exaucer sur-le-champ la requête des Pères : une centaine de volumes tombèrent d'eux-mêmes sous l'autel, c'est un moyen infaillible de connaître la vérité, et c'est ce qui est rapporté dans l'*Appendix* des actes de ce concile; c'est un des faits de l'histoire ecclésiastique les mieux avérés. » — Par conséquent, avec Voltaire, il faut croire.

Si tant d'interprétations du Koran paraissaient utiles presque au lendemain de son apparition, on conçoit qu'après douze siècles, une commission devenait nécessaire pour l'explication du texte commenté, et des commentaires, et de la tradition. Nos lois françaises, si récentes, sont déjà si obscures, qu'elles alimentent de discussions plus de trois mille tribunaux (depuis le tribunal de paix jusqu'au tribunal de cassation), et ce ne seraient pas *deux cents chameaux* qui suffiraient au fardeau des volumes de décisions et de gloses.

Bien entendu, c'est le budget de la France qui rétribue la magistrature arabe; et par la gratuité de la justice rendue aux indigènes, nous leur avons fait comprendre un des plus grands bienfaits de notre civilisation. Cependant l'administration a quelquefois à sévir contre des magistrats musulmans qui, oubliant le présent et ressuscitant le passé, ouvrent la main pour fermer leur conscience (1).

(1) La vénalité était générale dans la régence d'Alger avant notre occupation, et à tous les impôts, à toutes les exactions, s'ajoutaient des présents ou cadeaux *obligés* aux beys, aux chéikhs, aux fonc-

Les cadis, divisés par classes comme les juges en France, reçoivent les traitements suivants : 1re classe, 1,500 francs ; 2e classe, 1,200 fr. ; 3e classe, 900 fr. ; 4e classe, 600 fr. — Les adels ont 300 fr. — De plus, cadis et adels perçoivent des droits ou honoraires, comme notaires, juges de paix et greffiers, d'après un tarif établi par l'administration française. — Un tarif détermine pareillement les honoraires des oukils. — On voit que le justiciable arabe est protégé comme le justiciable en France.

L'Arabe a, en outre, des commissaires-priseurs ou *encanteurs* (sous le nom de *dellals*), dont l'administration française a également réglé l'institution. A Paris, les commissaires-priseurs sont associés jusqu'à concurrence de la moitié de leurs bénéfices, moitié qu'ils versent dans une *bourse commune*; en Algérie, tous les profits des dellals sont en commun. Réunis en corporation, ils sont solidaires pour le paiement du produit des ventes, et solidairement responsables des objets déposés. Avant la vente, les objets sont évalués par l'*amin* (syndic) de la corporation, assisté d'un dellal et du propriétaire, et l'adjudication ne peut être prononcée au dessous de cette évaluation, que du consentement du vendeur. — Les droits émolumentaires sont ainsi tarifés : de 1 à 25 fr., 5 p. 0/0 ; — de 25 à 50 fr., 4 p. 0/0 ; — de 50 à 100 fr. 2 1/2 p. 0/0 ; — et au-dessus de 100 fr., 2 p. 0/0. — Il y a dans tout cela de bonnes choses, qui pourraient être étudiées si l'on remaniait un jour l'organisation des commissaires-priseurs métropolitains.

tionnaires, etc. Dès février 1831, un arrêté du gouverneur d'Alger abolissait ces *dons forcés* (singulière alliance de mots).

XIV. — UN CONTRAT DE MARIAGE MUSULMAN.

La justice française a eu à résoudre une question de validité de mariage entre musulmans dans les circonstances suivantes, que nous reproduisons comme détails de mœurs et d'usages.

Une épouse musulmane avait été répudiée par son mari, qui lui avait laissé le soin d'une fille née de leur union éphémère. — Cette fille avait à peine huit ans lorsqu'il plut à son père de la marier, et voici la traduction du contrat rédigé pour ce mariage :

« Louange a Dieu! — Par-devant le cheikh, le révérend, » le savant des savants, le sid Kaddour (*que Dieu le favorise » par sa bonté et le dirige !*), le sid Mohammed fils d'Embareck » a épousé, sous la faveur du grand Dieu et par sa grâce, de » la manière voulue par la loi, et conformément aux princi- » pes reçus, sa fiancée Mouni *bennt* (fille de) Ali, pupille de » sa mère, la dame Noüara. Sa dot est fixée à la somme de » six cents dinars Kramcinias d'Alger, à un cafetan de soie » damassée, valeur de huit dinars (de neuf réals drams cha- » cun), à trois bœufs et à trois quintaux de laine, et pas au- » trement. Sur cela il (l'époux) lui paiera, avant la cohabi- » tation et la suspension du rideau (cérémonie en usage à » Alger le soir où le mari voit sa femme pour la première » fois), une moitié desdits dinars. Elle (la fiancée) a dès à » présent le droit de réclamer le prix du cafetan et des au- » tres objets. La portion dont le paiement est différé est l'au- » tre moitié desdits dinars, qu'elle aura le droit d'exiger à » l'expiration des six ans à partir de la date des présentes, e

» il (l'époux) ne pourra pas être libéré de cette obligation si » ce n'est d'une manière sanctionnée par la loi. — Sondit » père (à la fiancée) l'a mariée, avec les clauses précitées, à » cause de son jeune âge, et du fait qu'elle est sa pupille. » L'entremetteur pour ledit époux, qui est son père ledit Em» bareck, a accepté et agréé ledit mariage au nom de celui» là, et le lien matrimonial est complet, conformément aux » ordonnances du Koran et à celles émanant du prophète. » — Puissent-ils (les époux) jouir du bonheur dont Dieu est » le dispensateur! et puisse Dieu les rendre unis ensemble » et les faire heureux! puisse-t-il les combler de bonheur » dans la mort et dans la vie! — Ont témoigné (suivent les noms des témoins), etc. »

C'est plus simple et moins long qu'un contrat de mariage français, et peut-être le style est-il aussi moins *âpre et rude* que celui de nos notaires — ces Chapelains de la prose, systématiquement partisans d'une vulgarité plate, souvent obscure, rarement correcte, plus facile, il est vrai, qu'une simplicité nette dans une diction pure (1).

On voit par le contrat de mariage arabe : — premièrement, que la forme civile et la forme religieuse se confondent sous l'invocation de Dieu : Dieu préside à tout, et ne s'omet nulle part ; — deuxièmement, que les ordonnances du Koran sont distinctes de celles du prophète, car, pour le vrai croyant, le Koran n'est pas l'œuvre de Mahomet, il vient du ciel (selon le texte même du saint Livre) ; — troisièmement, que c'est bien le mari qui dote sa femme, la-

(1) Dans les *Femmes savantes*, Philaminte dit au notaire :

Vous ne sauriez changer votre style sauvage,
Et nous faire un contrat qui soit en beau langage?

Et le notaire répond :

Notre style est très-bon, et je serois un sot,
Madame, de vouloir y changer un seul mot.

Oui, ce serait d'un sot de copier le *précieux* de Philaminte, mais est-il d'un sot d'écrire sa langue ?

quelle n'apporte jamais que son faible trousseau, la seule dot que voulait le sage Solon ; — quatrièmement, que le père musulman dispose de sa fille, sans le consentement de celle-ci, et sans consulter la mère.

Mais, dans cette circonstance, la mère protesta : elle prétendait qu'ayant seule élevé, nourri, entretenu son enfant, toujours placée sous sa direction, et véritablement abandonnée du père qui disposait d'elle, c'était à elle, sa tutrice réelle, sa protectrice naturelle, de déterminer son sort ; et, refusant l'adhésion au mariage, qu'invalidait, d'ailleurs, selon elle, le jeune âge de sa fille, elle demandait l'annulation du contrat. — Mais les magistrats du medjlès lui donnèrent tort en ces termes :

« LOUANGE A DIEU ! etc. — Chacune des parties exposa » par-devant eux (*que le grand Dieu leur soit propice !*) ses » prétentions ; et sur cela, les savants sids ordonnèrent à » l'honorable Embareck, mandataire de son fils ledit époux, » de produire l'acte constatant lesdites circonstances ; il se » conforma à leur profonde et équitable décision, et le pro» duisit devant eux (*que le grand Dieu les conserve !*), et ils » le lurent (*que Dieu leur soit propice !*) attentivement, et de » manière à le comprendre, et ils le considérèrent avec beau» coup de soin, et réfléchirent mûrement là-dessus, et ils le » trouvèrent comme il avait été dit. — Ensuite il parut aux » savant sids (*que leur bonne santé dure toujours, et que leurs* » *forces soient affermies !*), d'après les principes du droit et les » règles évidentes et équitables, attendu que lesdites circon» stances avaient été établies en faveur de ladite personne » de ladite manière que ledit contrat fait sur le pied ci-des» sus énoncé était valable et obligatoire, qu'il n'existait » pas de motifs pour mener à son annulation, et que la de» mande de ladite mère de l'épouse était non fondée, et qu'il » n'y avait autre chose à faire par elle que de sortir de sa » maison *avec la musique* le jour où ledit époux l'exigerait, » qu'il n'y avait rien à ajouter à cela, et que celui qui vou» drait y contrevenir ne recevrait aucune attention, et qu'on » ne regarderait jamais sa réclamation, en quelque temps » et de quelque manière que ce fût. — Puis, ledit Embareck

» demanda aux savants sids, au nom de son fils, un acte
» en bonne forme portant la validité dudit contrat, et ils
» consultèrent avec le sid le cadi à l'effet de donner acte
» de cela... Puis, devant lui, et par suite de ce qui est con-
» tenu dans les présentes, et devant ladite personne et son
» adversaire, ont témoigné pour le sid le cadi (*que le grand*
» *Dieu le conserve !*), en ce qui le regarde dans les présentes,
» ainsi que pour lesdites parties dans cette affaire, suivant
» les termes déjà écrits et expliqués, étant toutes dans l'état
» voulu par la loi, et ont connu ladite mère Noûara par
» l'aveu de son mari, qui a bien certifié son identité (les
femmes ne pouvant se présenter même devant la justice
le visage découvert, leur identité est constatée par les
parents), etc. (viennent les noms des témoins). »

C'est un beau galimatias, et ce galimatias ayant été déféré à la justice française, la sentence fut confirmée par ces motifs : « Aux termes de la loi musulmane, le père ne peut se départir de la puissance paternelle ; il a seul le droit de disposer, pour le mariage, de la main de sa fille, et, dans la cause, le père n'a fait qu'user du bénéfice de la loi qui le régit. »

Sous la loi française, la mère doit, comme le père, consentir au mariage des enfants, mais, en cas de dissentiment entre elle et le père, le consentement de celui-ci suffit : c'est, en définitive, le principe mahométan. — Mais ce que la loi française ne permet pas, c'est un mariage sans le consentement libre des fiancés, et c'est aussi le mariage d'une jeune fille qui n'a pas atteint sa quinzième année (1). Mais dans l'Orient, la nubilité est plus précoce, et à Alger les mariages de Mauresques de douze à quinze ans sont fort communs. — Mahomet épousa une de ses femmes à six ans, et elle n'avait que huit ans lorsqu'il *dormit* pour la pre-

(1) Au mot *Nubile* de son Dictionnaire (édition de 1835), l'Académie a commis une erreur, qui n'existe pas au mot *Puberté* : ici, elle a bien fixé l'âge de puberté des filles à quinze ans ; et là, elle a dit : « D'après le Code civil, les filles sont nubiles à *seize* ans. » — C'est une erreur à rectifier dans la nouvelle édition — que verront les siècles futurs.

mière fois avec elle. — La maternité toujours prompte et souvent répétée contribue à vieillir un visage jeune par l'âge. Cependant les enfants sont robustes : entré dans un *m'sid* (école maure), nous avons vu une vingtaine d'enfants de six à dix ans, et qui paraissaient en avoir de dix à quatorze; leur figure grasse et vermeille, leur physionomie ouverte et éveillée, réjouissaient.

XV. — LE LÉVIRAT.

Si la justice française, en Algérie, permettait le respect de la loi de Mahomet pour un mariage contraire à nos institutions civiles, elle autorisait à la fois la violation de la loi de Moïse pour un mariage ou pour une formalité de dégagement non moins opposés à nos mœurs et à nos lois.

« Lorsque deux frères demeurent ensemble, dit le Deuté» ronome, et que l'un d'eux sera mort sans enfant, la femme » du mort n'en épousera point d'autre que le frère de son » mari, qui la prendra pour femme, et suscitera des enfants » à son frère; et l'aîné des fils qu'il aura eus d'elle sera » appelé fils du premier mari, afin que le nom de son » frère ne se perde point dans Israël. Que s'il ne veut pas » épouser la femme de son frère, cette femme ira à la porte » de la ville, elle s'adressera aux anciens, et leur dira : Le » frère de mon mari ne veut pas perpétuer dans Israël le » nom de son frère, ni me prendre pour sa femme. — » Aussitôt ils le feront appeler, et ils l'interrogeront. S'il

» répond : « Je ne veux point épouser cette femme-là, » la » femme s'approchera de lui devant les anciens, lui ôtera » son soulier du pied, et lui crachera au visage en disant : » C'est ainsi que sera traité celui qui ne veut pas établir la » maison de son frère. — Et sa maison sera appelée dans » Israël la *maison du déchaussé.* »

C'est la loi du *lévirat*, et la cérémonie du déchaussement, avec l'humiliante addition de la sputation au visage, se nomme la *halira.* — Le lévirat exige ce que défend notre loi (1). Voilà comme *crime* et *vertu* changent de nom en changeant de climat : c'est le mot de Pascal prouvé par le fait.

Un Israélite algérien répudia la vertu de sa loi, et sa belle-sœur voulut le forcer à la *halira.* Il refusa de se soumettre à l'humiliation, et il y eut procès.

— La décision, ce me semble, disait l'auteur à un Israélite qui lui parlait de ce procès, ne devait être ni longue ni difficile. Sous nos vieux rois de France, qui n'étaient chrétiens contre vous que par avarice, vous rachetiez la persécution par de l'or. Depuis Henri II, votre or vous avait également acheté le droit de conserver vos usages religieux et civils, et de former ainsi une nation dans la nation — si bien qu'en 1779 encore, le Grand-Châtelet de Paris autorisait le divorce entre deux époux israélites, et que, onze ans auparavant, le Parlement de Bordeaux, dans une question semblable à celle qu'avait à résoudre la justice française d'Alger, avait condamné le beau-frère à respecter sa loi en optant entre le mariage et la *halira.* Mais depuis notre Révolution philosophique et sociale, tout cela a été changé, et maintenant l'Israélite obéit à nos lois, principalement pour le mariage : ainsi vos rabbins ne peuvent pas plus que nos prêtres ou pasteurs chrétiens, bénir deux époux avant l'union civile, et le divorce que votre législation vous permettait si sagement, vous est défendu comme à nous. En un mot, l'Israélite, en France, est français : il devient fonctionnaire, magistrat, député, sénateur, ministre, et il ne peut

(1) A moins d'un motif grave permettant une dispense, d'après la disposition qui a modifié l'article 162 du Code Napoléon.

être un intrus en Algérie : il y a droit à la même qualité de Français, et Moïse ne doit plus que présider à sa foi, sans exceptionnaliser ses mœurs.

— Oui, sans doute, nous répondait l'Israélite algérien, nous devrions être dans ce pays ce que nos coreligionnaires sont en France, ce serait juste et raisonnable, mais le juste et le raisonnable n'ont pas toujours accès en Algérie. Le Français lui-même n'y est pas complétement français : il a d'autres lois ; et nous, nous ne sommes, à vrai dire, ni chair ni poisson ; nous sommes à peu près ce que les Israélites étaient en France avant votre Révolution : le rabbin algérien marie fort bien sans se préoccuper de l'union civile, et je pourrais vous citer plus d'un divorce admis par vos autorités. A la vérité, on paraît aujourd'hui vouloir contester le divorce entre époux israélites, mariés civilement : c'est assez naturel. — Tout cela prête aux difficultés, aux chicanes, à l'arbitraire ; c'est une position fausse, incertaine, mauvaise, et il est bien à désirer que l'on corrige un pareil état de choses. Il faudrait que toute l'Algérie fût française — comme l'est la ville de Marseille, qui, avant les chemins de fer, était plus éloignée de Paris que nous ne le sommes à présent de cette capitale de la France — pour les communications. Cà lèverait toutes les incertitudes, tous les doutes, et ça mettrait le bien où est le mal.

— C'est le vœu général : oui, il faut que la France s'étende jusqu'au Sahara, sous la seule dénomination de *départements*, et que le nom de *colonie* disparaisse : ce nom tue l'Algérie !

— En attendant cette fortunée réunion, nous plaiderons comme a plaidé notre jeune coreligionnaire ; mais la justice française lui a donné raison, et, en le dispensant d'épouser sa belle-sœur — qu'il n'aimait pas — et de subir la halira, — lui a permis de se marier avec une jeune fille qu'il aimait....

Concluons. Pour tous les intérêts, pour toutes les positions, il faut la jonction de l'Algérie à la France, sous les mêmes lois générales — sauf quelques réserves spéciales, dans la limite d'une sage tolérance, pour les musulmans : « La tolérance, a dit dans un moment lucide le journal cagot l'*Univers* (1), est l'indice d'une raison éclairée. » — Qu'on prouve invariablement cette raison.

Et si, dans sa législation particulière, l'Algérie a un peu de bon — comme l'extension de la compétence des juges de paix, comme la libre fixation du taux d'intérêt des capitaux, — qu'on ait le sage esprit d'améliorer dans ce sens les lois métropolitaines.

Oui! réunion de l'Algérie à la France, fusion des deux peuples, des deux races, dans la même nationalité, voilà, à nous aussi, notre *delenda Carthago* — c'est-à-dire PÉRISSE LE SYSTÈME ACTUEL POUR QUE L'ALGÉRIE VIVE!

(1) N° du 29 août 1849. — L'*Univers* applaudissait à ces paroles du pharisien Gamaliel dans le procès des Apôtres : « Cessez de poursuivre ces gens-là, et laissez-les faire, car si cette entreprise ou cette œuvre (la doctrine chrétienne) vient des hommes, elle se détruira. Que si elle vient de Dieu, vous ne sauriez la détruire, et il est à craindre que vous ne soyez trouvés coupables d'avoir *combattu contre Dieu même.* » — Excellente leçon, qui s'applique à tous les cultes.

CITATION DE PLUTARQUE SUR CERTAINS MIRACLES.

A propos des prodiges et des miracles que le fanatisme musulman attribue à Mahomet, nous avons mentionné (page 61) un crucifix et une image de madone qui avaient parlé comme des êtres humains. Denys d'Halicarnasse rapporte un prodige du même genre, en *l'affirmant vrai*, en ne permettant pas qu'on le révoque en doute, et Plutarque (dans la *Vie de Coriolan*) le reproduit, avec des observations qui combattent la crédulité superstitieuse du contemporain d'Auguste (1). Voici ce passage de Plutarque, que sa longueur nous a fait élaguer de notre texte :

« La joie publique (au sujet de la retraite de Coriolan qui
» menaçait Rome) éclata dans les témoignages d'honneur et
» de reconnaissance que le sénat et le peuple prodiguèrent
» aux femmes romaines (qui s'étaient rendues auprès de
» Coriolan avec sa mère et son épouse pour le fléchir), et le
» sénat ordonna aux consuls de leur accorder toutes les pré-
» rogatives et toutes les récompenses qu'elles désireraient...
» La seule chose qu'elles demandèrent fut que l'on bâtît un
» temple à la *Fortune féminine*... Le sénat fit faire le temple
» et la statue de la déesse... Les dames firent faire une se-
» conde statue, qui, ayant été placée dans le temple, *pro-*
» *nonça*, dit-on, *ces paroles* : « Femmes, la piété avec laquelle
» vous m'avez consacrée est agréable à Dieu. » — *On prétend*
» *même qu'elle les répéta.* Mais c'est vouloir nous faire croire
» des choses de pure invention, auxquelles on ne saurait
» ajouter foi. Que des statues aient sué, qu'elles aient jeté
» quelques larmes ou quelques gouttes de sang, cela n'est
» pas impossible. Les bois et les pierres contractent sou-
» vent une moisissure qui engendre l'humidité; ils prennent

(1) Les récits des historiens romains fourmillent de prodiges et de miracles — trop souvent racontés sérieusement. — Comment une superstition si grossière pouvait-elle s'allier à tant d'esprit?

» d'eux-mêmes plusieurs sortes de couleurs, ou reçoivent » diverses teintes de l'air qui les environne; et rien n'empê- » che que la divinité ne se serve de ces apparences comme » des signes d'événements futurs. Il est possible encore que » des statues rendent un son semblable à un gémissement » et à un soupir, qui soit causé par une rupture, ou par la » séparation violente de leurs parties intérieures; mais qu'un » corps inanimé produise une voix articulée, des paroles » claires, distinctes et intelligibles, c'est ce qui est absolu- » ment impossible; car ni notre âme, ni Dieu lui-même ne » peut former des sons articulés et des discours suivis, sans » un corps pourvu de tous les organes de la parole. Lors donc » que l'histoire, appuyée d'un grand nombre de témoins » dignes de foi, veut forcer notre assentiment pour de pa- » reils faits, il faut croire qu'ils sont l'effet d'un mouvement » différent de celui qui agit sur nos sens; que c'est le pro- » duit de l'imagination qui entraîne notre jugement : comme, » dans le sommeil, nous croyons voir et entendre ce que » nous ne voyons ni n'entendons réellement. A la vérité, » ceux qui, remplis d'un amour ardent de la divinité, ne » veulent ni rejeter ni révoquer en doute aucun de ces pro- » diges, ont pour fondement de leur foi la puissance mer- » veilleuse de la divinité, infiniment supérieure à la nôtre. » Dieu ne ressemble en rien à l'homme, ni dans sa nature, » ni dans sa sagesse, ni dans la force de ses actions; et la » raison même nous persuade qu'il doit faire des choses qui » nous sont impossibles, et qu'il trouve des moyens d'agir » qui surpassent toutes nos facultés. Différent de nous en » toutes manières, il en diffère surtout par ses opérations, » qui le placent à une distance infinie de nous. Mais notre » peu de foi, suivant Héraclite, fait que la plupart des œu- » vres divines échappent à notre perception. »

Plutarque était prêtre d'Apollon, et le mysticisme de cette conclusion ne doit pas étonner. Mais Voltaire qui allait franchement au but, et qu'éclairaient d'ailleurs seize cents ans de progrès et de lumières, Voltaire disait, lui : « Dès que la raison vient, les miracles s'en vont. » — La raison est venue, et les miracles et les prodiges sont partis — ou du moins il n'en reste plus qu'un : la liquéfaction du sang de saint Janvier (san Gennaro), à Naples — à laquelle paraît avoir donné naissance, dit un moderne commentateur d'Horace, l'ancienne superstition de la liquéfaction de l'encens sans le moyen du feu. — C'est en fait de prodige et de miracle que l'on peut dire : Rien n'est nouveau. — Élie alluma aussi miraculeusement son sacrifice *couvert d'eau*. — Quant au miracle de Naples, on lit dans une note d'un des éditeurs de Voltaire : « Un seigneur napolitain avait imaginé de faire le miracle chez lui; ce moyen était un des plus sûrs pour le faire tomber, mais le gouvernement eut peur des prêtres, et on lui défendit de continuer. Son secret est décrit dans les *Mémoires de l'Académie des sciences* de Paris, 1757 (page 383); mais il n'est pas sûr que ce soit exactement le même que celui des prêtres. » — Les prêtres ont de tout temps été les mêmes. Ceux du polythéisme avaient surtout d'audacieuses supercheries. — Les Hirpiens (ou Herpiniens), en sacrifiant à Apollon, marchaient les pieds nus, sans se brûler, sur le feu du sacrifice, et ils attribuaient le prodige à la faveur du dieu : c'était tout bonnement un onguent particulier qui, étendu sur la plante des pieds, les préservait. Mais la foule ignorante croyait ! — On a remarqué dans des statues païennes des ouvertures auxquelles devaient correspondre des tuyaux cachés, où passait la voix humaine. — Dans le joli petit temple d'Isis que nous avons vu à Pompeï, des escaliers secrets permettaient aux prêtres de s'introduire derrière la statue de la déesse pour lui faire rendre des oracles. — Ces oracles n'avaient pas dit que la ville entière devait être ensevelie sous les cendres du Vésuve, car, lors du *déblaiement* du temple, on releva plusieurs squelettes de prêtres, que la catastrophe avait surpris dans leurs chambres, et qui n'avaient pas même eu le temps de fuir. Le squelette de l'un d'eux était encore devant une table où l'on put reconnaître des coquilles d'œufs, des restes de poisson et de poulet, du vin, et une guirlande de fleurs, la couronne obligée des festins. Les prêtres du Dieu qui ne trouvait même pas une figue sur le figuier de Béthanie pour apaiser sa faim, ont réformé ces repas des prêtres païens : ils ont supprimé la couronne...

NOTE (page 267).

Sectes et hérésies chrétiennes.

Les unes mêlaient l'éclectisme philosophique à l'idée nouvelle; les autres attaquaient franchement le dogme, la tradition, l'Église.

Les *gnostiques* ou *illuminés* (se subdivisant sous divers noms et avec des variantes de synthèses) voulaient que Dieu (ou la *Perfection infinie*, qu'ils nommaient aussi *Paraclet*) fût un océan de lumière, dont il sortait continuellement des émanations, auxquelles ils donnaient le nom d'*éons*, phalange qui reliait l'esprit éternel à la matière, et qui comprenait, avec les bons ou mauvais génies et les astres, les prophètes et les hommes éclairés par une science divine; et pour les *montanistes*, Jésus (ainsi que leur chef Montan — ou Montanus) était un *éon*. — Les *valentiniens* confondaient le Verbe de l'Évangile et celui de Platon. — Les *manichéens* admettaient deux principes, l'un mauvais (auteur de l'ancien Testament : Dieu menteur, Dieu cruel, Dieu homicide); l'autre bon (chef de la nouvelle alliance : Dieu véritable, aimable et miséricordieux). — Les *pélagiens* donnaient à l'homme la faculté d'atteindre le plus haut degré de perfection, sans le secours de la grâce (ou cette grâce étant nécessairement accordée par Dieu en raison de nos mérites).

Les *ariens* niaient la consubstantialité; les *bonosiens* et les *féliciens* considéraient Jésus-Christ comme le fils adoptif de Dieu; les *artémoniens* le qualifiaient simplement de prophète; les *melchisédéciens* le plaçaient (en lui retirant aussi la divinité) au-dessous du roi de Salem, Melchisédech. — Les *carpocratiens* ne voyaient en Jésus qu'un homme, et faisaient créer le monde par les anges; ils permettaient la communauté des femmes, et le mari qui recevait un étranger devait lui offrir sa compagne. — Les *priscillianistes* attribuaient la création du monde, non à l'Être suprême, mais au démon, condamnaient le mariage (comme les *marcionistes*, les *sévériens*, etc.), et n'admettaient pas la résurrection des corps (repoussée aussi par les *bardésianites*, par les carpocratiens, déjà nommés, et par d'autres sectes *). — Pour les *hiéracites*, la résurrection ne devait être que spirituelle.

Les *cerdoniens* soutenaient que Jésus n'était pas né de la Vierge, et n'avait souffert qu'en apparence. — Les *jovianistes* et les *helvidiens* (qui pensaient que Marie avait eu des enfants de Joseph) refusaient la virginité à la mère de Jésus, et enseignaient (contrairement à saint Paul) que l'état de virginité n'est pas préférable au mariage. — Les *montsonistes* (dominicains) prêchaient que c'était un péché mortel de croire la Vierge exempte du péché originel.

Les *hermogéniens*, les *sabelliens*, les *noétiens*, démentaient, sous des formes diverses, la Trinité. — Pour les *patropassiens*, Dieu le père était le même que Jésus-Christ, et par conséquent il avait eu aussi sa Passion et sa Croix; et pour les *bérylliens*, il n'y avait en Jésus d'autre divinité que celle du Père. — Les *audéens* revêtaient Dieu d'une forme humaine. — Les *ophites* professaient que Christ et Jésus étaient deux êtres différents, et que c'était le Christ qui avait pris la forme du serpent pour séduire Ève.

Les *apostoliques* se disaient le vrai corps mystique de Jésus-Christ; et une secte postérieure du même nom supprimait le baptême, le purgatoire et les saints. — Les *séleuciens*, pour qui l'âme était un feu créé par les anges, exigeaient que le baptême fût administré avec le feu. — Les *pétrobusiens* et les *henriciens* rejetaient les sacrements et le culte extérieur. — Les *cyréaniques* prohibaient la prière, le Christ ayant dit qu'il savait ce dont nous avions besoin. — Les *adamites* prétendaient que le Christ ayant effacé les souillures du péché originel, les hommes régénérés devaient vivre nus comme Adam avant la chute. — Les *docites* maudissaient l'union des sexes, disant que le *fruit défendu* était le mariage, et que les *habits de peau* (dont parle la Genèse) étaient la chair dont l'homme est vêtu. — Les *valésiens*, qui se mutilaient pour résister à la chair, faisaient subir la même mutilation à tous ceux qu'ils pouvaient saisir, aux voyageurs même qu'ils guettaient sur les chemins, pour les délivrer des damnables tentations des sens. — Les *novatiens* défendaient les secondes noces.

* Les saducéens — ces épicuriens de l'hébraïsme, qui recherchaient ce qui flattait les sens — n'admettaient pas non plus la résurrection des corps — admise, au contraire, par les pharisiens, ces tartufes de dévotion, qui masquaient leur orgueil et leur ambition par de puériles pratiques religieuses : — *race de vipères* que le pied de Jésus écrasait, et qui renaissait sous sa loi même!

Les *politiques* s'opposaient à la domination et à la juridiction temporelle des ecclésiastiques. — Les *opinionistes* (xve siècle) refusaient de reconnaître le pape pour vicaire de Jésus-Christ, *parce qu'il n'observait point la pauvreté évangélique.*

Les *caïnites* osaient honorer particulièrement Caïn, les habitants de Sodome, et Judas l'Iscariote (le traître).

Les *albigeois* (avec qui d'autres sectes fusionnèrent dans la lutte du xiiie siècle) reconnaissaient deux dieux et deux Christs :— un dieu bienfaisant, père de plusieurs enfants, entr'autres du Christ et du diable ; — un dieu méchant, persécuteur des patriarches ; — un Christ, tout mauvais, né à Bethléem, crucifié à Jérusalem, ayant eu pour concubine (c'est le texte de l'abbé Velly) Marie-Magdeleine, femme si connue pour avoir été surprise en adultère ; — et un Christ tout bon, invisible, n'ayant jamais habité ce monde que spirituellement dans le corps de Paul. A quoi ils ajoutaient ce précepte que l'homme ne peut pécher depuis la ceinture jusqu'en bas : ce qui les fait accuser par le même historien d'abominations secrètes, masquées par une apparence de vertus rigides (on pourrait être plus charitable que le vieil abbé).

Enfin il y avait les *donatistes*, les *circoncellions*, les *eutychiens*, les *monothélites*, les *apollinaristes*, les *nestoriens*, que nous avons cités dans notre texte. Il y eut aussi les *tertullianistes*, car l'apologiste du christianisme s'égara à son tour en variant l'hérésie de Montan. Puis, il y eut les *iconomaques*, qui blâmaient le culte des images, et les *iconoclastes*, qui les brisaient.

Par des recherches plus multipliées, la liste serait plus longue, mais cela suffit pour prouver que le christianisme n'a point à se moquer de l'islam déchiré par des sectes absurdes.

Ajoutons que toutes les hérésies chrétiennes avaient pour instigateurs des évêques, des prêtres ou des moines. Fanatisme, superstition, ineptie, tout avait alors de l'écho dans le monde, et sous le despotisme clérical, l'abrutissement était général. On n'avait de zèle et de ferveur que pour épaissir les ténèbres... O philosophie — qui as dit comme Dieu : *Fiat lux!* — tu ne seras jamais trop glorifiée !

Page 143, nous avons dit que Pompéia, épouse de César, était fille de Pompée ; il fallait dire : *fille de Q. Pompée* (Quintus Pompeius, de la branche Pompeius Rufus : Pompée *le Grand* était de la branche Sextus Pompeius).

TABLE DES CHAPITRES

Imprimerie de BEAU, à Saint-Germain-en-Laye.

www.ingramcontent.com/pod-product-compliance
Lightning Source LLC
Chambersburg PA
CBHW070743270326
41927CB00010B/2079
* 9 7 8 2 0 1 2 7 4 8 0 4 0 *